U0588884

档案管理建设与实践

胡阳阳　胡馨艺　著

吉林科学技术出版社

图书在版编目（CIP）数据

档案管理建设与实践 / 胡阳阳，胡馨艺著 . -- 长春：
吉林科学技术出版社，2023.6
ISBN 978-7-5744-0612-4

Ⅰ . ①档… Ⅱ . ①胡… ②胡… Ⅲ . ①档案管理—研
究 Ⅳ . ① G271

中国国家版本馆 CIP 数据核字（2023）第 130204 号

档案管理建设与实践

著　胡阳阳　胡馨艺
出 版 人　宛　霞
责任编辑　李万良
封面设计　树人教育
制　　版　树人教育
幅面尺寸　185mm×260mm
开　　本　16
字　　数　320 千字
印　　张　11.75
印　　数　1—1500 册
版　　次　2023年6月第1版
印　　次　2024年2月第1次印刷

出　　版　吉林科学技术出版社
发　　行　吉林科学技术出版社
地　　址　长春市福祉大路5788号
邮　　编　130118
发行部电话/传真　0431-81629529 81629530 81629531
　　　　　　　　　 81629532 81629533 81629534
储运部电话　0431-86059116
编辑部电话　0431-81629518
印　　刷　三河市嵩川印刷有限公司

书　　号　ISBN 978-7-5744-0612-4
定　　价　75.00元

版权所有　翻印必究　举报电话：0431-81629508

前　言

　　档案是社会发展状态的储备器与温度计，它对社会各方面的信息进行了较为精准的反映与预测，从中可以观察到一个社会大致的发展脉络及未来发展趋势。随着信息技术的快速发展，人们对档案管理的问题也越来越关注。

　　本书首先介绍了档案管理的基本概述，其次对档案管理体制进行了研究，接着讲述了档案管理的科学应用，进而探讨了档案信息化基础设施建设、档案信息化的实施策略，最后对数字档案馆建设、智慧档案馆建设、档案管理技术与实践做了阐述。本书可供档案管理人员学习、参考。

　　本书在编写过程中借鉴了一些专家学者研究成果和资料，在此特向他们表示感谢。由于编写时间仓促，编写水平有限，不足之处在所难免，恳请专家和广大读者提出宝贵意见，予以批评和指正，以便改进。

目 录

第一章 档案管理的基本概述 ……………………………………… 1

第一节 档案的定义 ………………………………………… 1

第二节 档案的演变 ………………………………………… 3

第三节 档案的属性 ………………………………………… 8

第四节 档案的价值 ………………………………………… 11

第二章 档案管理体制研究 ……………………………………… 13

第一节 档案管理体制的形成 ……………………………… 13

第二节 档案管理体制的发展历程 ………………………… 14

第三节 档案管理体制的特点 ……………………………… 28

第四节 档案管理体制的创新方向 ………………………… 29

第三章 档案管理的科学利用 …………………………………… 34

第一节 档案资源的可行利用 ……………………………… 34

第二节 档案资源的有效开发 ……………………………… 39

第三节 档案管理的优质化服务 …………………………… 43

第四章 档案信息化基础设施建设 ……………………………… 48

第一节 网络基础设施 ……………………………………… 49

第二节 数字化设备 ………………………………………… 59

第三节 数据存储设备与数据备份 ………………………… 71

第五章 档案信息化的实施策略 ………………………………… 87

第一节 档案信息化的措施 ………………………………… 87

第二节 档案信息化的实施途径与过程 …………………… 113

第三节　档案信息系统实施的步骤 ·············· 123

第六章　数字档案馆建设 ·············· 130

第一节　数字档案馆的概念 ·············· 130

第二节　数字档案馆的建设情况 ·············· 132

第三节　数字档案馆的特征 ·············· 134

第七章　智慧档案馆建设 ·············· 138

第一节　智慧档案馆概述 ·············· 138

第二节　智慧档案馆与数字档案馆的关系 ·············· 146

第三节　智慧档案馆运维管理风险 ·············· 149

第四节　智慧档案馆建设中存在的问题及对策 ·············· 153

第八章　档案管理技术与实践 ·············· 157

第一节　计算机档案管理技术 ·············· 157

第二节　多媒体档案管理技术 ·············· 161

第三节　档案信息存贮技术 ·············· 163

第四节　档案管理网络化技术 ·············· 168

第五节　数字档案馆技术 ·············· 175

参考文献 ·············· 180

第一章　档案管理的基本概述

第一节　档案的定义

要对档案下一个比较科学的定义，必须搞清楚档案这一概念的本质属性。档案的本质属性主要是：

其一，档案是人们（含国家机构、社会组织和个人）在社会实践活动中（政治、经济、科学、文化等）直接形成的原始记录，是第一手材料；

其二，档案具有查考利用价值；

其三，记录档案的方式和载体多种多样。

据此，对档案的定义可以作如下表述："档案是国家机构、社会组织和个人从事政治、经济、科学、文化等社会实践活动直接形成的文字、图表、声像等形态的历史记录。"

这一定义的基本含义，包括以下四个方面：

一、档案是人们（组织和个人）在其社会实践活动中直接形成的

这里的"人们"泛指历代的国家机构、社会组织、家族、家庭和个人，他们是档案的形成（制作）者。但是，不是什么人都可以形成档案，必须是从事社会的政治、经济、科学、文化等实践活动的人们，也就是说档案是人们在从事社会实践的活动中产生和形成的，离开了人们的社会实践活动便不可能产生档案。然而，档案又是直接形成的，没有经过任何中间环节。可是"人们"是复杂的，"社会实践活动"是极其丰富的，"直接形成"是可靠的，因而决定了档案来源的广泛性、复杂性，档案种类的多样性、丰富性和档案内容的客观真实性。

二、档案是历史的原始记录

由于档案是它的形成者在从事社会实践活动中直接形成的第一手材料，即原始记录，不是人们事后编写或随意收集的材料，因而它具有原始记录性的特点。所以档案的原稿（原本）往往只有一份孤本，是最珍贵的。在实际工作中要特别注意保护档案原件（原本）的完整与安全，就是这个道理。

三、档案是由文件转化而来的

人们从事社会实践活动的直接原始记录为文件（或文书），而档案是从文件转化而来的。文件转化为档案必须具备三个基本条件：一是办理完毕（或叫处理完毕）的文件才能作为档案。正在办理的文件不是档案。衡量文件办理完毕的标志是：完成了文书处理程序；一般完成了文件的现行效用。所以可以说，文件是档案的前身，档案是文件的归宿；"今天"的档案就是"昨天"的文件，"今天"的文件就是"明天"的档案。二是有查考利用价值（即凭证和参考作用）的文件，才有必要作为档案保存。文件办理完毕后，其中有些文件虽失去了现行效用，但对日后工作和科学历史研究仍有查考利用价值；如果有的文件则随现行效用的消失而一同消失，无查考利用价值，不必作为档案保存。所以档案又是文件的精华，"有文必档"是不对的。三是按照一定的规律保存起来的文件，才能最后成为档案。档案虽然由文件转化而来的，但是文件不能自动地成为档案。人们只能按照文件形成的规律、历史联系及其各种特征，运用立卷的原则和方法，组合成系统性、条理性的案卷（或叫保管单位），即立卷归档后才能最后成为档案。从这个意义上说，文件是档案的因素，档案又是文件的组合。

四、档案信息的记录方式和载体是多种多样的

档案信息的记录方式和载体（又称制成材料）是构成档案的两个基本因素。档案的载体，既有我国古代遗留下来的龟甲兽骨、竹简木牍、金石、贝叶、缣帛等档案，又有近现代以纸张为主的纸质档案，还有胶片、磁带、磁盘等现代形式的档案。档案信息的记录方式有：文字的、图像的和声音的等多种形式。档案信息的记录方式和载体的发展变化与革新，标志着档案和档案工作发展不同阶段的不同水平。档案工作者必须明确档案的范围，把应该保存归档的文件收集齐全，集中保管。

第二节　档案的演变

一、档案的产生

我国的档案源远流长、卷帙浩繁、内容丰富、种类极多、价值珍贵。它不仅是中华民族光辉灿烂文化的象征，而且是中华民族文明历史发展的见证。毛泽东同志指出："在中华民族开化史上，有素称发达的农业和手工业，有许多伟大的思想家、科学家、发明家、政治家、军事家、文学家和艺术家，有丰富的文化典籍……中国是世界文明发达最早的国家之一，中国已有将近四千年的有文字可考证的历史。"这里说的"文化典籍"即包括历史档案及其编纂物；"有文字可考证的历史"，就是指甲骨文字（书），即已发掘的甲骨档案，也就是说，有档案可考证的历史将近四千年。

在远古社会未产生文字以前，人们用语言作为表达思想、交流感情和经验的工具。但是这种口耳相传的"记录"方式难以记住、传远，也容易失真，于是人们便产生了用"结绳""刻契""图画"等记录方式来辅助记忆。

所谓"结绳"，就是人们在绳子上打成大小不等、式样不同、颜色各异的结，以表示各种不同的事情。《易经》上有"上古绳，以记事"之说。"刻契"，就是人们在骨头、木板、竹器或其他材料（如陶器）上刻成各种形状不同的符号和标记，用以记事。由于"结绳""刻契"均具有备忘、信守、凭证的作用，有保存使用的价值，所以当事人或相应范围内的人一见到这些符号、标记，就能明白其中的含义，唤起对往事的回忆，帮助他们研究和处理各种事情，从中得到益处。从这个意义来说，"结绳""刻契"记事都具有档案的性质，是我国早期档案的萌芽。比"结绳""刻契"更能直接表意的记事方法就是"图画"。远古的人常在其居住的洞壁上画画，用以记载他们的活动、表达他们的思想。比如打了一头牛、两头鹿，他们就在收获图上画上一头牛、两头鹿，画得很逼真，使人一看就知道是什么意思。因此，有些人又把这种图画称为"图画文字"。图画文字在档案界被称为图画档案。这种由图画文字所组成的"文件"，无论中外都有较多的发现。它不仅是艺术档案的始祖，也是现代档案的前身。

随着生产力的发展、社会的进步，上述那些记事表意的具体图画符号逐渐和语言相结合，成为抽象的、一般的概念的代表，这就是最早的文字（一般称为"象形文字"）。随着文字系统化的文书档案，要算殷商的甲骨档案了。

二、档案载体的发展

甲骨，是龟甲和兽骨（大都是牛胛骨）的统称，既是当时的占卜材料，也是一种书写材料。甲骨档案就是殷商和周初统治者在占卜活动和政务活动中，刻写在甲骨上的关于政治、军事、经济和社会生活等各方面情况的文字记录。由于它绝大部分是在占卜活动中形成，并在殷墟（今河南安阳）大量出土，人们又习惯称其为"甲骨卜辞"或"殷墟卜辞""殷墟书契"等。到目前为止，我国出土甲骨共十五万片之多，它是研究商周历史不可缺少的第一手材料。

在纸张普遍使用以前的历史时期，除有上述甲骨档案外，我们的祖先还把文字刻写在竹木、青铜（器）、石头、缣帛、玉板等材料上，从而形成了简册档案、金文档案、石刻档案和缣帛档案等。

青铜器是用铜锡合金铸成的器具，铸刻在这种器具上的铭文，因古人称铜为金的缘故，被称为"金文"。铜器在古代又称为"钟鼎"，故它又名为"钟鼎文"。从殷商晚期开始，人们就在铜器上面铸刻文字、记载史实，特别是西周以后，风气极盛，并且一直延续到了春秋战国时代。当时，凡属颁布法律、册命赏赐、战争征伐、记功述德、诉讼誓盟等重大事件及其形成的有关重要文件，都专门铸造器物进行记载。例如西周晚期的《矢人盘》是矢、散两国划定疆界的契约文书。又如《智鼎铭》，记述贵族匡与智的诉讼纠纷，其中特别记载了我国西周的奴隶价格。显然，这些记事性质的铭文，不是为了传播知识、总结经验，而是为了传给后世子孙作为信证或纪念，它的档案属性十分明显，我们称它为"金文档案"。

石刻档案，在我国大约始于周代。先秦典籍中不乏"镂于金石"的记载。1965年在山西境内出土的侯马盟书（属于公元前五世纪春秋末期晋国与各诸侯国的盟书），就有相当部分是刻写在石板上的。秦帝国统一政权建立后，秦始皇曾多次出巡，在峄山、泰山、会稽等处数次刻石，有的是颁布诏令、宣示政策；有的是整齐风俗、记功述德，内容相当丰富。这些石刻被西汉大史学家司马迁作为修史的第一手资料并录入《史记》。可见，它们的档案性质是较为明显的。石刻特有的优点使得它在纸张盛行之后也不曾绝迹，因而千百年来石刻不断。仅近几年就陆续发现了不少，其中较为典型的有：长江水位石刻、宋代交通法规石刻、明代地方政府禁止早婚石刻、清代保护山林石木的石刻、明清四川地震石刻等等。它们是历史研究极其珍贵和难得的原始材料，也是我国历史档案的一个重要组成部分。石刻档案和前面谈到的金文档案，在档案界又往往合称为"金石档案"。

大约从春秋战国起，我国开始在丝织品上书写文件、绘制地图，从而出现了缣帛档案。《墨子》《韩非子》《晏子春秋》等古代典籍中都有这方面的记载。春秋秦汉时期，缣帛档案增多。史书上谈到的东汉末年董卓的军队曾毁坏了皇家档案库中保存的大量帛书一事就是证明。20世纪70年代，湖南长沙出土了缣帛档案，其中三幅西汉初年的舆图档案更为举世所罕见。它是中国也是世界上迄今发现的最古老的地图档案。

甲骨档案、金石档案等，是特定历史条件和环境的产物。它们的制成材料，甲骨也好、金石也好，在当时不可能是专门用来书写的材料，只有经过整治的竹片、木板才是。以竹木为载体的原始历史记录，就是通常所说的"简牍档案"。

所谓"简"，是指一根竹片；用绳索编连在一起的若干根竹简，就称为"策"（也写成"册"）。简编成册一般可分为麻编（用麻绳编联）、丝编（用丝绳编联）和韦编（用熟牛皮条编联）三种。简册主要用来书写较长的文件。一块未写字的木板叫"版"，写有字的则叫"牍"，一尺见方的"牍"，又称为"方"。版多用来书写短文及图画、写信、登录物品与统计户口等。

档案载体是不断变化发展的，随着社会的进步、文化的发展，简、帛作为书写材料，已显露出它们的不足，正如《后汉书·蔡伦传》所说："缣贵而简重，并不便于人。"于是，智慧勤劳的中国人民就发明了一种既具简、帛之长又免简、帛之短的新型书写材料——纸。

据考古发掘和文献记载，早在西汉就出现了纸，经过蔡伦的改进和推广，逐渐被用来进行书写，形成了纸、帛、简并用的局面。到公元四世纪的魏晋南北朝时期，纸以它轻便价廉、易于书写、便于传递的优势，逐渐取代了简、帛并成为当时通用的书写材料。史书上说，东汉安帝时，太尉桓玄掌握了朝政大权，随即下诏停用简牍，皆代之以"黄纸"书写公文。从此，纸张就普遍成为我国档案文件的书写材料，以纸张为载体的纸质档案，也就大规模形成。纸的发明及其应用于文献记录，给文书档案工作带来了一场空前的大变革。

近百余年来，新型档案载体——磁性材料和感光材料相继问世，影片、照片、录音、录像档案和机读档案不断产生，从而极大地丰富了档案的内容和形式。

三、档案称呼的演变

我国档案的历史，源远流长。在"档案"一词出现并泛指旧公文之前的较长时期里，档案的称谓多而不一。大体可根据它们的载体划分为两大类别。汉魏以前，主要以竹木作为书写材料，因此，文书档案的称呼，从文字学的角度来看，大都与竹木有关，如"典""册""简""策""简书""简策""简牍""典籍""图籍"等。周代，称文书档案为"中"，"中"实是古"册"字的省形，也与竹木相关。汉魏以后，书写材料主要是纸张，因而档案多称为"文书""公文""文案""堂案""文卷""案卷""案牍""文牍""例案"等。"档案"一词在清初已开始使用。康熙十九年（1680

年）的《起居注》中就有"部中无档案"之语，杨宾在《柳边纪略》一书中，数处提到"档案"一词，其中有一处是这样说的："边外文字多书于木，往来传递者曰牌子，以削木若牌故也。存贮年久曰档案、曰档子，以积累多贯皮条挂壁若档故也。然今文字之书于纸者，亦呼为牌子、档子。"满族对档案文件的这种约定，必定随着他们对全中国的统治而沿用推广开来。因此，清代文献中，通常把保存起来的书于纸上的文字记录称作"档案""档子"，应该说就是源于这种约定，并沿用至今。

总之，不论"档案"一词是怎样演变形成的，它从清初见于文献记载，至今历时已三百多年，然而真正较为科学地赋予和揭示它的含义、使之成为档案学的固定术语，则是近六十年才开始的事情。

四、档案的形成

档案是由人们社会实践活动的副产品——文件直接转化而来的。文件的转化、档案的形成，自有它不可违背的客观规律。揭示这种转化的基本原理、探究档案形成的规律，有助于对档案理解的深化，也有助于提高档案管理的水平。

国家机关、社会组织和个人，在社会实践活动中，形成了各种载体形式的文件，这些文件在完成了特定的使命或者办理完毕之后，部分地向档案转化。这种转化绝非不同量的简单复现，而是甲事物向乙事物的飞跃，是一个由量变到质变的过程。对于这一转化过程，我们以文件完成运转、办理完毕为界点，分为前、后两个阶段进行阐述。第一阶段我们称为自然转化阶段，第二阶段称为"智能"转化阶段。

自然转化阶段。处在运转办理过程中的文件，实际上从形式到内容都已经取得了档案的预备资格。这是因为，文件，作为人们处理事务、进行管理的工具，直接来源于人们的社会实践活动，同时它又带着特定的使命，直接参与了该活动的过程。有关该活动及其进程的全部本源信息被自然地、相对稳定地沉淀在一定的文件载体之上。因此，它不但具有现行的执行效用，即指导和制约着社会实践的进行，而且还具有回溯反证历史的潜在效用，即能再现被它凝固了的历史活动，成为人们查考的真凭实据和历史记录。文件的现行效用，是文件得以形成并成为文件的直接根本动因。发挥现行效用是文件的根本目的和任务，因此，一般文件在办理完毕之前，它的现行效用表现得特别突出。它的历史效用却处在一种潜伏、休眠、相对静止的状态中，不易为人觉察和理解。随着文件办理完毕和现行效用的消失，历史效用才得以显露。文件的历史效用是档案的根本效用，是决定文件之所以能够转化为档案的客观依据。由于它潜伏在文件自身，文件从一开始就自然隐藏着档案的身份。也就是说，文件的历史效用从潜伏、休眠到显露的过程，正是文件向档案自然转化的过程。文件自然向档案转化还必须满足这样一个前提条件，即文件必须办理完毕。所谓办理完毕，指的是文书完成了处理程序或承办已告一段落。从一般文件效用来说，办理完毕就意味着文件现行效用的消亡、历史效用的开始，只有办理完毕的文件，才有可能成为档案。

"智能"转化阶段。主要表现为对办理完毕的文件的鉴别筛选、系统整理（通常说为立卷归档），从而使那些对今后实际工作和科学、历史研究具有查考利用价值的文件，完成向档案的最终转化，成为完全意义上的档案。同时，淘汰那些历史效用很小、不具查考利用价值的文件和没必要保存的重复文件。应该说，人们实践活动中形成的文件，都具有相应的历史效用，但并不是所有具有历史效用的文件都一定能够转化成档案。这主要取决于文件历史效用对于日后工作和科学、历史研究的查考利用价值。凡是查考利用价值较大的文件，不仅有可能，而且必须转化为档案。反过来说，查考利用价值很小，或者根本谈不上查考利用价值的文件，就没有转化的必要，也不能实现转化。

比如，每次会议产生的通知、决议、报告、简报、纪要、录音、照片等，凡有利于了解该会议的基本情况、具有重大利用查考价值的，必然会转化成档案；而关于与会者分组就餐及其有关注意事项等事务性文件，即使具有证实某十个人同为一席就餐的历史效用，但它对日后工作和科学、历史研究没有什么价值，显然没有必要，也根本不能转化成档案。

文件的现行效用是从形成后就有的，而文件的查考利用价值，则是由它的历史效用能满足人们日后某种需要的程度和人们对这种效用的估价与预测决定的。前者是构成文件查考利用价值的客观基础，而后者则是主观前提。可见，要最后完成文件向档案的转化，不可避免地还要渗透进人的意识。实际工作中，这就表现为人们对文件的鉴别，把没有查考利用价值或因重复而不值得保存的文件剔除，将有查考利用价值的文件进行系统整理、归档保存。通过这一程序，产生时呈现出分散、杂乱等自然状态的文件，变成为系统的、条理化的档案。

文件向档案的转化，从形态来说，在第一阶段呈现出来的是自然转化形态。因为人们的社会实践活动使文件一开始就自然地潜伏着历史效用，文件的形成同时也意味着档案物质形态的形成，因而在不存在人的有意识的作用的情况下，文件就具备了转变成档案的内在条件。自然转化形态充分体现了文件成为档案的可能性。随着第一阶段的结束、第二阶段的开始，自然转化形态也相应地被"智能"转化形态取代。此时，在文件历史效用的严格制约下，人们通过科学预算分析、能动地选择处理，那些应该成为档案的文件最终完成了转化，成为完全意义上的档案。智能转化形态决定了档案形成的现实性。

总之，档案由文件直接转化而来，这种转化的原理，就是档案形成的原理。文秘档案工作者及其他有关人员必须掌握它、遵循它，否则，工作就会出现混乱和失误，应归档的文件不归档,不必归档的文件又当作档案保管起来,甚至犯"有文必档"或"有档不归"的错误。

第三节　档案的属性

一、档案的本质属性

档案的本质属性,一般来说,就是档案所独有的原始记录性。档案不同于一般的信息材料,它不是事后编写或随意收集而来的,而是人们在当时特定实践活动中形成和使用的原始文件的直接转化物。因而,它的信息内容具有原始性的特点,即原始记录和客观地反映了形成者特定的历史活动,是历史的原始凭据。在形式上,它的原始性不仅体现在载体、记录方法、文种、文件格式和用语等上,而且相当数量的文件本身就是原稿、原件、正本,或者留有当事人的亲笔签署或批语,或者盖有机关或个人的印信,或者留下的是当时的影像和声音。这些原始标记,足以使人们感到它的真实性、可靠性。档案这一内在的特有的原始记录的本质属性,使它与其他的信息材料,如图书、情报、资料等明显区别开来,并且更加珍贵、可信。正确认识档案的本质属性,对于做好档案工作具有重大的实际指导意义。

首先,档案作为原始记录、历史真迹,不允许有任何增删改动。因此,后人不能用自己的观点去变更档案,也不能在原件上直接"修正"档案存在的错误及失真的内容,更不允许从某种需要出发,对档案进行涂改、剪裁、勾画。总之,作为原始记录,任何人都无权这样去做,否则就是对历史唯物主义的公然践踏、对历史的犯罪,历史的真实面貌就会遭到破坏,甚至还会造成无法挽回的损失。档案工作者及其他有关人员,应该牢记历史教训,加深对档案历史真迹的认识,自觉地维护档案的本来面目,同一切破坏档案的行为作坚决斗争。

其次,档案的原始记录性,决定了档案孤本多,同一档案数量少,原本无法再生的现状。因此,档案工作者一定要尽力收集齐全,科学地进行鉴定,切实维护档案的完整与安全,不能有丢失、损坏、错判等行为的发生。不然的话,就会人为地造成档案和历史的"空白"。

认清了档案区别于其他文献材料的本质属性,一方面能使我们更加准确地把握档案与图书、报刊等资料的界线,不致于在档案收集、整理、保管等实际工作中搞错对象;另一方面,又能促使我们收集保管一些与档案相关的图书资料,作为馆(室)藏档案内容不足的补充,满足社会各方面的需要。

二、档案的一般属性

档案的一般属性，主要指档案的价值属性、信息属性和知识属性等，这是档案与其他文献材料共同所有的属性，受其本质属性规定，又是本质属性的具体表征。

（一）档案的信息属性

迄今为止，信息科学虽然还不曾对信息概念有一个统一的解释，但作为一般的、日常的理解，可以这样来说，信息并不是事物本身，而是指信源发出的消息、情报指令、数据、信号中所包含的内容或知识。档案作为人们社会活动形成和使用的文件的直接转化物，凝聚着人们征服自然、改造社会及自身历史发展的丰富信息，这种信息固定地沉淀在一定载体之上，对它的提取和利用可以超越时间和空间的限制。因而，后人要了解某组织的历史沿革、性质职能等情况，查一查该组织的档案材料，就可获得有关信息。同样，研究大到国家、小到个人的历史，也必须从有关档案资料中提取有价值的信息。可见，档案本身并不能简单地与信息划等号，但它的内在却蕴藏着丰富多彩的信息，它是一种重要的信息发生源。档案信息和其他信息一样，可以浓缩、扩充、存贮、加工、转换、传递、共享，但它还具有一个特点，即原始性和回溯性（历史性）的统一。如果把整个信息按来源区分为原生信息（原始信息）和派生信息（再生信息），那么档案信息则属于原始信息，它是信息处理加工的源泉，在社会信息系统中具有特殊的地位。如果把信息按时态分成历史信息、现行信息、未来信息，那么档案信息则属于回溯往事的信息。档案信息这种独有的原始历史性的特点，使它能够同时起到历史凭据和可靠情报参考的作用。不过也必须看到，档案信息的原始性，使人们对它的开发利用较之其他文献信息，难度要大得多，因此，应有充分的准备。充分认识档案信息属性及其特点，有利于增强档案信息意识，迎接迅速发展的信息化社会的挑战；同时，也有利于人们在实际工作中，把档案工作作为信息系统工程来科学地组织，并针对档案信息特点，采取切实、有效的措施，积极开发，为社会主义物质文明和精神文明建设服务。

（二）档案的知识属性

知识就是人们对自然现象、社会现象及其规律的认识与描述，是人类社会实践经验的总结。档案是人类认识世界、改造世界的原始历史记录，是人类智慧的一种物态结晶，是知识的一种载体。它较之图书、报刊资料等其他知识载体，具有原始性特点，是知识的初始载体。

一方面，档案是记录、积累、存贮知识的初始载体。古往今来，人们在不断的劳动、实践斗争过程中，积累了包括政治、经济、外交、军事、科学、技术、文化、教育及体育卫生事业等各方面的丰富知识，这些知识最初都以档案的形式记录、累积、存贮起来，离开了档案这一初始载体，知识的积累、文明的演进将是不可想象的。所以，把档案比作人类社会的"百科全书"、比作知识的"宝库"，并非夸大其词；另一方面，档案是知识传播的原始媒介。知识传播的途径和媒介是多种多样的，档案就是其中的一种。档案文献的特点，就在于它通过一定的形式（文字、符号代码、图表、影视、声频等），知识原始地固定在一定的物质材料（如纸张、金石、竹木、缣帛）上，从而超越时间和空间的限制，知识得以有效的传播。易于复制、便于查阅保存、后传能力强的档案，其知识的传播率高，他人或后人获得更多的知识。比方说，现代的纸质档案较之古代难懂的甲骨档案，其知识传播率就高得多。在知识的传播过程中，档案具有其他文献无法取代的地位和功能。第三，档案是人们获取知识和继承知识的中介。一个人的知识不外乎两个来源，一是来源于直接实践经验，二是通过间接经验，即通过知识载体——"中介"而获得。然而，一个人的实践活动总要受时间和空间的限制，直接从实践中获得知识远远不能满足人们社会活动的需要。因此，人们必须利用知识具有继承性的规律，去查阅包括档案在内的各种文献资料，以获取自己所需的知识。查阅文献、获取有关知识的过程，也正是继承人类已有知识的过程。由此可见，档案不仅具有存贮和传播知识的功能，而且是人们获取知识、继承知识的重要载体之一，它的知识属性是毋庸置疑的。

（三）档案的价值属性

档案作为一种社会事物能够存在，就是以它的有用性为前提的。因此，档案都是具有一定利用价值的资料，根本不存在没有价值的档案。档案的价值有大有小，它发挥作用的时间有长有短，正是这种特性，决定着档案的存与毁。

此外，在阶级社会里，机密性也是档案的一种派生属性。相当部分文件具有不同程度的机密性，这种机密性有时并不随着其办理完毕或转化为档案而马上消失，因此总有部分档案在一定的时间和范围里要求保密。这就决定了档案具有机密属性。档案的这种机密属性是客观存在的，既不可忽视，也不能讲得过分，否则会给档案工作带来不良影响，造成混乱。档案的机密性与其知识属性和信息属性等相比有不同之处。从量上来看，机密性并不是所有档案的共同特性，而仅指部分档案而言。从时间上说，档案的机密性有特定的时间区限。在这个特定的时区里，机密性存在；越过这个时区，机密性就消失。也就是说，档案的机密性并不是固定不变的，它随时间的推移、阶级的消灭，以及条件、地点等的变化呈递减的趋势，最终会彻底消失。一般情况下，"档龄"愈长，机密性愈小，两者是反向关系。档案工作者必须正确认识档案的机密属性及其递减特点，并且根据情况的变化，做好合理的"降密"或"解密"工作，让档案的价值在尽可能大的范围内得到发挥。总之，档案利用是绝对的，保密是相对的、暂时的，即使保密本身，也是一种有条件、有限制的利用，机密性并非绝对排斥它的利用性。

第四节　档案的价值

一、档案价值的表现

档案的利用价值是多方面的，主要表现在以下方面：

第一，机关工作的查考凭据。机关工作活动的联系性和继承性，几乎使每一个机关在进行工作的过程中，都不可避免地要查考利用它累积起来的文件（即档案）。因为这些文件是它产生和成长的真实写照，是它了解以往活动的主要情报来源。其中凝结着的大量正、反两方面的公务信息，更是它赖以制订计划、决策事项、处理问题、组织工作、完成任务的参考和凭据。及时的查考利用，有利于克服官僚主义的流弊，减少工作的盲目性和失误，提高行政办事效率。如果忽视档案的这种价值，有档不查，机关工作就会遇到很多麻烦，有时甚至难以进行下去，造成不应有的损失。

第二，科学研究的可靠材料。要进行科学研究，必须充分占有大量的、真实可靠的材料，自然科学研究是这样，社会科学、思维科学同样如此。而档案作为第一手材料，在科学研究中所占的地位更为突出，它是科学研究赖以进行的必要条件之一。在历史课题的研究中，如果没有档案资料，研究工作难以进行。对于现实课题的研究，档案同样具有查考利用价值。因为现实是历史的继续，对现实问题甚至未来问题的研究不可避免要利用以往研究中形成的历史记录。马克思当年研究资本主义生产关系、撰写《资本论》时曾查考利用了大量原始材料，包括工厂视察员的报告、皇家铁道委员会的记录、证词，等等。所以，人们往往把档案比作科学研究不可缺少的"食粮"和"能源"。

第三，政治斗争的有力武器。档案有丰富的关于阶级、政治、法律等方面的内容记载，它对于确立各种政治社会关系及国家关系，具有重大凭据价值，是进行阶级统治和政治斗争的有力武器。

第四，宣传教育的生动素材。档案犹如一部编年史，原始记录了人们创造历史、征服自然、改造自然的过程，有美与丑的较量、真与假的对立、善与恶的格斗。因此，利用陈列展览、影视等多种途径把真、善、美和假、恶、丑展现在世人的面前，陶冶人们的情操、净化人们的心灵、增强正义感和民族自尊心、激发爱国热情和革命斗志。总而言之，档案的教育意义是重大的，这种社会价值应该引起人们高度的注意和重视。

第五，生产建设的参考依据。档案中记载了各种生产活动的情况、过程、成果、经验和教训。反过来，人们又以这些档案作为参考依据，促进生产活动的进一步开展。

二、档案价值的构成

一般说来，档案的价值由凭证价值和情报价值构成。

第一，档案的凭证价值。档案的形成特点及其所具有的外在形式，决定了档案具有凭证价值，是历史的真凭实据。马克思在《法兰西内战》（初稿）一书中，谈到巴黎公社缴获的资产阶级国防政府的档案文件时说这些档案文件，"最后提供了这些人（即国防政府成员——引者注）叛国大罪的法律证据"。恩格斯也说："对于事态的真相，现在不可能提出文件来做证据。只有在事件本身成为历史陈迹的时候，这些证据才会出现"。这就是说，档案文件的价值，在于它对以往"事态的真相"具有无可置疑的凭证性作用。因此，在史实考证中，常以档案为凭；恢复历史原貌，率以档案为信；处理各种案件纠纷，多以档案为证。档案的这种凭证价值是档案的最本质价值。

第二，档案的情报价值。档案作为人类知识的一种载体，记录了人们在各种社会活动中的成败得失情况，是情报的重要来源。它对于连续不断的精神生产和物质生产，具有重大的查考作用和情报价值。一方面，它能改变利用者的知识结构。这就是说，利用者的大脑与其要求的档案内容一旦发生联系，它的知识结构必然会出现相应的变化，或者由不知到知之，或者由模糊到清晰，或者由浅到深，或者由错误到正确，或者由否定到肯定，如此等等；另一方面，档案情报又是计划、决策、控制和行动的重要条件和依据。郭沫若同志在《题赠档案馆》一诗中说得好："前事不忘后事师"；董必武同志的《题赠档案工作》也写道："创业扩基，前轨可迹""察往知来，视兹故帙"。这些寓意深长的警句，对我们深刻认识档案的情报价值都是颇有启发的。

情报价值是包括档案在内的所有文献的共同属性，但是，比较起来，档案的情报价值又具有自己的特点。首先，档案情报有原始性和较大的可靠性。档案不是人们事后回忆或编写的产物，而是由文件直接转化的，一般都是原件。由此产生的情报，就是原始性情报，利用起来，用户觉得可靠。其次，档案情报对特定的利用者来说，又是必不可少的，弃之不用，工作必受损失，这点已为实践反复证明。

第二章 档案管理体制研究

第一节 档案管理体制的形成

我国的档案事业是逐步发展起来的，我国现行的档案管理体制也是自新中国成立后，从无到有、经历多次改革和调整才逐步形成、基本完善的。新中国成立前，我国档案工作基本上是处于分散的档案室管理状态；新中国成立后，随着社会、经济、政治的发展，结合我国实际情况，经过不断探索，我国档案事业才逐步形成了集中式的档案管理体制。

我国现行档案管理体制的形成是由多方面的原因造成的。

一、由我国的历史传统所决定

早在清朝前期，我国就形成了高度集中统一的档案管理体制。新中国成立后，随着第一个五年计划的顺利进行与社会主义建设事业的迅猛发展，要求进一步加强中央的集中统一领导，进行全国的有计划的社会主义经济建设。中共中央做出撤销大区以及行政机构及合并若干省、市建制的决定，对撤销机关的档案成立临时档案保管机构集中统一管理。由此促进了国家档案领导机构的产生，同时也对档案事业贯彻集中统一管理提供了经验、树立了榜样。

二、由我国的基本国情所决定

我国档案管理体制是建立在社会主义计划经济体制的基础之上的，并与高度统一的计划经济体制相适应。新中国成立后，百废待兴、百业待举，档案管理活动一直处于分散的档案室管理状态。从当时的国情来看，我国处于一穷二白的地步，只有实行集中才能够充分调动现有的一切人力、物力、财力，促进我国社会的整体发展。但如何组织和管理政治、经济等各项社会事业，既没有现成的答案，又不能模仿西方，只能学习、借鉴、模仿苏联。于是，我们在照搬苏联的经济管理体制的同时，也照搬了其行政管理模式。档案管理体制作为国家行政管理体制的组成部分，也是其中之一。

三、是顺应我国机构改革的需要

改革开放 30 多年来，我国先后进行了六次机构改革，档案管理体制的演进与档案管理机构的设置也深受历次机构改革的影响。自 1978 年党的十一届三中全会以来，我国档案管理体制改革也和整个国家的经济、政治体制改革相同步。在此大背景下，档案管理体制先后经历了四次档案机构改革，为体现"精简、统一、效能"的基本原则，经过不断调整逐步才形成了具有中国特色的"统一领导、分级管理"的组织原则与"局馆合一"的领导体制。

第二节　档案管理体制的发展历程

一、古代档案管理保护体制研究

严格的档案保护制度对保护档案是必不可少的。我国古代档案保护制度具有很强的继承性，各朝代基本上都是以前代为基础，再根据本朝需要，加以损益而成。概括起来，我国古代档案保护制度思想主要体现为以下几方面：

（一）用纸的制度思想

东汉蔡伦发明纸以后就有了价廉物美的书写材料——纸张。但由于长期以来人们已习惯于用简牍、缣帛书写，积习难改，于是当政者颁令停止使用简牍便在情理之中。据东晋《桓玄伪事》记载，桓玄命令道："古无纸，故用简，非主于敬也。今诸用简者，皆以黄纸代之。"其中，"黄纸"是用黄檗皮汁浸染而成的纸，色黄，有防蛀功效，为朝廷专用。此后，各朝历代都对档案用纸方面制定了严格的制度，且几乎代代相承。如唐代的用纸制度规定：中书舍人起草的诏令之书用黄纸；翰林学士起草的文书用白麻纸；皇帝为赏赐、征召而颁发的敕书用白藤纸；慰问出征将士的敕书用黄麻纸；任命将相的告身文书用金花五色绫纸等等。这些纸张浸有驱虫剂，纤维质量高，且无一例外都是手工纸，耐久性极高。可见，古人已经利用制度来规定不同级别档案对纸质材料的要求，这是从档案损坏的内因去寻求档案保护方法的新思维的开始。

宋代科技的进步，为纸张生产找到了更为广泛的原料。北宋造纸原料多样化，不再以麻为主，而多用竹、藤、褚，此外稻秆、麦秆、桑皮等也都大量使用。然而不同原料造出来的纸的质量是不一样的。宋时的竹纸产量最高，但质量低劣。北宋初人苏易简就曾经说过："竹纸如作密书，无人敢拆发之，盖随手便裂，不复贴也。"由此可见，竹纸质地松疏、拉力差、纸张强度低、容易破碎，像这样的纸是不能用来书写重要公文档案的。宋代就曾明令官府的公文不允许使用竹纸，"奏御之书及帐簿（账簿）、狱案不得用屑骨若竹纸、笺纸"。据史书记载，宋朝的公文书写大抵以藤纸、褚纸为多，官私所用的簿契、书卷、文牒等等，多使用这两种纸。

此外，档案还面临着有害生物的侵蚀。由于简牍档案和纸质档案材料含有植物纤维，较易受到有害生物的侵蚀。为了解决这一问题，我国古代劳动人民在长期保存档案的实践中，不断探索和总结，发明了许多方法，积累了丰富的防治档案有害生物的经验，形成了以下有特色的档案有害生物防治思想。

1. 杀青避蠹的思想

简牍作为古代常用的记事载体，自先秦至东汉延续了一千多年，直至东晋末年纸张普遍使用后才绝迹。简牍在造纸术问世之前是古代最重要的档案载体形式。而竹木简的主要成分是植物纤维，这类物质可成为有害生物的营养成分，因此竹木简易受到有害生物的侵蚀。尤其是新竹水分较多，更易被虫蛀。怎样从典籍制成材料本身来防止虫蛀，这便成为当时保护档案典籍的一大问题。古人在实践中找到了"杀青避蠹"这一适用于竹简的防蠹方法，这是我国古代典籍保护技术史上的一项重要成就。汉刘向在《别录》中写到："杀青者，直治竹作简书之耳。新竹有汁，善朽蠹。凡作简者，皆于火上炙简，令汗去其青。易书，复不蠹，谓之杀青。"概括地说，杀青就是将新竹采集，制成简牍，在书写之前，先用火炙烤，使竹汁沥出，竹简则由青变黄，因而称"杀青"。经杀青后，竹简质地干燥，虫则不蛀，又便于书写着墨，字迹经久，成为延长简牍档案寿命的重要手段。杀青技术的出现，说明当时人们已经开始有意识地摸索档案典籍材料自身防护的技术方法，注意从防的方面考虑档案典籍的保护问题。

2. 染纸防蠹的思想

公元二世纪东汉和帝时，管理宫廷用品的宦官蔡伦改良了造纸方法，发明了造纸术。这项发明的推广，使档案典籍制成材料发生了巨大变革。公元三世纪之后，简牍档案基本上被纸质档案所代替。再加上纸张质地轻软、价格低廉，又易于书写、传递和收藏，所以纸张完全取代了竹木、缣帛作为官方书写材料，成为档案典籍的主要制成材料。由于纸张主要是由植物纤维制成的，其主要化学成分是纤维素及少量非纤维素物质。纤维素是由葡萄糖脱水聚合而成的高分子多糖体，它可以成为害虫及霉菌生长发育的养料，一旦环境条件适宜，纸张就会发生虫蛀霉烂。严峻的挑战促使古人不断探索和总结，产生了新的驱蠹方法和思想——染纸防蠹。

染纸最早见于三国人孟康注释的《汉书·外戚传下》："染纸素令赤而书之，若今黄也。"孟康所说的"纸素"是指白色的丝絮片，还不是纤维纸，而"今黄纸"是用具有驱虫、杀虫效能的植物捣汁或药物浸染用于书写的纸张，具有避蠹的功能。常见的染纸有三种：黄檗染纸、椒染纸和万年红纸。黄檗，又称"黄柏"，是一种芸香科落叶乔木，内皮呈黄色，味苦，气微香。经化学分析，黄檗皮中主要含小檗碱（黄连素），还含有少量棕榈碱、黄檗酮、黄檗内脂等多种生物碱。这些生物碱具有碱性的含氯有机物，有较好的杀虫功能。所以将纸张用黄檗树皮浸取出来的溶液渍染，晾干后用来书写，就可防止蠹虫危害。相传黄檗染纸是北魏农学家贾思勰发明的，在其著作《齐民要术》中有记载："黄檗浸汁染书，用以避蠹。"所以黄檗染纸又叫"潢纸"。到了魏晋南北朝时，已普遍采用潢纸做书籍。黄檗染纸法到宋代仍被广泛使用。宋代统治者甚至规定，凡皇帝制敕、赦书等重要公文一律要用精心染制的潢纸。除了尚黄外，主要因为用黄檗染制的潢纸具有防虫避蠹的功效。宋人罗愿云曾说："后世书敕用黄纸，味既苦而虫不生。"宋代官府抄录复制图书典籍有时也用潢纸。宋仁宗嘉祐年间，崇文院就曾用黄檗染成的潢纸抄写复制三馆密阁图籍。据沈括《梦溪笔谈》卷一记载，宋代崇文院三馆秘阁皮藏的档案图籍曾一度被人盗走很多，大多落入士大夫之手。宋仁宗嘉祐年间因置编校官八员杂雠四馆书，给吏百人，"悉以潢纸为大册写之"。此外，敦煌石窟中的佛经，有不少是宋代的产物，很多都是采用潢纸书写的，至今纸制完好，无蛀痕。

椒染纸，即椒纸，是宋代一种印书纸。它是将胡椒、花椒或辣椒的浸渍汁液渗透入纸内而成的。椒指花椒，芸香科双子叶植物。花椒中含有柠檬烯、枯醇和香叶醇等挥发油；花椒果实中也含有香茅醛、水芹萜；椒根中含有白鲜碱、茵芋碱和小檗碱等生物碱，且能散发出辛辣气味，都对蠹虫有驱避作用，这就使得椒纸具有较好的防蛀避蠹的效果。因此就有"椒纸者，谓之椒染纸，取其可以杀虫，永无蠹蚀之患也"。现存的很多用椒纸写的档案至今未出现蠹虫危害的现象，如南宋刻本《名公增修标准南史详节》。

万年红纸是一种防蠹纸的俗称，是明清时期我国广东南海（佛山）一带人发明的。它是用红丹（又称"铅丹"）为涂料涂刷在纸上而制成的一种防蠹纸。这种纸往往用作古籍的扉页或衬底，不仅可以防蛀，而且还有美化装饰古籍的作用。据化验，万年红涂料的主要化学成分是铅丹，化学名称为四氧化三铅，它是一种鲜红色并有毒的物质，化学性质稳定，不易挥发，所以能起到长期防蠹的作用。明代宋应星《天工开物》中详述了铅丹的制作方法。万年红纸的制作方法较为简单，只需把四氧化三铅放在瓷钵中研细，滤去渣滓，加入少量的添加剂作为填料，再用适量的桃胶水溶液调匀，就得到橘红的涂料，然后用板刷将其均匀地涂刷在纸上，自然阴干即成。

3. 草药避蠹的思想

草药避蠹也是古代档案防虫的重要措施，就是在档案柜架内放置某些含有挥发成分的药材，让其挥发出来的气味在档案典籍周围保持一定的浓度，以消灭害虫或使害虫不敢接近的防虫方法。汉代收藏档案的处所称为"兰台"，即是当时普遍用兰草防蠹而得名。兰草之后运用的草药有芸香、麝香、檀香、樟脑、皂角以及烟叶等，其中尤以芸香最常用。北宋科学家沈括在《梦溪笔谈》中记载："古人藏书辟蠹用芸。芸，香草也，令人谓之'七里香'者是也，叶类豌豆，作小丝生，其叶极芬香，秋后叶间微白如粉，辟蠹殊验。南人采置席下能去蚤虱。"

芸香（别名"香草"）属芳香科多年生草本，有强烈的刺激气味，花叶香气皆烈。据分析，香草含有芬香油和多种香豆精类成分，叶内含有茵芋碱，故有防蠹驱虫作用。古代使用芸香避蠹保护书籍文献始于西晋，盛于唐宋。由于常用芸香避蠹的原因，故藏书的房屋有"芸阁""芸署"之称。相传宁波"天一阁"藏书，就是内夹芸香草以避蠹。

樟脑是樟科植物樟树的干枝、叶及根部经加工提炼制成颗粒状结晶体，常温下易升华，其挥发成分是一种双环萜酮类物质，具有刺激性，故能驱避昆虫。如今许多档案库仍沿用樟脑防虫的方法。但现在使用的不是天然樟脑，而是由人工合成的樟脑，常称"樟脑精"，其为片状结晶体，熔点低，易挥发，性能与天然樟脑相似，故能防虫避蠹。

麝香是雄麝脐与生殖器之间的麝香脐中分泌的物质，其有效成分是巨环麝香酮，具有杀菌防腐功能，可作香料和药用。《齐民要术》云："厨中安麝香、木瓜，令蠹虫不生。"

烟叶是烟草茎叶，含有 1% ~ 5% 的烟碱（尼古丁），烟碱对害虫的毒性很大，故能防虫，古人很早就使用烟草防虫，目前在一些寺院的藏经楼上仍有使用。

皂角也能避蠹，是因为皂荚中所含皂苷是一种胃毒剂。清人卢若腾在《岛居随录》中记载："皂荚末置书间，可以避蠹鱼。"

4. 药剂防霉的思想

防霉剂是用来防止档案典籍霉腐的药剂。古人常用白矾作为防霉剂加工制作防霉纸。白矾（又称硫酸铝钾）具有使微生物脱水致死的作用，故能防霉、防腐。制作防霉纸的方法是先把白矾溶于水中，然后涂抹在纸张上，晾干即成。

墨是古代书写的主要字迹材料，我国在公元前 2700 年左右就出现了墨。虽然用墨书写的字迹很稳定，耐光耐热、耐酸耐碱、不易褪色，但若墨的质量不好也会滋生霉菌、腐蚀纸张。因此古人就发明了防腐墨，这种墨在唐代徐坚的《初学记》中有所记载。墨的主要成分是炭黑、动物胶和防腐剂，由于动物胶属蛋白质类化合物，容易霉变，因此须加入防腐剂以防长霉，且能去除胶臭，保持墨色不褪。当时常用的防腐剂有麝香、樟脑等。由于麝香昂贵，且樟脑来源有限，所以现代制墨一般以硼砂作为防腐剂。

5. 晾晒防潮防蠹的思想

《穆天子传》中记载了周穆王驾八骏西游的事，其中卷五记载："天子东巡，次于雀梁，蠹书于羽陵。"这便是周穆王在游历途中晾晒档案、除灭蠹虫的事迹。宋代曾明文规定，对重要之书要"以时晒暴""日晒火焙固佳，然必须除冷，而后可以入厨"，以便长期保存。宋代集中保存图书典籍的集贤院、史馆、昭文馆、秘阁等部门，每年都要在仲夏时节将图籍档案搬出库外晾晒一次，而且尚书、学士、侍郎、侍制、两省谏官、御史等官都要亲自参加。可见当时对晾晒图籍档案的重视。"岁于仲夏暴书"，一方面可以清除档案图书中的虫卵、粪便，另一方面可以除去档案图籍在保存过程中可能产生的潮气和水分，不失为一种行之有效的防蠹去湿的方法。它和后来明清时期的"开卷拂拭法"有着异曲同工之效，都是消灭蠹虫的有效物理方法，将虫卵消灭于孵化之前，是该方法的独到之处，其措施的科学性也是显而易见的。

6. 防蚊防鼠的思想

从我国古代的石室金匮、兰台、东观、石渠阁到后湖黄册库、皇史宬来看，要么采用封闭的砖石结构，要么是库房四周环水，以防止鼠蚊之害。明代嘉靖初年修建的太平府架阁库（在今安徽省涂县）就要注意在地面铺沙以防鼠患，上面再铺木板以防潮湿。古人还深知用雄黄、炭清、石灰以防潮避白蚁。清代孙从添在《藏书纪要》中记载："用皂磨成粉，调制成剂，可以防鼠。"

7. "以防为主，防治结合"的思想

从以上所列的档案有害生物之防治方法和思想不难看出，绝大部分属于"防"。如竹简的杀青防蠹，就是"于火上炙干之"，因为"新竹有汁"，而经过杀青处理的竹简，既"便于书写着墨，字迹经久"，又可以"防虫蠹蛀"。从现代档案保护的意义上看，这就是改善了档案载体材料的内在性能，是着眼于"内因"的防。又如染纸避蠹，古人将黄檗、花椒、红丹等浸入纸张中，无非是想提高档案纸张"先天"防蠹的"内功"，以达到驱避害虫的作用，这也是在"防"字上做文章。然而，当"防"不胜防，失效了，档案不幸生蠹时，古人考虑到了"治"。他们开始考虑用芸香、麝香、樟脑、烟叶、皂角、木瓜等药物来熏杀档案的有害生物，甚至还采用了晾晒的办法除蠹。当然，若以现代档案保护技术的眼光看，这些办法的杀虫效果其实都很有限，而更多的是有"驱避"的作用。古人已经有意识地摸索并总结出基于档案材料自身的防护的技术方法。在防治档案有害生物的道路上，由于当时科技方面的局限性，其"防"的能力明显强于"治"的能力，并且一直遵循着以"防"为主，防治结合的思想。

（二）副本的制度思想

档案文书副本，通常是指同一档案文件的抄书或复制本，是相对档案文书正本而言的。制作和保存档案文书副本，是我国古代文档管理的一项重要制度，从现存史料来看，这一制度首创于我国西周时期。《周礼·春官·内史》记载："天府，掌祖庙之守藏与其禁令……凡官府乡州及都鄙之治中，受而藏之。"又《周礼·秋官·大司寇》记载："凡邦之大盟约，莅其盟书，而登之于天府。大史、内史、司会及六官皆受其贰而藏之。"另《周礼·秋官·小司寇》载："万民之数，自生齿以上，皆书于版。……登于天府，内史、司令、家宰贰之。"在这里，所谓"中""贰"都是指当时官方的档案文书，"中"是档案文书的正本，"贰"是档案文书的副本。清代江永在《周礼疑义举要》中说："凡官署簿书谓之中，故诸官言治中、受中，小司寇庶民狱讼之中，皆谓簿书，犹今之案卷也。此中之本义。"史学家金毓黻对此进一步解释："中之得名盖对贰而言也，……此档案之正本也。副本对中而言，故曰贰，凡中与贰，皆为档案之专名。"由此可见，在西周时期，已经开始推行副本制度。其一，当时档案文书已有正本与副本的概念区分，并且各具专门的名称；其二，档案文书在正本之外另建副本，有些重要的档案文书，如邦国盟辞、国之大法典、民数登记册等，往往还别录多个副本；其三，在副本保管方面，实行与正本分开收藏的管理体制，即将正本集中收藏于"天府"，副本则归属诸如大夫、内史、司会等相关部门保管。

西周王朝所开创的档案文书副本制度对我国后世的文档管理产生了深远的影响，自此，几乎所有朝代均根据本身情形，为档案文书建立副本，在文档管理中推行副本制度。到了封建社会中后期，尤其是清代，这一制度得到了进一步的发展。具体表现在三个方面：第一，统治者对档案文书副本极为重视，将其管理正式纳入封建法制的范畴。从《唐律疏议》和《庆元条法事类》中可知，唐宋王朝对偷盗、丢失档案文书副本不乏严厉的处罚。在明清，有关档案副本的法令相对明确、详尽，如大清律法规定："各省督抚，凡历年钦奉上谕，俱应一一缮录。"清代还颁布有专门的副本法令。雍正七年，史部大堂失火，所有档案严重焚毁，雍正特别上谕："嗣后，……内阁本章，及各衙门档案，皆应于正本外立一副本，另行收贮。"第二，形成了较为系统的副本管理的方法和制度，其内容涉及了档案文书副本的拟制与形成、收集、归档、保管等多个环节。从档案副本的形成来看，大致有三种情况：首先，副本由文件作者在制定文件正本的过程中同时制作完成。这种形成方式，多见于古代的户籍、赋役、诉讼及人事、行政等档案文书门类。如唐宋及明朝的户籍档案，有关部门正常同时形成四本，为了能使正本和副本相区分，明朝还特别规定，其中三本用青色纸作封面，名称为"青册"，为副本；剩下一本，黄色纸面，名称为"黄册"，为正本。其次，副本在文件的运转处理过程中由有关部门抄录形成。这种档案文书副本的派生，主要是因留存、发抄、汇抄等种种需要而形成的。如明代，"凡天下臣民实封入递，即于工厅启视，节写副本，然后奏闻。"这种情况，清代更加典型，派生的副本的数量与种类相对较多。

清王朝的政务处理，主要是以题本、奏折及谕旨作为上传下达的基本工具。臣僚上奏，前期多用题本，题本经内阁票拟、皇帝批阅后，即由六科发抄各有关衙门执行，传抄主管衙门者为正抄，转抄关涉衙门者为外抄。发抄后六科还须别录两份，各自成册，从而形成所谓的"史书"和"录书"，"史书"送内阁供史官记注，"录书"存科以备编纂。这就是说，一件题本除本身随本备送的副本之外，其处理运转还形成正抄、外抄，史书、录书。奏折是清代中后期常用的一个极其重要的上奏文书，通常不许臣僚备送副本。奏折统一由军机处办理。军机处"奉有朱批之折，发抄不发抄，皆另录一份，"从而形成了奏折副本，通称"录副奏折"。皇帝的谕旨，无论是由内阁"明发"，还是军机处大臣"廷寄"，都要详录成册，存案备查。结果形成了诸如"丝纶簿""外纪簿""上谕档""寄信档"等名目繁多的谕旨抄本档册。事实上，这种谕旨汇抄过程，就是副本的形成过程，其抄录的谕旨副本档册，具有和正本完全一样的可靠性。再次，因档案的损毁进行补录或保护性缮录而形成抄本。在古代社会，由于受保管条件、保护水平的限制，或者因为战乱、水火，档案损毁现象较为普遍。对损毁的档案，需要进行定期或不定期的抄录复制。如唐代保存在吏部甲库的远年甲历，多有残缺，宪宗元和年间，就曾依旧件缮录副本。据《庆元条法事类》记载：宋代架阁库收藏的档案，一旦"漏落""被水漂坏"或"为火所焚"须"雇人誊写"、交互抄录，以补其缺。宋室南渡后，朝廷很多重要档案损毁无存，因此，各衙门间常常相互"差人前去计会抄录"。明代中期，地方衙门所藏远年户籍赋役文件，大多残缺不全，造成了工作莫大不便。弘治初年，曾有滦州知府潘岭请求准许各地官府，到后湖黄册库抄录各地的全套册籍。特别值得一谈的是，清代对重要档案，实行定期缮录制度，从嘉庆十年起，"凡清字汉字之档，岁久则缮，清字档每届五年，汉字档每届三年，均由军机大臣奏明另缮一份，并将原档一同存储，以备阙失。"如此一来，自然会形成相应的档案文书副本。

再拿副本的保管来看，已经由开始的正副简单分开保存，发展到建立专门的副本库及副本管理机构集中保管副本。如明朝地方架阁库内，通常建有收藏户籍赋役档案的副本的专库，不仅实现了户籍赋役档案正本与副本的分藏，而且同时也将副本与其他案牍"分庋以区，便检阅也"。清代中央机关，前朝以皇史宬两厢集中收藏副本，随着档案副本的增多，嘉庆年间，又特设"副本库"作为保管副本的专门机构，并派满汉中书官数名负责管理。第三，副本制度的发展还表现在对副本制度的有关理论研究上。最为杰出者莫过于清代史学家章学诚。章学诚曾任国子监典籍，长期从事方志纂修工作，他在修志实践中，深切体会到"文移案牍"对于方志的重要性。因此，他专门撰写《州县请立志科议》，倡议州县要在六科之外另设"志科"用以专门收集保管有关档案文书副本；并且还对副本的性质功能、收集管理等进行了较为系统的理论阐述，为我国档案文书副本制度的发展，在理论上做出了重要贡献。

　　为了更好地推行副本制度，古人从名称和外在形式方面做了与正本的具体区分。在名称方面，档案文书副本经常泛以"贰""副""副贰""副本"及"抄本"等来表示，并借此与正本相对。而在一定的朝代，对于特定的档案文件，副本又有某种特定的称谓和叫法，如明代的户籍赋役档案文书，其副本叫"青册"，正本则称"黄册"。清代的题本、文科发抄后别录两份副本，供史官记注之用的称"史书"，备编纂之用的另称"录书"。在外观形式方面，副本大都具备某些特殊标记或特征，表现为一是颜色，包括封面纸张颜色和有关字迹颜色。如明代户籍赋役档案文书，青纸面为副本，黄纸面为正本。清代则规定"本章正本系红字批发，副本则批墨笔存案。"二是特定的装饰。如清代的表笺，属于庆典时由臣僚进呈的礼仪文书，其副本要求折叠如本章式，函以表匣，裹以黄绢，正本则卷而不折。三是专门的印信。有一些盖专门的副本印章作为身份标志，以示与正本相区别。在清代，自雍正七年开始，除本章副本等之外，各衙门"其他档案副本，或用铃记以分别之。"四是相应的处理标注。以清代奏折副本为例：奏折作为直达御前的机密文件，皇帝亲自启封朱批后，有关衙门按原折及所奉朱批抄录副本一份，并且以此作为正式文件发抄执行。由于办理的需要，奏折副本在封面和折尾加注奉朱批的日期、具奏人、录副时间、处理结果等内容。因而，奏折副本较原批奏折多一些处理标记，也更具有史料与利用价值。

　　纵观中国古代副本制度的发展，主要有以下思想内涵：

　　1. 利用副本，保护正本，便于查询利用的思想。

　　在古代，正本在数量上通常只是单份，或许正因为这一点，正本往往重藏轻用，以便更好保护和流传。相对而言，副本可以多份，并多地点、多部门分存，以便广泛查询利用。以秦为例，秦实行以法治国、以法教民政策，颁布了大量的法令，"法令皆副"多份，分存丞相、御史大夫和地方郡县，并且有专门人员为吏民提供查询服务。

　　2. 防止舞弊，确保信息内容安全的思想。

　　副本作为正本的复制本，有很好的可信度。因而副本制度对于舞文弄档以营私射利能够起到防范、抑制与威慑作用，是档案文书信息内容安全的一把保护锁。正如清代雍正在颁布副本法令时强调的那样，建立副本"不但于公事有益，而且可杜奸胥猾吏隐藏改换之弊。"唐代铨选任用官员，其用作基本依据的甲历档案一式三份，并且分开三库保藏，只有三库甲历完全相符，吏部方可依资授官，从而较好避免了涂改、伪造、顶替、假冒等舞弊事件的发生，有效促进了铨选的顺利进行。

　　3. 积累材料，便于修史的思想。

　　自汉以来，各朝各代档案文书副本，都有为编修史志典章而积累材料的共同点。特别是清代的副本"史书""录书"更是直接肩负"供史官记注"及"备编纂"之功用。所以说，我国古代史志纂修及典章汇编能取得巨大成就，我们今天能拥有浩如烟海的古代文化典籍，这不得不说与档案文书副本制度有很大程度的关系。

4. 补阙备失，以利留存的思想。

古代社会里档案文书大多不留存底稿，正本往往只有一份，是真正的孤本。面对保护技术与水平低下、各种灾害的影响，档案文书很容易遭到损毁，存留与传世十分不易，迫切需要借助于副本的能量来保护、维系和延续档案的生命。因此，古人借助于副本，以防患于未然，通过别录副本，使正在受损的档案文书的保存得到强化处理；对因故已经损坏无存的档案文书，通过交互补录副本，形成替代、以补阙失，从而使档案文本得到再生。如唐代，德宗吸取前朝大火，"甲历并烬"的惨痛教训，在原来将甲历分三库收藏的基础上，"更写一本"，送交内库收贮，"纵三库断裂，即检内库本"，从而以确保万一。清代除交互补录副本弥补阙失外，还应该进行保护性修缮，每历数年"另缮一份，并原档一同存储"。

5. 减少周转时间，加快信息传递速度，方便政务处理的思想。

如明代的户口赋役档案，在正本之外尚有三份副本，分存地方司、府、州、县，从而使各地赋役分派工作，既有参考依据，又能便利进行。所以，各地对副本的保存格外重视，正如他们自己所说："自今稽户口之登耗者在是，考垦田之多寡者在是，辨兵民、验主客以令徒役者又在是，其有资于治道岂浅也哉？"在清朝，随本揭帖作为题奏本章的副本，其所以形成，最根本的一点，就是为了行政的更高效率，即让皇帝批阅本章的同时，也使关涉衙门能及时了解与研究本章上反映的问题，待到本章批下，有关办理便不至耽延时日。奏折副本，在清代被当作正式文件发抄各有关衙门执行，而朱批原折只用作信息反馈发还具奏之人，其行政功用，更不言自明。

（三）保密的制度思想

我国古代档案保密已有数千年的历史，在历朝历代都形成了相应的档案保密制度和法规体系，主要表现在三个方面：

第一，针对文书起草者的保密制度：在《尚书·金滕篇》记载："周公作册书毕，纳书于金滕之匮"。如兴于隋唐，为历代所仿效的"四禁"制度，就是针对负责起草皇帝诏令的中书舍人而制定的，其内容为"一曰漏泄，二曰稽缓，三曰违失，四曰忘误，所以重王命也"，即要求起草者在起草文书时，必须保守机密，及时迅速，并杜绝出现遗忘和其他差错。清承明制，对于文书保密尤为重视，特别是清世宗雍正年间，先后多次改革行文制度，如将原来只在皇帝及其亲信间使用的奏折升格为秘而不宣的正式官文书。雍正六年九月，曾通令全国内外诸臣，各就所见所闻，具折陈奏。一事一折，直接送皇帝折批，减少了过去的中间环节和文书的扩散面。凡是机密文档都由具奏大臣亲自书写，密送皇帝后，存而不发，并规定有权具奏的官员一般都由皇帝发给折匣，匣上各有锁匙，皇帝中枢和官员各掌握一把钥匙，以示慎重和保密。雍正十年设"掌书谕旨、综军国之要"的军机处，并规定军机大臣一律不得使用文吏，文稿由本人抄写，连听差也只能用十五岁以下不识字的小太监，以防泄密。

第二，针对文书传递及处理者的保密制度。为了保密，汉代公务密事的管理，要求尽量缩小接触范围，并明确规定了"依次传行"的公文档案传递方式，对泄密事者，国家给予法律制裁。据《汉书》《后汉书》记载，汉代对泄密的官员定有"漏泄省中语""泄密书""探密事"等一系列罪名，轻者，免官为庶人；重者，"腰斩"和"弃市"，均死刑。

宋代制定了传布机密文书、公布档案的禁令。《庆元条法事类》记载："缘边事应密行下载不得榜示，以及时政边机关书禁止雕印。""诸雕印御书，本朝会要及言行时政边机文书者，杖六十，并许人告。印传写国史实录者，罪亦如之"。"诸私雕文书及盗印、赦令格式、刑统、续降条制历日者，各杖一百，许人告。""诸私雕文书，不纳所属评定辄印卖者，杖一百。"此外，还奖励告发泄密者，凡告发藏匿，拆换文书获实的，如案情重大，赏告发者钱一百贯，案情一般，则赏五十贯；告发文书收发人员违法规章，私自将文书带回家过夜的，经查实后，赏给告发者钱五十贯。

清代还规定，内容密本，各科办完后要密封交回。密折不准与人商酌或让同僚知悉。御批、谕旨不准横传，相邻不准互通，路过不得打听。下行密本收存前，非来办者偷看以致泄密，要罚杖六十，重者，判三年徒刑。

第三，针对档案保管者的保密制度。秦代规定档案正本存于中央禁室，副本存皇帝殿廷禁宫，丞相御史大夫府及郡县，并规定严禁私入禁室，对私入禁室偷看档案的"罪皆死而不赦"。如《商君书·定分》卷5记载："法令皆副，置一副天子之殿中，为法令、为禁室，有铤钥为禁而封之，内藏法令一副，禁室中封以禁印，有擅发禁室印，及入禁室视禁法令，及禁衲一字以上，罪皆死不赦。一岁受法令以禁令，天子置三法官，殿中置一法官，御史置一法官及吏，丞相置一法官，诸侯郡县皆各为置一法官及吏。"汉魏时期，档案保密制度日趋严格，规定档案藏于"石室金匮"，并设史官管理。《汉书·高帝记》卷1记载："与功臣剖符作誓，丹书铁契，金匮石室，藏之宗庙。"《史记》记载："迁为太史令，铀史记石室金匮之书。"《三国志·魏书》《文帝记》记载："金策著令藏之石室"。诸史载条文中均有"藏"字，将档案或藏于石室，或藏于宗庙，石室均为当时重地，管理极严，藏于此，皆从安全、保密出发。宋代枢密院直接"掌军国机务……出纳密令。"对掌管重要秘密官员提出了严格的要求，规定了不得私自出访和不准私自接待客人的保密制度。明清时期制定了更加严格的档案保密制度。据明《后湖志》记载：后湖黄册库内有朱元璋石刻诏书，不许一般人入库，过湖船只和库房钥匙，均由南京大内太监掌握。开船开库均有定期，入湖过桥严禁烟火，有偷册者不论首从，均判斩刑。故"湖曰禁湖，地曰禁地，例必曰禁例，而船必曰禁船以至樵采渔牧之有罚，巡视守护之有人，局擅越湖者必以重治"。清代雍正皇帝更是重视档案保密工作，制定了档案保密制度和措施。雍正七年下令："嗣后各部门存贮档案之后，应委笔贴式等官，轮班值宿巡查。"据《清律例汇纂大成》记载："文稿案册，责成掌印司员，督饬经承、贴写等，严密收贮，随时抽查。夜间，责成当月司员，严查值宿书吏，小心看守，如有遗失，将该官议处，并将该经承、贴写，一并斥革。如有不肖官吏，偷窃档案，希图讹诈，并藏匿、抽换、接扣，挟嫌倾陷者，许该吏等指名禀报，送交刑部，从重治罪。至皂役纵容外人入署销售货物，将失察之该管官，照例议处。""衙署密留匪人，将失察之该管官撤参，失于稽察官兵皂役，以致窃失文书、册籍存案者，照例罚俸一年。""不实力稽察官兵皂役，以致窃失文书、册籍，存公银两者，罚俸一年。如系库贮册金、祭器被窃，照遗失制书律革职。"

（四）安全的制度思想

历代统治者都非常重视通过各种制度来约束人的行为，保护档案载体和信息内容的安全与完整。早在战国时期的秦国，就有涉及档案安全的制度。《商君书定分》记载，律法档案要"立法令之史，谨藏其右券木柙，以室藏之"。尤其值得注意的是，秦律中还有专门关于库房防火的条文，如《秦律·内史杂》规定："毋敢以火入藏府、书府中。吏已收藏，官啬夫及吏夜更行官。毋（无）火，乃闭门户。令令史循期廷府。节（即）新为吏舍，毋依藏府、书府。"即规定不准把火带进专门收藏文书的府库，新建官吏的宿舍，不准靠近档案库房，等等。真正把档案防盗窃与毁坏的制度思想列入国家法律的范畴始于唐代。《唐律·诈伪律》规定："诸诈为制书及增减后，绞；未施行者，减一等"；《唐律·贼盗律》规定："诸盗官文书印者，徒二年。涂印，杖一百。诸盗制书者，徒二年。官文书，杖一百；垂害之书，加一等；纸卷，又加一等"；《唐律·杂律》规定："诸弃毁制书及官文书者，准盗论：亡失及误毁者，各减二等。其误毁失符、移、解牒者，杖六十。"从以上法律条文来看，古代档案保护制度思想体现了对皇权的维护，对于偷窃、丢失"制书"的惩罚要比其他类型的档案严厉得多。宋元以后，诸朝统治者在继承唐代档案安全制度思想的基础上，形成了更加具体、操作性更强、约束面更广的保护制度法规。如元代《元典章·吏部八》规定："失去文卷者，合将捡勾案牍人员治罪。""盗官府之卷作故纸变卖者"，合将买卖双方治罪，其中，盗卖者"杖七十七，同窃盗刺字"，买卷人"笞四十七"，而擅自改动案牍年月字者，则"笞五十七"。《明律集解》载："毁弃官文书者，杖一百，有所规避者从重论，事干军机钱粮者之绞"；等等。

二、我国档案管理体制的基本形成

新中国成立伊始,我国档案工作还处于机关档案室的工作时期,全国各机关、团体、部队和企事业单位的档案工作基本上处于"各自为政"、分散管理的状态,这一时期的档案事业由于缺少专门的档案行政管理机构,全国的档案工作也没有形成统一的管理体制。随着第一个五年计划的顺利进行与社会主义建设事业的迅猛发展,要求进一步加强中央的集中统一领导,进行全国有计划的社会主义经济建设。因此,中共中央作出撤销大区以及行政机构及合并若干省、市建制的决定,对撤销机关的档案成立临时档案保管机构的集中统一管理。在各大区一级党政机构的撤销和档案的集中管理过程中,由于贯彻了统一集中与保持原机关档案完整的原则,既保证了大区一级党政撤销机关档案的完整与安全,同时又对档案事业贯彻集中统一管理提供了经验、树立了榜样。由于大区档案的集中,要求设立有关档案工作的领导机构,进行统一领导,也要求由专门的档案工作的业务机构,负责大区档案的整理和保管工作,因此,促进了国家档案领导机构的产生。同时,也为中央档案馆及某些省档案馆的建立创立了条件。

档案事业的发展迫切需要成立国家档案局。1954 年,根据周恩来的提议,批准国务院设立直属机构——档案局。国家档案局的建立,在我国档案事业建设中具有非常重要的意义,标志着我国档案工作从此有了统一的领导机关,以制定国家档案工作的规章制度,贯彻了集中统一的管理原则,为我国档案事业的发展提供了组织保障。1956 年,国务院讨论通过了《关于加强国家档案工作的决定》(以下简称《决定》)。《决定》对我国档案事业建设中的基本原则和重要内容都有了明确的规定。《决定》明确了国家档案的范围,宣布了国家的全部档案都是国家的历史财富,彻底解决了档案的所有制问题;确立了我国档案工作的基本原则是"集中统一地管理国家的档案、维护档案的完整与安全,便于国家各项工作的利用";指出"应加强国家档案工作的统一管理。全国档案工作,都应由国家档案管理机关统一地、分层负责地进行指导和监督"。1959 年,中共中央发布了《关于统一管理党政档案工作的通知》,决定把党的档案工作和政府的档案工作统一起来。在档案工作统一管理之后,各级档案管理机构既是党的机构,又是政府机构。为加强党对档案工作的领导,各级档案管理机构在中央由中央办公厅主任直接领导,地方各级档案管理机构由地方各级党委秘书长直接领导,不设秘书长的县委由办公室主任直接领导。党、政档案和档案工作统一管理以后,中共中央办公厅秘书局档案处的业务指导工作与国家档案局合并,国家档案局成为统一领导全国党和政府系统档案工作的管理机构。至此,我国党、政档案工作集中统一管理的体制基本形成。

三、我国档案管理体制的发展变化

党的十一届三中全会以后，我国进入了改革开放和社会主义现代化建设的新时期。我国开始由计划经济向社会主义市场经济转变，这一转型对我国社会政治、经济、文化等各个方面都产生了巨大的影响。改革开放30多年来，我国先后进行了几次机构改革，这些改革基本改变了我国在计划经济体制下形成的行政体制和组织机构。作为国家行政管理体制的组成部分，档案管理体制也发生了深刻的变化。

（一）我国档案工作集中统一管理体制的完善与发展

在十一届三中全会以后，为了恢复整顿全国档案工作，1979年，中共中央和国务院正式批准恢复国家档案局，全国各级档案行政管理机构也基本得到了恢复，大批档案馆也得以恢复和建立。为进一步加强对全国档案工作的恢复与整顿，中共中央办公厅、国务院办公室印发了《关于恢复中央档案馆名称和国家档案局的通知》，重申这两个机构既是党的系统的机构，又是政府机构。1980年，中共中央、国务院批转了《国家档案局关于全国档案工作会议的报告》（以下简称《报告》），对地方各级档案行政管理机构的恢复和设置工作进行了明确规定，进一步重申了我国档案工作管理体制和基本原则。《报告》指出，在档案管理体制上，我国各级档案行政管理机构，既是党的机构，又是政府机构。国家档案局既是党中央的一个工作部门，又是国务院的直属局，在党中央和国务院的双重领导下，在集中管理党和国家的档案工作的基本原则下，对全国档案工作进行指导、监督和检查，统一掌管党和国家的档案事务。地方各级档案管理机构都是同级党委和人民政府的直属机构。《报告》对各级档案行政管理机构的领导关系问题也做出了明确的规定。为了进一步加强党对档案工作的领导，国家档案局由中央办公厅主任直接领导，地方各级档案行政管理机构则由地方各级党委秘书长直接领导，不设秘书长的县委由办公室主任直接领导。到1982年底，全国绝大部分地区的档案管理机构基本上得以恢复，集中统一的档案管理体制也得到了进一步发展。

（二）我国档案工作领导体制的调整

从1982年至1984年，我国进行了第一次较大规模的机构改革。与国家机构改革、经济体制改革等相同步，国家档案局也提出了档案管理体制改革的问题。这主要是因为经过20多年的发展，档案工作发生了很大变化。主要表现在：档案工作的性质发生了变化，由原先的机关内部的业务性工作转变成为一项与社会经济、政治、科学、文化等活动紧密结合、协调发展的社会性的国家规模的档案事业。档案工作的中心由以政府机关、企事业单位和社会团体的档案室工作为主转变为以各级各类档案馆为主。档案管理的内容也发生了深刻的变化，由主要管理公文的文书档案转变为全面管理各种门类、各种形式和各种载体的档案。档案工作的管理方法也由传统的手工管理方式逐步向以应用计算机等新技术为标志的现代化管理方法转变。因此，原有的档案管理体制与当前的档案工作不相适应，迫切需要进行相应的调整与改革。

随着我国政治体制改革与机构改革，档案工作中的许多实际问题需要与政府的相关部门协商解决，许多业务工作也需要由政府牵头来组织实施。在这种情况下，各级档案行政管理机构仍然是设在党委下的一个工作部门就很不适应。1985年，中共中央和国务院批转了《关于调整我国档案工作领导体制的请示》，对我国档案工作的领导体制和机构设置进行了调整。根据此次调整，我国档案工作在领导体制和机构设置上遵循"党、政档案工作统一管理"的原则，为适应实际工作的需要，规定各级档案行政管理机构在性质上仍既是党的机构，又是政府机构，但在编制上列入政府编制序列。国家档案局改归国务院领导，仍为国务院直属局，负责统一管理全国档案事务。中央档案馆作为中央和国务院直属的事业单位，日常工作由中共中央办公厅领导，在业务上接受国家档案局的指导。

地方各级档案局也改为地方各级人民政府的直属局，其领导关系是否作调整，则由地方党委和政府根据实际情况决定。地方各级档案馆仍然归口于各级档案局管理。文件下发后，全国各省市基本上都按照中央模式对地方档案管理体制进行了调整，将地方档案行政管理机构列入政府编制序列，改归地方各级人民政府直接领导。

1987年9月5日，《中华人民共和国档案法》（以下简称《档案法》）正式公布。《档案法》明确规定了我国档案工作"统一领导、分级管理"的基本原则；规定了档案管理的基本内容和任务；规定了各级档案行政管理机构和档案馆的性质、职能与任务；明确国家档案行政管理部门统一掌管全国档案事业，对全国档案事业实行统筹规划，组织协调，统一制度，对全国档案工作进行指导、监督和检查。县级以上地方各级人民政府的档案行政管理部门分级主管本行政区域内的档案事务，对本行政区域内机关、社会团体、企事业单位以及其他组织的档案工作进行指导与监督。与1985年前档案工作实行集中统一管理原则不同，《档案法》将我国档案行政管理体制以法律形式肯定下来，从法律角度确定了我国档案工作实行统一领导、分级管理的基本原则。

（三）"局馆合一"体制的形成与确立

1993年，为了推进经济体制改革，根据党中央、国务院政府有关政治体制改革的总目标和"精简、统一、效能"的基本原则，为了加强党对档案事业的统一领导，贯彻十四大报告中提出的关于"撤并某些专业经济部门和职能部门交叉重复或业务相近的机构"的指示精神，与国务院机构改革相同步，我国再一次对档案工作领导体制进行了调整与变革。考虑到档案工作的实际情况和客观需要，党中央、国务院作出将中央档案馆与国家档案局合并的决定，国家档案局不再列入国务院的直属机构序列，改归中央办公厅领导。在1993年10月，中共中央办公厅和国务院办公厅印发了《中央档案馆、国家档案局职能配置、内设机构、人员编制方案》。中央一级档案管理机构按照规定将国家档案局和中央档案馆合并成一个机构，同时挂国家档案局和中央档案馆两块牌子，履行全国档案事业行政管理和档案保管利用两种职能，为党中央和国务院直属机构、副部级单位，由中央办公厅领导。

从全国来说，"局馆合一"模式在中央层面实施以后，地方各级档案局与档案馆也纷纷仿效中央层面的做法，自上而下普遍建立了"局馆合一"档案管理模式，同样是一个机构（一套人马）、两块牌子（档案局、档案馆）、履行本行政区域的档案行政管理和档案保管利用两种职能。至此，"局馆合一"的档案管理体制得以形成与确立，并沿用至今。

第三节　档案管理体制的特点

一、"统一领导、分级管理"体制与"双重管理"模式相结合

根据《中华人民共和国档案法》的规定，我国的档案管理体制是建立在"集中统一"原则基础上的"统一领导、分级管理"体制。1954年国家档案局成立后，我国已在全国范围内设有四级档案行政管理机构。中央级档案行政管理机构统一掌管全国档案事务，负责对全国档案事业实行统筹规划、宏观管理，统一管理党和国家中央机关的重要档案。地方各级党委和人民政府对应设置了相应的档案行政管理机构，统一管理本行政区域内的档案事务，对本行政区域内的档案工作进行指导、监督与检查。

在"统一领导、分级管理"基本原则下，我国档案管理体制采用了"双重管理"的模式，即地方各级档案行政管理机构以本级党和政府的领导为主，同时接受上级档案行政管理机构的业务指导和监督。

二、"局馆合一"体制与"一个机构、两个牌子"模式相结合

自改革开放以后，我国开始由计划经济向社会主义市场经济转变。三十多年来，伴随着政治管理体制改革和机构改革的进行，我国档案管理体制也发生了深刻的变化，

与国家机构改革相适应，先后进行了几次档案管理体制改革与调整。1993 年，按照党中央和国务院有关档案机构改革方案的规定，国家档案局和中央档案馆合二为一，一个机构，两块牌子，履行全国档案事业行政管理和档案保管利用这两种职能。地方各级档案管理机构按照中央一级档案管理机构改革的模式，实行省、市、县级档案局和档案馆的合并，同样是一个机构、两块牌子，履行本行政区域的档案行政管理和档案保管利用两种职能。目前，我国各级档案行政管理机构，基本上也是档案实体管理机构。大多在大门口同时挂两块牌子：档案局、档案馆。这两个机构合署办公，只不过是有两个名字而已。

三、坚持党的领导

1959 年，中共中央发布了《关于统一管理党政档案工作的通知》，决定把党的档案工作和政府的档案工作统一起来，由此形成党、政档案工作集中统一的管理体制。我国党政机构的档案行政管理与党政机构的档案实体管理分别合一，各级档案行政管理机构既负责党的各机构的档案行政管理，同时也负责同级政府各机构的档案行政管理。各级档案局既是党的机构，同时又是政府机构，以党的直接领导为主，是各级党委与政府统一管理档案事业的职能部门。各级档案馆也既是党的机构，又是政府的机构，是各级党委和政府统一管理档案的业务部门。

党、政档案工作统一管理有利于保证党和国家档案的完整与安全，符合精简、统一、效能的原则，符合中国的实际情况。在新中国成立后，党和国家领导人几次讲话都强调，各级党委和政府要加强对档案工作的领导，把这项工作列入议事日程，切实帮助档案部门解决各种实际问题，使档案工作在现代化建设事业中发挥更大的作用。也正是在党的直接和强有力的领导下，我国档案事业的发展才能得到必要的监督与保障，全国档案事业才实现了持续、快速、健康发展。

第四节 档案管理体制的创新方向

一、目标

我国现行档案管理体制使我国档案事业在行政管理和档案保管利用方面都得到了实实在在的加强，有力地推动了我国档案事业的全面发展。但我们要清醒地认识到：我们正处在一个改革和发展的年代，随着我国社会主义市场经济体制的不断完善和社会现代化进程的加快，在档案工作中"条块分割"问题、"局馆合一、政事合一"问题、文件与档案管理割裂以及非公企业、私人档案管理等问题已成为制约我国档案事业发展的体制障碍，我们只有不断地进行体制调整与改革，才能适应我国档案事业的发展需要。我国档案管理体制改革的目标就是要建立起一个与社会主义市场经济体制相适应的档案管理体制。

二、基本方向

（一）市场化

市场化是当今世界各国行政改革的大方向，同时也是我国行政改革的基本方向。市场化的改革方向是我们改革开放三十多年来的基本经验，是经过我们反复艰苦探索得出来的结论，同时也是我们今后改革的方向。我国档案管理体制改革同样也要以市场化为目标，积极探索建立与社会主义市场经济体制相适应的档案管理体制。

（二）法制化

中国是世界文明古国之一。历代统治者对档案和档案工作都很重视，但是，几千年来都是依靠行政手段对档案和档案工作进行管理的。由于这一历史原因，人们的档案法制观念都比较淡薄，旧的传统习惯影响了档案工作的开展。依法治档一直以来都是我国档案工作中的薄弱环节。近年来，虽然我国也出台了一系列档案法律法规及规范性文件，但由于我国的档案法规原则性条款多，可操作性条款少，依法治档仍停留在表面上，停留在宣传和文件上。档案工作中存在着无法可依、有规难依、执法不严和监督乏力的局面。法制化，就是一切活动要以法律法规为准绳，在法制的框架内寻求解决问题的途径。为推动我国档案事业健康发展，迫切需要适应政府职能转变，实行依法管理，加强法制化建设。

（三）现代化

现代社会日新月异的发展，要求信息部门以较高的信息存贮、处理和输出速度，高质量地为社会服务。档案部门是信息部门的组成部分，应以崭新的面貌服务于这个时代。现代信息技术广泛应用于文件与档案的工作领域，档案管理对象的数字化、管理手段的现代化、管理模式的多样化是档案管理活动要面临的新的机遇和挑战。档案工作如不能卓有成效地为社会服务，就很难取得社会应有的重视和支持，档案工作的开展会受到一定的影响。过去，人们的档案意识不强，档案工作发展速度不快，与此有密切的关系。现在，档案工作已由封闭状态向开放型转变，我们的工作水平与质量将会对社会产生很大的影响，只有通过现代化，使档案工作充分发挥它特有的作用，提高社会地位，才能推动档案事业迅猛发展。

三、具体思路与建议

我国现行档案管理体制虽然在推动我国档案事业发展方面取得了一些成绩，但体制所带来的一系列问题也不容忽视。为进一步推动我国档案事业的健康发展，我们有必要对现行的档案管理体制进行调整与改革。

现行档案管理体制改革是一个全面系统的工作，它不是对传统档案管理体制完全推倒、重新构建，而是要在国家行政管理体制改革的总体框架内，逐步探索、逐步完善和逐步实现。

（一）完善我国现行档案管理体制改革的思路

从适应现代公共行政改革的需要出发，我国档案管理体制改革将朝以下三个方向发展：1. 适应政府职能和角色的转变。传统的计划经济体制下的政府全能角色作用逐渐减弱，政府独享的管理职能已部分被市场和社会分割，政府要逐步退出部分应该属于企事业单位或社会管理的权力。2. 适应现代公共行政运作方式的转变。传统的行政管理方式是不断地扩张行政功能，通过行政系统直接行使管理职能，而现代公共行政方式则趋向于间接运作和分权运作。3. 适应政府观念的变化。市场经济产生纳税人的意识，政府用纳税人的钱来进行国家管理，要有效率观念、服务观念等。

（二）完善我国现行档案管理体制改革的建议

1. 集中统一管理、整合档案资源，建设"大档案"

集中统一管理是我国档案的工作指导思想。实践证明，集中统一管理的指导思想克服了我国特定历史条件下档案分散保管和档案工作各自为政的弊端，对推动我国国家规模档案事业的建设有着积极的意义。我们将坚持继续集中统一管理的指导思想，继续加强我国档案事业的统一领导、统一规划和统一制度；继续加强党和政府对档案事业的领导，保证党和国家档案的完整与安全；继续加强对档案信息资源的管理和开发利用，维护党政档案的历史的有机联系。集中统一的档案管理体制是同我国经济基础相适应的，符合我国现行国家制度、传统文化观念，符合宏观管理原则。

在坚持统一领导的基础上，有效整合档案资源，建设"大档案"就是要打破档案接收和利用中的时间、区域、全宗界限，广泛整合全部档案资源。在区、县级甚至市（地）级，科学整合档案资源，建设"大档案"，体现规模效益，构建在真正意义上的综合档案馆。通过科学整合档案资源，一方面实现机构设置上的"精简、统一、效能"

的目标，从根本上打破机构设置上"上下一般粗"的状况，打破了"小而全"。建设"大档案"可以有效实现国家档案资源的有效配置，以适应档案资源社会共享的需要。

2. 管理体制多样化

市场化带来了档案所有权的多元化，档案所有权的多元化带来档案管理体制的多样化。档案管理体制在过去单一的国家所有权和计划经济体制下，对党政机关档案和国有企业、事业单位档案实行集中统一管理，档案集中统一管理体制符合当时的档案所有权状况，也切实保障了国家档案的齐全与完整。现在，虽然党政机关和国有企业、事业单位的国有档案一般仍然照搬国有档案管理模式。对于各种非国有企业以及外商投资企业档案的管理，必须具体问题具体分析，允许企业在遵守国家相关法律、法规和制度的前提下，对其档案的管理享有充分的自主权。因单位而异，选择适合的管理方式，可以采取集中统一管理，也可以实行分布管理（分部门、分档案门类相对集中管理），还可以实施集中与分布相结合式管理等。

面对非国有企业、外商投资企业档案大量涌现的实现，各级档案行政管理部门应当将工作的重心放在对这些档案中"对国家和社会有保存价值"的部分进行合理监管上来，以服务和引导为主，保护对国家和社会有保存价值的档案为主的思路和原则开展工作，通过服务来实施适度的监督、检查、引导和管理。

3. 政事分开，局馆分立

政企分开、政事分开是我国机构改革的方向。根据机构改革"政事分开"的要求，档案行政管理部门和档案馆要从职能上将二者分开，通过借鉴其他国家档案管理机构设置的做法，将档案行政管理部门与档案馆在机构、人事、财务上要彻底分开，档案行政管理部门实行"条条管理"，而档案馆则作为文化事业单位实行"块块管理"，按照社会分工的原则，充分发挥各自的职能特点，各归其位，各司其职。

档案行政管理部门作为国家行政体系有机组成部分，主要履行其统筹规划、组织协调、统一制度、监督指导的管理职责。通过贯彻法律法规、制定规章、执法检查等手段，管理各单位的档案工作。档案馆是集中管理档案的文化事业机构，负责接收、收集、整理、保管和提供利用各分管范围内的档案。档案馆作为事业单位，在管理方式和运行机制上，也不应照搬政府机关的模式，而是在国家法律法规指引下，"勇敢地"走向社会，面对市场。

4. 文档管理一体化。

文档管理一体化既是业务问题，又是体制上的问题。文书工作是档案工作的基础，档案工作是文书工作的延伸和发展，从发展的观点看，我们有必要把文件管理和档案管理看作是一个统一的系统工程，采取统一的工作制度和方法来控制前后各有特点但又互相连续、衔接的工作程序。这样不仅可以加强档案部门对文件管理的超前控制，保证进馆档案的质量，而且还能够减少档案部门的工作程度，避免重复劳动。因此，一方面在单位内部建立起文件实时归档制度，将文书部门和档案部门合二为一，在单位内部构筑文档案管理一体化平台。另一方面是结合各地的实际情况建立文件中心、档案管理中心，发挥集约优势，降低运行成本，同时也为档案管理机构的设置提供了新的思路。

总之，档案管理体制与理念的重新定位，必须在继承原有体制与理念的基础上进行创新与开拓，这是适应社会主义市场经济体制不断完善和发展的理性选择。

第三章 档案管理的科学利用

第一节 档案资源的可行利用

一、档案资源利用的方式与途径

数量庞大的档案，通常是根据其自然形成的体系整理和存放的，而档案的使用者则有着不同的、特定的利用需求。为了满足利用者不同的需求，通过各种方式有效地提供档案和有关资料，建立起档案的检索系统，以方便使用者能够迅速、快捷地查找到档案。开展档案利用的方式和途径有很多，主要的有以下几种：

（一）开设阅览室，直接提供档案原件或复制件借阅

通过开设阅览室，直接提供档案原件或复制件借阅。这种方法，在企业被广泛使用。

阅览室是联系档案的保管者和利用者的纽带，是档案工作时发挥作用的主渠道，是社会各界了解和认识档案事业的窗口。一般要做好以下几个方面的工作：阅览室的设置需兼顾优质服务和严格管理两个方面。阅览室要求明亮、宽敞、安静、舒适、清洁和方便。一般应有服务台、阅览桌和存物处等设施。阅览桌以无抽屉为宜，以便于对管理人员必要的监护。为了方便利用，还应准备一些工具书以及与所藏档案密切相关的参考材料。

1.建立必要的规章制度，以维护阅览室秩序和档案的安全。阅览室的开放制度内容包括：阅览室接待对象、档案材料的阅览范围、批准权限和入室手续、档案索取和归还手续以及利用者应爱护档案的若干具体规定等。

2.为方便科技人员迅速地大量查阅，在某些企业、事业单位，可以有条件地实行内部开架阅览。

开架阅览的基本做法是：第一，可供阅览的是科技档案副本；第二，开架的科技档案是非密的或密级较低的；第三，提供专门的开架阅览场所；第四，编写开架部分科技档案的检索目录，注明存放位置，并在每个阅览架上编制"科技档案检索图表"；

第五，有资格进入开架阅览室的是本单位内部的有关人员。

（二）档案外借

档案外借是指按照一定的制度和手续，将档案携出档案馆或档案室阅览、使用。

档案馆档案一般不借出馆外使用，在个别情况下，为照顾某些工作岗位的特殊需要或必须用档案原件证等特殊需要，才可以将档案暂时借出馆外。在机关和企业内部，尤其是企业，档案携出档案室使用，包括到科研、生产一线现场相对多些。但特别珍贵和易损的档案，是禁止借出的。

为了便于掌握档案流动情况和安全检查，当档案被借出时，应作借出记录，可以填制"代理卡"放在档案原来存放位置上，借出的档案归还后将代理卡撤出。

（三）制发档案复制本

根据档案原件制发出各种复制本，是开展档案利用工作的一种重要方式，又称为"复制供应"。其中包括内供复制和外供复制。外供复制又是实现科技档案有偿交流的一个途径。

档案复制本分为副本和摘录两种。复制方法主要有复印、手抄、打字、印刷和摄影等。

这种方式有较多的优点，既可以提高档案利用率，缓和供需矛盾，又便于保护档案原件。这种方式也有一些缺点：第一，利用者查阅档案时，总想看到原件，尤其用作凭证时，一般的档案复制本往往不令人满意。第二，由于现代复印技术的快速发展，尤其是静电复印机的广泛应用，有可能使复制本失控，造成了多处多份复制、随意公布档案的事情发生，不利于档案保密和维护技术产权等方面的权益。为此，必须对档案复制本制发范围和批准权限作严格管理规定。单位秘书在有关事务中要切实负起责任。

在企业档案部门中，有一种与复制供应密切相关的提供利用服务方式，称为"技术市场交流"。它是指企业档案部门将企业的科技成果档案制成复制品后，推向市场，参与技术贸易，为企业创造更多的经济利益。这种方式能够给企业带来一定的经济效益，对科技成果的时效性要求较高，在为技术信息市场化服务的过程中，应注意保护企业技术秘密。

（四）出具档案证明

档案证明是档案保管单位向申请询问、核查某种事实在所藏档案中有关记载为利用者出具的书面证明材料。

在社会生活中，有些机关、企事业单位或个人，为处理和解决问题往往需要档案部门提供证明材料。例如，公安、司法、检察部门在审理案件过程中需要证明材料；

个人在确认工龄、学历、职称方面需要证明材料等。

出具档案证明，档案人员只有在利用者正式申请下才能进行，而且对申请的审查和证明的拟写，都必须认真对待。申请书应写明要求出具证明的目的以及所查证问题的发生地点、时间和经过。档案证明一般应根据档案的正本或可靠的副本来拟写。在没有正本或副本的情况下，也可利用草稿（草案）。不论根据什么材料，都应注明其出处。在出具档案证明时，档案工作人员不能妄加评论和结论，只能对有关材料进行客观的、如实的叙述或摘录，尤其是对所要证明的问题起关键性作用的内容应做到原件的字、句，甚至标点完全吻合。证明填写好后，必须加盖公章，这样拟写的档案证明才能生效。

（五）提供咨询服务

咨询服务形式是档案人员以档案为依据，以根据自己所掌握的业务知识和专业技术知识为基础，对查询者提出的问题进行解答，或指导利用者获得有关某一方面档案的线索。档案人员会接触到各种情况的咨询业务，有一般性咨询，也有专门性咨询；有事实性咨询，也有知识性咨询；有专题研究性咨询，也有情报性咨询。

（六）印发目录

印发目录方式多用于科技档案的利用服务工作。它是将档案目录印制分发到有关部门。其包括内部印发（向内部各机构和下属单位印发）和外部交流两种。其目的是为了交流情况，互通信息。

（七）举办档案展览

档案展览，是根据某种需要，按照一定主题，系统地陈列档案材料。这是通过展示和介绍有关档案的内容和成分而提供利用的一种服务方式。

档案展览的作用突出地表现在两个方面：

第一，有利于宣传档案意义和提高社会档案意识。参展的档案材料一般是经过精心挑选的，容易给观众留下深刻的印象，进而引起人们对档案和档案工作的进一步重视，增强档案意识。

第二，有利于广泛发挥档案的作用。举办档案展览本身就是一种提供利用的方式，而且这种形式能在一定时期、一定范围内满足较多观众的参观要求，服务面广泛。这种形式会使档案的宣传教育作用得到充分发挥，能取得其他任何形式都达不到的广泛、深刻、生动的效果。

举办档案展览，要注意突出思想性、科学性、业务性和艺术性。为使其达到满意的效果，首先要选好展览主题，然后精心选取和组织材料。档案馆根据自身的条件，可在馆内设长期的展览厅（室）；也可配合当地各种工作和有关的活动，酌情举办各种类型的档案展览会，如历史档案展览会、革命历史档案展览会、各种纪念活动等；或配合机关工作，举办各种小型的展览会，如工作或生产成果展、科研成就展等。其次，要对入选档案进行合理分类，编写前言、各部分标题、提要和介绍。围绕主题来挑选档案，是组织展览过程中最重要的一环。档案展览内容的思想性、科学性和展出的效果如何，往往取决于展出档案的内容和种类，举行布展时要选择最有价值和最有意义的材料，特别是选择能正确反映历史事件、提示事物本质的材料。此外，还必须注意档案的保护和保密工作。对于机密档案，要严格按照事先确定的范围组织参观。展出的档案一般都用复制品。必须展出原件时，应采用透明装置保护措施，以防止档案的遗失和损坏。

二、档案资源利用的内容、意义与规定

（一）档案利用工作的内容

档案利用工作，是指采用多种有效的方式直接提供档案及其信息加工材料，及时、准确地满足用户对本单位档案的利用需求的工作。从严格意义上讲，档案利用工作又可以区分为"提供档案利用"和"利用档案"这两个既有密切联系又相对区别的概念。

"提供档案利用"针对档案管理者而言，是指档案管理部门和人员以所藏档案信息资源作为基础，通过一定的方式和途径，直接提供档案，为前来了解查询问题的利用者提供服务的工作；"利用档案"针对利用者而言，是指利用者以阅览、复制、摘录等形式使用档案的活动。善于利用档案馆、档案室的档案，是现代秘书人员的基本功。

档案利用工作的内容主要是：熟悉本单位档案资源的内容成分，了解单位的业务活动及业务流程，掌握用户对档案信息的需求，通过咨询和接待等服务工作，把经筛选鉴别、加工整序、编目汇纂出来的档案信息提供给用户，满足其利用需要。

（二）开展档案利用工作的意义

1. 档案利用工作是档案工作的根本任务

档案事业的发展离不开社会对档案的利用，我们做档案工作不是空头的理论工作，而是要把它付诸行动，应用于实践，为国家和社会的各项工作服务。各机关、企事业单位设置档案室和专职工作人员，其目的就是利用档案为国家服务。由此可见，档案利用工作是实现档案工作目的的关键，是手段，是档案工作的根本任务。

2. 档案利用工作为档案工作提供了展示平台

档案利用工作运用各种形式为档案工作提供材料，为社会服务，利用工作可以通过宣传，使人们认识社会价值和重要地位，或者直接与利用者发生关系，体现档案工

作的服务性和政治性，进一步提高了自身的利用价值。因此，有人总是把档案利用工作比喻成联系社会的一个窗口，利用工作做得如何，是衡量档案室（馆）业务开展的程度、工作好坏的主要标志。

3.档案利用工作是档案工作中最富有活力的一环

档案利用工作与社会服务者有着密切的关系，是利用者与被利用之间的桥梁和纽带。档案利用工作为服务者提供材料，服务者可以为档案工作着力宣传，两者相辅相成，休戚与共。另外，档案利用工作对整个档案工作有着检验和督促作用，平时工作中要监督各项工作做到防患于未然。在利用档案工作中可能会遇到各种各样的困难，或意想不到的事件，这时就需要我们有着严谨的态度去发现档案工作中出现的问题，看看材料收集是否齐全、整理是否系统、鉴定是否准确、保管是否安全，并做到合理修补。

（三）人事档案的利用规定

干部人事档案管理的最终目的是为了更好地利用干部人事档案，开展干部人事工作，管理人员资源。但干部人事档案的利用不同于一般的档案材料，它必须按照干部管理权限确定的范围进行。对查阅、借阅不同层次干部的档案，国家规定了相应的审批制度。尽管各地区、各部门具体的审批办法有所不同，但最基本的规定是，因工作需要才能查阅和借阅干部人事档案，并且必须遵守下列规定：

第一，查阅单位应填写《查阅干部档案审批表》，按照有关规定办理审批手续，不能仅凭调查证明材料、介绍信直接查阅档案。

第二，档案管理单位有权根据规定，确定是否提供和提供哪些材料。

第三，凡查阅干部人事档案，利用单位应根据有关部门的具体规定，要派可靠人员到保管单位查阅室查阅。

第四，档案一般不借出使用。如有特殊情况借出使用时，要说明理由，经过主管部门负责人批准，并严格履行登记手续，限期归还。借阅单位不得擅自转借他人。

第五，任何人不得查阅或借阅本人及其直系亲属的档案。

第六，查阅档案，必须严格遵守保密制度和《中华人民共和国档案法》的有关规定，严禁涂改、圈画、抽取、撤换档案资料。查阅者不得泄露或擅自向外部公布档案的内容。

第七，借用、查阅档案的单位或个人，不得擅自复制档案内容。因工作需要从档案中取证的，必须请示干部档案主管部门审查批准后才能复制（拍摄）。

第二节 档案资源的有效开发

一、档案参考资料的编写方式开发

档案信息开发的途径和方式很多，其中最主要的是编写档案参考资料。

档案参考资料，是档案部门或人员按照一定的题目，对有关档案材料的内容进行研究、综合、加工而成的，可供利用者直接阅读使用的一种档案材料加工品。档案参考资料改变了档案原来的形式，具有问题集中、内容准确、文字精练、概括性强的特点，不仅能起到一定的介绍和报道档案情况的作用，而且更重要的是，可以直接为利用者提供有实际内容的档案材料。参考资料的最大优点在于利用者不必翻阅大批档案，便可简明扼要地得到所需的材料。下面介绍几种常用的档案参考资料的编写。

（一）大事记

大事记，就是按照时间顺序，简要地记载在一定历史时期发生的重大事件的一种参考资料。它是一种以时为经、以事为纬，简明地记载和反映一定范围内各种重要史实的资料书和工具书。它可以向利用者提供某一问题的历史梗概，便于人们研究史实的演变及其规律性，是总结工作、编写资料、考证历史的重要依据。

大事记的特点是必须严格地按照时间顺序记载有关历史事实；使用编年纪事体。编年纪事体是一事一记，逐年、逐月、逐日以事件发生的时间先后为序记述，一日数事，则分条记述。

秘书人员编写的大事记主要是持续反映本单位情况的单位大事记。

编写大事记应尊重历史、尊重事实，维护事物的本来面目，客观地加以记述。其具体要求有三：第一，观点正确，用材真实；第二，大事突出，要事不漏，小事不记；第三，系统条理，简明扼要。

大事记的内容，主要由大事时间和大事记述两部分组成。

1. 大事时间

大事时间，一般要求记载准确的日期，并按照大事时间的先后顺序排列，以便反映事件发生、发展的进程；每件大事年、月、日齐备，有的甚至写明确切的时、分、秒。对时间不确切的事件，尽力进行考证。先排有确切日期的大事，后排接近准确日期的大事，日期不清者附于月末，月份不清者附于年末。

2. 大事记述

大事记述是大事记的主要组成部分，是通过许多重大事件的记述，来反映历史发展的概貌和规律。大事的合理选择，是撰写这部分内容的关键。如何选择和确定大事，需要考虑如下三方面因素：

（1）要立足于本单位，突出本身活动。属于全国或其他较大范围内的大事，只有与本单位密切相关的大事才记；否则，不予记述。记述的目的在于说明大事的背景和由来。

（2）要根据本单位的性质、任务和主要职能活动选择大事和要事。一般情况下，能反映主要职能活动的重要事件，才能列入大事记的范围。

（3）要体现出本单位的特点，突出一定时期的中心工作、重大事件和要事。

（二）组织机构沿革

组织机构沿革是以文字或图表形式，系统记载了一个单位或专业系统的体制、组织机构和人员编制变革情况的一种文字材料。

1. 内容

组织机构沿革的内容大致包括单位（系统）概况、机构名称改变、地址迁移、成立、撤销或合并时间、隶属关系、性质和任务、职权范围、领导人员变动、编制扩大与缩小以及内部机构设置等方面变化情况。

2. 编写体例及格式

组织机构沿革可以采取文字叙述或图表的形式，也可图文并茂。根据组织的发展特点，选择不同的编写体例：一是编年法，即按照年度依次列出组织结构的演变发展；二是阶段法，即按照组织机构重大变革的若干历史阶段，分别记述各历史阶段组织机构的演变发展；三是系列法，即按照组织机构变化的主要内容，分别记述演变发展情况。

（三）统计数字汇集（基础数字汇集）

统计数字汇集是以数字语言反映某一单位或某一地区、某一系统的某一方面情况或若干方面基本情况的一种参考资料。它是反映一个单位、系统或某一方面基本情况的一种数字材料，是了解情况、研究问题、制订计划、指导工作和总结经验不可缺少的依据和参考。

统计数字汇集按其内容可分为综合性和专题性两种。综合性的统计数字汇集则是记载和反映一个单位、系统全面情况的，包容性强，篇幅较大。专题性的统计数字汇集是记载一个单位或系统在某个方面的基本情况的。

整体结构：

1. 总标题：单位、内容、名称、时间；

2. 编制说明；

3. 正文。

（四）会议简介

会议简介是简明扼要地记述会议基本情况的一种文字材料。广大机关、企事业单位干部经常需要查询会议的档案材料。例如，在筹备一个会议之前，先行查阅以往有关会议的档案材料，许多程式性的内容便可延用旧例，以收到事半功倍之效。

会议简介的主要内容应包括会议届次，召开的时间、地点，主持人，参加人（代表名额、分配情况、列席范围），会议议程，讨论与会议决策事项以及选举结果等。

（五）科技成果简介

科技成果简介是科技档案的编研成果之一，是指对获得成果的科研设计项目的档案资料，扼要摘录其内容，汇集编印成册的一种参考资料。其内容一般包括：项目名称、项目内容、投资费用、主要技术经济指标或主要技术参数、经济效益、应用推广情况、鉴定评审情况、获奖情况、转让方式和费用等。

（六）企业年鉴

企业年鉴是记录和汇集了一个企业一年间的生产、经营、基本建设、科学研究等各类大事的有关文献、照片和统计数据等的综合性参考资料。

企业年鉴的特点是，利用年度的各种文字总结、数据报表、照片和说明文字等，记述和反映一个企业的综合发展状况。它一年编制一个卷册，年年记录汇录，但又前后连贯。

企业年鉴对于了解企业的综合情况和数据，进行工作总结、预测未来、计划决策，以及进行科学研究和编史修志等，可以提供比较系统和全面的档案材料。它被誉为"办公桌上的档案数据库"。

（七）企业史志

企业史志是依据企业档案信息撰写的史料性质的编研成品。从内容上划分，有企业全部生产经营活动编写的综合性史志，也有针对某项专业活动撰写的专门性史志。企业史志史料性强，是以客观反映和系统阐述企业生产经营、科技工作及其各项管理的发展历史与发展规律为目的的，因此一般都具有较高的和长远的利用价值。

（八）科技图册

科技图册也称"科技图集"，是以图样为主体，配以必要的文字和数字说明的编研成品。图样可以是设计图，也可以是简图或示意图等。图册主要是用来表示产品或设备的规格、结构、性能、技术参数等，或表示基建工程设施的规模、布局、走向、结构、数据等。图册根据用途不同而有所区别，有为产品研制服务的图册，有为设备管理或工程设施管理服务的图册，有为技术交流或产品加工订货服务的图册等。

（九）科技手册

科技手册是以科技档案信息为依据，简明、扼要地概述了特定范围的科技活动或专业的基础知识与规范的资料性工具书。所谓的基础知识，是指专业性的基本数据、常用的计算公式和测试方法等。这些基础内容多是经过实践验证的成果和经验总结，带有一定的规律性，具有某种规范意义，是从企业档案中筛选出来，为企业各级领导、各种业务管理部门和技术人员、管理人员经常使用的，在形式上是可以随身携带备用的一种工具书。

（十）科技简报

科技简报是连续地报道科技档案信息的活页式编研成品。为了提高档案部门的信息反应速度，近年来许多档案部门分别创办了《档案信息》《档案信息快报》等，是及时、定向地传递科技档案信息为主要目的的刊物，受到了科技档案利用者的好评。科技简报就是这类刊物的代称。科技简报可分为定期与不定期两种。

二、档案资源开发的特点

（一）档案开发利用工作能更集中、更全面地提供档案信息，更好地利用档案

档案的开发利用工作向需要者提供的不是档案材料中的原始信息，而是经过档案人员提炼、整理、编辑出来的二次信息。这些信息不再像原始信息那种处于一种分散、凌乱的状态，而是组织成一个有机的整体。这些整体向我们清晰地展示出一个事物、一段历史、一类产品、一项工程的前因后果、来龙去脉及全部特征。对需求者而言，既可以省去查找、摘录、分类的烦恼，又可以迅速掌握某一问题的详细资料，取得较好的利用效果。

（二）档案开发利用工作能够有效地保护档案的原件，广泛传播档案信息

一方面，由于档案开发利用工作编研的各种资料上的信息均来源于原始档案，同样能作为各项工作的凭证和依据，可以通过利用各种资料能有效避免对档案原件的反复使用，减少利用带来的损耗，起到保护档案原件的作用。另一方面，由于各种资料

上的信息又不完全等同于单份档案，它比单份档案更加丰富、全面和系统，再加上资料可以大量印制甚至出版发行，因而开展档案开发利用工作能够广泛传播档案信息，扩大档案利用范围和影响面，帮助更多的需求者利用到档案资源。

（三）档案开发利用工作能够帮助档案人员提高业务水平，促进档案工作各环节的开展

档案开发利用工作是一项专业性、研究性、综合性较强的工作，对档案工作人员的素质有较高的要求。它不仅要求档案工作人员有一定的政治思想修养和理论水平，而且还要求档案工作人员精通档案专业知识，熟悉本单位档案的内容、价值、利用需求、特点等，同时档案工作人员还应具有较强的综合分析能力和文字能力。所以，开展档案开发利用工作实际上是对档案人员基本素质和业务能力的一次检验和推动。

档案开发利用工作的开展还需要以坚实的基础工作为前提。如果基础工作达不到一定的要求，面对一堆杂乱无章的档案，是无法进行深入加工的。因此开展档案开发利用工作，还可以推动档案管理水平的全面提高。

三、档案资源开发的注意事项

档案参考资料是档案开发利用的一项重要工作。编写各种档案参考资料应注意以下几点：

1. 要广泛征集资料，熟悉馆藏的内容，掌握一定的原始材料以供编写。

2. 注意材料真实、准确、表述恰当。

3. 注意实用性。编研成果能否受到社会的欢迎和重视，主要取决于它的现实有用性，因此档案部门要积极调查，了解社会需求，按需编研。

4. 注意保密性。档案本身就有一定的保密性，因此在编制档案参考时，要注意保密，来确保档案信息的安全。

第三节　档案管理的优质化服务

一、档案服务的要求

（一）满足计划决策人员对档案的需求

计划决策人员包括两个层次的管理人员：中层管理者和高层领导者。计划决策人员是档案部门利用服务的主要对象，满足其对档案的利用需求主要有以下几个方面：

1. 提供档案信息的性质和范围方面

计划决策人员要求利用综合性的、可靠的、涉及面比较广泛的档案材料，越是高层的管理者，考虑问题越要全面、决策越为关键，所以越需要档案人员提供经过加工的概括性、综合性强的高层次信息，越要求信息可靠，也越需要提供综合参考的非档案类的外部信息。

2. 提供档案信息内容方面

有两方面的材料是所有计划决策人员要共同关注的：其一，政策性文件和分析论证材料；其二，历史上处理类似问题所形成的材料，包括决策方案、决策依据、反馈意见等。例如，本单位的机构沿革，工作或经营活动方面的历史情况和统计数据；有关本单位工作业务的国家和地方、上级部门的法律、法规、行政规章；有关某方面工作成功和失败的典型案例分析；国内外同行业的情报材料等。

3. 提供时间和方式方面

有特殊要求的计划决策人员希望用较少的时间了解较多的信息内容，经过加工、汇集而成的信息密集度高的材料更受欢迎。此外，计划决策人员很少有时间亲自到档案部门查阅，利用过程常常是委托进行，在服务方式上最好做到主动上门服务。

（二）满足基层管理者对档案的需求

基层管理者主要从事具体的业务管理、事务工作。不同性质、不同规模的组织机构，其具体的基层管理工作存在着一定的差别，一般包括生产、财务、人事、行政、销售等部门所进行的业务、事务活动。满足档案的利用需求主要有以下几个方面：

1. 提供档案信息的性质方面

要提供具体、详尽、实用性强的信息，能对具体工作给予帮助。档案工作人员应编制详细的检索工具，以方便查询。

2. 提供档案信息的内容方面

往往需要提供关于管理对象的有关信息，范围相对固定，如行政管理人员经常利用文书档案，会计人员经常利用会计档案，销售人员经常利用销售档案，等等。

3. 提供信息的范围方面

主要是单位内部信息，且利用比较有规律。

（三）满足科研人员对档案的需求

单位内部的科研人员，一般从事的是应用技术的研究，也有少数是开展基础研究的。另外，单位外部从事基础研究和应用技术研究的科技人员，有时也需要到单位来查询利用相应的科技档案。满足其对档案的利用需求主要有以下几个方面：

1.提供信息的范围方面

科技人员的利用需求比较稳定，通常表现为对某一个或多个相关主题的档案信息的需求。

2.满足其利用信息的形式方面。

科技人员他们更愿意利用原始材料。

3.对查全率要求比较高，要求提供关于某一专题的完整、准确、系统的成套材料。

4.在利用时间上，相对宽松。

（四）满足工程技术人员对档案的需求

工程技术人员进行应用技术的研究，从事具体的工程、产品和其他科技任务的设计、施工、生产或管理、操作、维修等工作，属于具体的生产技术和生产工艺性质的活动。满足其对档案的利用需求主要有以下几个方面：

1.提供档案信息的性质方面，要提供具有针对性强和内容具体的信息材料，如查用某个具体的图形、数据、报表等。

2.提供档案信息的内容方面，比较注意专利文献和标准化材料，需要同类客体、同类项目或同行业的最新信息。

3.提供时间方面，要求迅速和及时。

二、档案服务的针对性

（一）要了解本单位业务、形势和工作进展情况，增强超前意识，有的放矢、快速高效地做好档案服务工作。

（二）要善于提供经过筛选、综合、归纳和提炼而成的档案编研成品，还要善于利用国家各级各类档案馆的档案，甚至要提供由档案、图书和情报综合而成的信息。

（三）要对不同级别的用户分别对待，明确不同用户的不同利用权限。一般来说，决策层、高级管理者、高级技术人员的利用权限大于一般职工。

三、档案利用服务

"提供档案利用"与"利用档案"是档案利用工作的两大方面。有利用需求，才有档案利用工作，有档案利用工作才能实现对档案的利用。这两者表现为一个过程的两个方面。"提供档案利用"是"利用档案"的前提条件，"利用档案"是"提供档案利用"的目的。

四、档案的电子化服务

档案的电子化服务是在计算机技术迅猛发展的形势下兴起的一种档案的新型利用方式。它是指档案部门利用电子化办公设备和现代通信技术，向利用者提供非纸质载体的数字化档案。

由于办公自动化的进一步扩展和深化，特别是电子计算机和通信技术相结合而形成的信息技术产业，过去的文字、图表、图形、影像、科技文件材料等各种档案形式都可以采用电子档案的形式进行处理和利用。同时，在国家的倡导下，政府各部门、各企事业在开展网络办公、电子办公等工作中形成了大量的电子文件，随着这类档案在各级档案部门中的增多，电子化服务将会在今后得到越来越广泛的运用。

实现档案信息开发利用的电子化具有诸多优势：首先，能将文字、声音、图像结合起来，向利用者提供多媒体信息；其次，能使利用工作变得方便高效，电子化服务通过多媒体的超文本技术，可将计算机存储、表现信息的能力与人脑筛选信息的能力结合在一起，可以提高检索效率；最后，能够提供超时空、全方位的信息服务。

档案电子服务化的方式主要有以下几种：

（一）直接利用

直接利用即到档案部门直接查询电子档案。这一方式要求档案部门建立完善的档案数据库，配备拥有先进的硬件设备和实用、标准的软件环境的电子阅览室，以便利用者方便高效地利用电子档案。在直接利用中应注意对利用者的利用权限的限定，无论采取哪种方式，系统都应对利用者进行全程跟踪监控，并自动进行相关记录，以保证档案信息的安全，同时也作为对利用工作查证的依据。

（二）提供拷贝

提供拷贝即向利用者提供记录在特定载体上的电子档案，所用的载体应随不同利用对象而异。对使用大型电子计算机设备的利用者，以提供磁带为宜；对一般的微型电子计算机的使用者，如果档案数据量较少，可用软盘进行提供，若是大量的电子档案，可考虑用只读式光盘进行提供。在提供拷贝时，应将电子档案转化成通用的、标准的存储格式，以方便利用者查阅使用。

（三）通信传输

通信传输即通过网络环境直接传递档案信息。这种方法比较适用于馆际之间档案信息的互相交流和向相对固定的档案用户提供档案资料，可以通过点对点数据通信或互联网来实现。这种方式可以在较短时间内提供大量的档案信息，内容丰富、速度快捷、效果良好。

（四）网络服务

档案网络服务是近几年来基于互联网建立起来的一种全新的档案提供利用方式。其具体方法是档案部门将经过提炼加工后的档案信息连接在专门的网站和网页上，利用者根据自己的需要随时进行异地查阅。网络档案信息服务超越了时空界限，充分发挥了网络的互动功能，利用超文本链接提供多媒体服务，效果十分理想。但目前，网络技术的一些瓶颈制约了网络服务的进一步发展：一是大量的电子档案不可能都存储在网络中，否则将会对网络资源带来浪费，档案部门虽可以采用根据利用者的需求定期向系统加载信息的方法解决这一问题，但毕竟影响了档案信息作用的全面发挥。二是档案利用权限不易控制，档案信息与一般网络信息不同，它有着较强的政治性和机密性，一旦失控，将会给国家和单位造成不可挽回的损失。目前我国网络的安全性还存在着较大的隐患，防范能力差、抗攻击能力弱等技术缺陷较明显，硬件设施、软件环境依赖国外等问题都会影响到网络服务的正常运行。三是网络资源需要定期维护、定期更新，需要必要的人力、财力、物力的支持，对档案工作人员的素质也有着较高的要求。就目前的情况来看，一些档案部门的网络服务还流于形式，有些跟着政府上网的大潮建立起自己的网站，但却不知道如何发挥作用，其网站除了一个并不漂亮的主页外别无他物。还有的内容几年如一日，除了一些档案部门的基本信息，如电话、地址、机构设置外，没有真正可利用的内容。如何最大限度地利用网络资源，更新档案提供利用的形式，对档案部门提出了新的挑战。

档案网络服务不仅是现代社会的档案需要，而且也是贯彻我党提出的建设政治文明的重要举措。要保证档案网络服务的顺利进行，各级档案部门应从思想上高度重视，把它作为档案提供利用的重要措施和社会民主化进程的重要举措，在技术、人才等方面加大投入，尽快完善网络服务的技术环境，适应时代发展的要求。

第四章　档案信息化基础设施建设

　　基础设施是档案信息化建设的物质要件，是档案信息资源开发利用和信息技术应用的前提。档案信息化基础设施的核心是信息技术和网络平台，充分利用信息技术和网络平台构建符合特定要求的档案信息系统，是档案信息化基础设施建设的重要内容。档案信息化建设的基础工作包含的内容很多，概括起来主要有以下几个方面：

　　网络基础设施，即搭建档案信息网络，为档案信息传输、交换和资源共享创造条件。网络基础设施主要包括网络硬件和网络软件两大部分。网络硬件的基础设施主要包括：网络的布线、交换机、路由器、配线柜、电源等设备；终端计算机、输入输出和存储编辑等设备形成完善的网络系统。软件系统包括：操作系统和数据库、网络管理软件、服务器数据管理、因特网的节点控制等。随着电子政务业务的普及和人们认识程度的不断深入，人们对电子政务建设的要求也越来越高，为了适应电子政务建设的需要，各级档案管理部门应加大力度以提高计算机的普及率，加强对档案管理人员的技术培训，用现代的计算机管理代替传统的手工管理，添置各种必需的服务器和客户 PC 机；各级档案管理部门还应配置保证局域网、公务网和因特网安全运行的网络设备和存储设备，购买满足档案数字化需要的配套设备。

　　网络的建设是以计算机为基础的。它是用基本设施和线路，将多个计算机连接起来，再用网络的信息软件进行信息的传递，来实现资源的共享。网络的建设是以计算机为基础的。

　　数字化设备，即通过数字化设备对传统载体档案进行数字化处理。数字化设备主要包括纸质档案数字化设备、录音档案数字化设备和录像档案数字化设备等。数据库是档案网络化建设的重要组成部分，是重要的网络资源，要加强网络化建设，就必须加强数据库档案资源的信息化建设。随着电子政务的不断发展，各级档案管理部门就必须根据电子政务建设的要求，建设访问用户的档案检索系统，而档案数据库是档案计算机检索系统的核心部分。各地档案管理部门应本着资源数据共享的原则，不断加强数据库建设，提供更高层次的数据库管理方式，以满足不同层次用户对信息数据的需求。用现代化的管理手段代替手工管理方式，对收集来的档案信息资源进行信息化的处理和存储。

　　数据存储介质，即通过数据存储介质为数字档案资源提供长期保存的存储环境。数据存储介质主要包括磁存储介质、光存储介质和电存储介质等。

加强网络环境建设。网络环境建设是档案信息化建设基础工作的重要内容，它包括局域网、公务网和因特网建设。要在信息化的建设中实现"三网并进"的战略，就必须做到如下两个方面：首先要依托局域网建设，来带动档案管理各个环节的办公自动化，尤其是档案利用的服务窗口建设，档案管理的局域网应纳入本地区的局域网信息管理系统，与本地区的公务网、政务网、政府网站同步；各专业、部门、企事业档案馆的网络建设要纳入本系统、本单位办公自动化和业务管理系统。其次依托公务网、政务网的建设实现电子目录、电子文件数据的接收和传送，依托档案网站的建设，实现档案馆之间的互联互通，实现档案和档案工作的宣传，档案信息资源提供利用服务的网络化，实现档案资源的社会共享，提高档案资源的利用效率，最大限度的实现档案资源的利用价值。

数据库管理人员的培养。数据库管理队伍的建设是档案信息化建设的重要组成部分。当前档案管理的整体素质建设与信息化建设的总体要求还有较大的差距，因此档案信息化建设必须加强人才队伍的建设来提升和改造传统的档案管理和利用方式，在档案信息化建设的过程中，整个人才队伍的建设包括：一是档案信息化建设的组织领导体系，负责档案信息化建设的决策、规划、推进、指挥，为档案信息化建设提供良好的工作环境。二是具有领导能力富有组织领导责任的领导人，这些人具有信息化的意识和时代的紧迫感，能够在自己的领域内，大力推进档案信息化的进程。三是数据库管理人员，负责档案信息化建设具体内容的实施，他们是档案信息化建设的骨干力量，现有的大部分档案管理人员缺乏信息社会应有的整体素质，所以目前人才建设的重点是立足于现有人员的培养提高，培养档案管理者的整体素质，把数据库管理人员作为重点培养的对象。

第一节 网络基础设施

档案网络基础设施是针对档案信息化的特殊要求而建设的档案信息收集、管理、存储、利用和传输的技术平台，它将分布在不同地域、不同部门的档案信息资源连接起来，是通过信息资源的互通互联、集成共享，充分提升档案信息化的整体效能。

一、服务器

服务器，也称伺服器，承担着档案信息化数据存储、管理和应用系统运行的任务，具有高速度、高可靠性、高性能、大容量存储等特点，为各用户端的访问提供各种共享服务。

服务器是网络环境中的高性能计算机。所谓高性能，是指服务器的构成虽然与一般 PC 相似，但是它在稳定性、安全性、运行速度等方面都高于 PC，因为服务器的 CPU、芯片组、内存、磁盘系统等硬件配置都优于 PC。服务器接收网络上的其他计算机终端提交的服务请求，并会提供相应的服务，为此，服务器必须具有承担和保障服务的能力。档案计算机网络系统建设可根据需要提供的功能、性能、数据量等配置一台或多台服务器。

（一）服务器功能的确定

服务器按照其提供的服务可以分为文件服务器、应用服务器、数据库服务器、Web 服务器等。由于档案管理系统的目录和全文数据量庞大，一般来说，应配置数据库服务器或文件服务器；如果涉及多媒体的档案管理，为了提高系统性能，可以配置多媒体数据库服务器。此外，还可配置运行档案管理应用系统的应用服务器，不同级别或地域的档案部门可根据系统的规模各自配置或集中配置应用服务器。如需实现档案数据网上的查询服务，配置 web 服务器；如需加强档案馆安全管理的，配置数据备份服务器；为了支持办公自动化系统中大量电子邮件发送的，也可配置专用的 E — mail 服务器等。

（二）服务器数量的确定

根据本单位投入资金的多少、信息化应用的功能需求、数据的存储和分布要求等来考虑服务器的数量。原则上 FTP 服务器、Email 服务器、Web 服务器、内部业务服务器、数据服务器等都需要单独建设，但考虑到资金和安全等因素的限制，至少建设一个支持办公管理的业务服务器、提供对外服务和内部公共服务及允许外网访问的公共服务器、支持档案管理工作运行并提供档案数据存储和管理服务的档案数据专用服务器。

（三）服务器性能的确定

不同架构、不同品牌、不同档次的服务器，其性能、质量、价格都有很大的差别，选择服务器时还要综合考虑档案业务的需求和资金条件，同时还要考虑选择能够提供良好服务的供应商。每个服务器的性能主要取决于 CPU、主板和服务器芯片组的性能，服务器系统的功能与可靠性取决于每台服务器的功能和服务器集群的部署与连接方式。

（四）操作系统的选择

每台服务器上安装的第一个软件就是操作系统。它是控制和管理计算机硬件与软件资源、支持计算机联网通信、提供多种应用服务的基础软件，也是各类应用程序加载、运行的软件支撑平台。

操作系统是管理计算机硬件资源，控制其他程序运行并为用户提供交互操作界面的系统软件的集合。操作系统是计算机系统的关键组成部分，负责管理与配置内存、决定系统资源供需平衡调剂的优先次序、控制输入与输出设备、操作网络与管理文件系统等基本任务。性能优良的操作系统，能提高计算机系统的运行效率和安全性能；操作系统的低效或故障，都会造成信息系统的低效甚至瘫痪。

操作系统按照应用领域可分为桌面操作系统、服务器操作系统和嵌入式操作系统。

1. 桌面操作系统。主要用于个人计算机，个人计算机主要有两类：PC 机与 Mac 机。PC 机一般使用 Windows 操作系统；Mac 机使用基于 Unix 操作系统的 Mac OS 操作系统。Windows 操作系统有 Windows Vista，Windows 7，Windows 8，Windows 10，Windows NT 等；Unix 操作系统主要有 Mac OS X，Linux 发行版等。

2. 服务器操作系统。一般指的是安装在大型计算机上的操作系统，比如 Web 服务器、应用服务器和数据库服务器等。该操作系统主要有三类：一是 Unix 系列，包括 SUN Solaris，IBM − AIX，HPUX，FreeBSD 等。二是 Linux 系列，包括 Red Hat，Cent OS，Debian，Ubuntu 等。三 是 Windows 系列，包 括 Windows Server 2003，Windows Server 2008，Windows Server 2012，Windows Server 2016 等。

3. 嵌入式操作系统。该操作系统是根据计算机应用的特定需要，如智能手机的应用，专门设计并嵌入在特定终端中的操作系统。该操作系统广泛应用于数码相机、手机、平板电脑、家用电器、医疗设备、交通灯、航空电子设备和工厂控制设备等各种电子设备。常用嵌入式操作系统有 Linux，Windows Embedded，VxWorks 等以及广泛应用在智能手机或平板电脑等电子产品上的 Android，iOS，Symbian，Windows Phone 和 Black Berry OS 等操作系统。

一台服务器能够安装和兼容哪一类操作系统一般在出厂时就已基本确定，用户在选购服务器时也会连同操作系统一起购买。操作系统的选择同时还需要考虑用户所选用的核心业务系统，如档案管理信息系统的应用程序运行模式，所需要的操作系统与数据库管理系统的支撑环境等。

（五）服务器连接与工作方式的确定

为了确保网络数据的安全存储与高效访问，网络上的服务器往往采用集群工作方式实现互联，具有灾难备份系统的还可能在异地建立镜像服务器系统，服务器之间的通信与数据交换方式根据业务系统的需要而定，可以是实时的，也可以是定时的。

二、应用软件

系统软件的特点是通用，它并不针对某一特定的应用领域。而应用软件的特点是专用，即是针对特定的管理业务，并应用于某些专用领域的信息管理。如用于政府信息化的电子政务系统，用于企业信息化的电子商务系统，用于辅助行政办公和决策的办公自动化系统，用于机关档案室信息化的数字档案室系统，用于档案馆信息化的数字档案馆系统等。这里所指的应用软件具有以下特点：一是在特定的操作系统环境下，运用特定的软件工具研制而成的。二是针对特定的信息处理需求和管理业务需求进行设计开发，且应用于特定的专业领域、行业、单位，或辅助特定的管理业务。

本节以"通用"和"专用"为区别的原则，还是将工具软件和数据库管理系统列为系统软件的范畴。其原因是：第一，这些软件虽然也专用于某些用途，如媒体播放，但是这种工具还是具有一定的通用性，广泛应用于各个领域、行业和单位。第二，工具软件虽然也使用某些软件开发工具进行研制，但是它也提供了二次开发的能力，可以作各种应用软件的开发平台，如数据库管理系统。

（一）数据库管理系统

为了应用计算机有效地管理和利用信息，人们需要将某些相关数据，如文书档案、科技档案的目录数据，按一定的方式进行组织管理，这就需要使用数据库和数据库管理软件。

数据库可以简单定义为：是以一定组织方式存储在一起的相关数据的集合。这些数据具有一定的结构，尽可能小的冗余度，与应用程序彼此独立，并能为数据库管理系统的所有用户共享。在信息化社会，数据库技术是各类信息系统的核心，是科学管理和有效利用信息资源的重要技术手段。数据库管理必须借助专用的软件——数据库管理系统。

数据库管理系统（data base management system，DBMS），是操纵和管理数据库的一组软件，用于建立、使用和维护数据库。DBMS 具有以下功能：一是描述数据库，运用数据描述语言，定义数据库结构。二是管理数据库，控制用户的并发性访问，数据存储与更新，对数据进行检索、排序、统计等操作。三是维护数据库，确保数据库中数据的完整、安全和保密，数据备份和恢复，数据库性能监视等。四是数据通信，利用各种方法控制数据共享的权限，在确保数据安全的前提下广泛共享数据。

数据库按结构不同一般分层次型、网络型和关系型三种。目前，常用的数据库管理系统主要是指关系型数据库管理系统（RDBMS），主流产品有 SQLserver，oracle，foxbase 和 informix 等。

选择 RDBMS 的目的是存储档案目录数据和电子文件的原文数据，实现对档案数据的有效管理。为适应档案业务管理需要，选择 RDBMS 主要考虑以下几个重要因素：

1.档案管理软件所采用的数据库管理系统。

2. 数据库管理系统在数据库建立、数据备份、分布式数据存储与管理等方面的功能。

3. 数据库管理系统使用的方便性、易操作性、兼容性与可维护性。

4. 数据库管理系统所能提供的大文本存储、全文检索等功能。

5. 数据访问是否遵循统一的标准，是否可实现与其他格式数据库文件的转换。

单位的早期档案数据库都是以 DBF 格式保存。该数据库管理系统在 20 世纪 80 年代中期 PC 机中占主导地位（市场占有率高达 80% ~ 85%），相继经历了 dBASE Ⅱ，dBASE Ⅲ，dBASE Ⅳ，foxbase，Foxpro，VisualFoxpro 等发展历程。其中，VisualFoxPro（VFP）又经过不断改良和版本升级，VFP6.0 及其中文版被广泛使用，它是 32 位数据库的开发系统，不仅使组织数据、定义数据库规则和建立应用程序等工作变得简单易行，并支持过程式编程技术，而且在语言方面作了强大的扩充，支持面向对象可视化编程技术，并能够拥有功能强大的可视化程序设计工具。

（二）各种工具软件

软件工具是指为支持计算机软件的开发、维护、模拟、移植或管理而研制的软件系统。它是为专门目的而开发的，在软件工程范围内也就是为实现软件生存期中的各种处理活动（包括管理、开发和维护）的自动化和半自动化而开发的软件。开发软件工具的最终目的是为了提高软件生产率和改善软件运行的质量。

工具软件按照软件工程建设阶段可分为六类：模拟工具、开发工具、测试和评估工具、运行和维护工具、性能质量工具和程序设计支持工具。此外，还有许多辅助特定业务处理的工具软件，常用的有：办公软件、媒体播放器、媒体编辑器、媒体格式转换器、图像浏览工具、截图工具、图像/动画编辑工具、通信工具、翻译软件（如金山词霸）、防火墙和杀毒软件、阅读器、输入法、系统优化/保护工具、下载软件等。档案工作者熟悉和善于使用这些工具软件，往往可以解决档案业务处理中的一些大问题，起到"四两拨千斤"的效果。

可事实上，Windows 等操作系统也附带一定的工具软件，如负责系统优化、系统管理的软件，这一类的软件被称作系统工具。顾名思义，与系统软件类似，系统工具作用于系统软件，而不是应用软件。常见的有系统优化（磁盘的分区、磁盘的清理、磁盘碎片整理等）、系统管理（驱动等）以及系统还原等软件。

三、终端设备

终端设备是指经由通信设施向计算机输入程序、数据或接收计算机输出处理结果的设备。这里所说的终端设备主要是指用于各类用户访问服务器或进行档案信息处理工作的主机、外存储器、输入、输出设备等。其中，输入终端设备有：鼠标、键盘、手写板、麦克风、摄像头、扫描仪等；输出终端设备有：显示器、音箱、打印机、传真机等。其他类别的终端设备有：无线、蓝牙、路由器、网卡、U 盘、移动硬盘等。目前，档案网络终端设备的主机大都为 PC 机，又称终端机。影响终端机处理能力与速度的是主板、CPU、内存、显卡等组成计算机的核心部件，它的选择是要根据各业务人员的工作要求进行的。如软件开发人员、多媒体档案编辑人员，对 CPU、内存等方面要求较高，需要高配置的 PC 机；而一般的业务人员，只利用计算机进行简单的操作，不需要高配置的 PC 机。PC 机需要联网并安装操作系统、应用软件等，一般采用网卡与信息插座相连，也可以采用无线接入方式上网，并安装网卡驱动，进行正确设置后方能使用。

终端机从网络应用的角度又称为"客户端"，常见的客户端分为两类：一类是胖客户端，是指主机配置较高档、数据处理能力较强的客户端。如一般工作中的 PC 机，它负责网络系统中大部分的业务逻辑处理，以减轻服务器的压力，降低对服务器性能的要求，因此对客户机的性能要求比较高；另一类是瘦客户端，是指数据处理能力比较弱的客户端，它基本上不处理业务逻辑，只专注于通过浏览器显示网络应用软件的用户界面，数据储存和逻辑处理基本上由服务器集中完成。网络终端机经历了从胖客户端到瘦客户端的发展历程，胖客户端是相对于传统的 C/S 结构，而瘦客户端一般都是相对于 B/S 结构的 Web 应用而言。

目前，档案信息管理系统的网络终端大都为胖客户端，然而瘦客户端在档案信息化建设中的应用前景也不容忽视。瘦客户端配置的优越性：有利于档案数据的集中存储、高效管理和广泛共享利用；有利于对档案信息共享权限的集中控制和安全管理；有利于网络系统的维护、扩展和升级，通过瘦客户端的即插即用能提高网络维护的便捷性和可靠性；有利于节约档案网络系统建设和维护的成本；有利于云计算技术在档案网络系统中的应用。此外，由于瘦客户端一般不配置软驱、光驱、硬盘等部件，从而杜绝了病毒产生的来源，不易损坏，能显著提高系统的稳定性。

（一）主机

主机相当于人的大脑，具有控制、运算和记忆功能。包括中央处理器和内存储器两部分。

1. 中央处理器（CPU）。中央处理器是计算机系统的核心部件和指挥中枢，主要由控制器和运算器组成。控制器是计算机系统的指挥中心，它根据计算机的操作指令，向计算机的各个部件发出控制信息，使计算机系统按照人的意志有条不紊、协调一致地运行。运算器是根据控制器发出的指令进行逻辑运算、算术运算的部件。

CPU 的技术指标主要是由主频、总线速度、工作电压等所决定，它也决定了计算机系统的技术效能和档次。一般来说，主频和总线速度越高，计算机系统运行的速度也越快；工作电压越低，计算机电池续航时间提升，运行温度降低，也使 CPU 工作状态更稳定。当前各种移动终端的发展和普及就是得益于 CPU 技术的迅猛发展。

2. 内存储器。内存储器又称主存储器，简称内存，它是相对于外存储器而言的。运行时，内存储器与外存储器交换数据和程序，又将数据、程序与 CPU 进行交换，向 CPU 发出操作的指令和被处理的数据，再将处理完毕的数据存入外存储器。内存储器分为 ROM（只读存储器）和 RAM（随机存储器）两种，ROM 存放计算机启动和运行的最基本的程序和参数；RAM 存放正在运行的程序和中间数据。内存储器的容量等指标，也决定着计算机系统的性能和档次。

（二）外部设备

外部设备是主机与外界交换信息的中介和枢纽，配置和使用在很大程度上受到主机技术性能的制约。

1. 外存储器。外存储器又称辅助存储器，简称外存，用于存放的暂时不用，需要长期保存的数据和程序。外存可以根据需要，批量地与内存交换数据和程序。外存向内存传输数据称为"读"数据；内存向外存传输数据称为"写"数据。外存储器主要有磁盘、磁带、光盘、闪存、磁卡等。

存储器的主要技术指标是容量。存储器容量是指存储器存放数据的总量，以字节（byte）为单位，缩写为 B。一个 B 通常由 8 个二进制位组成，16 个二进位合成一个字（word）。存储器容量通常以 KB（1KB=1024B），MB（1MB=1024KB），GB（1GB=1024MB），TB（1TB=1024GB）为单位。随着存储技术的发展和大数据时代的到来，计算机容量单位也越来越海量化，还有更大的容量单位 PB（1PB=1024TB），EB（1EB=1024PB）和 ZB（1ZB=1024EB）等。外存储器的选择和配置是档案信息化基础设施建设的主要内容，是存储档案数据的主要载体。

2. 输入设备。输入设备是将外部世界的数据输入计算机系统的设备。目前常用的输入设备有键盘、鼠标、话筒、摄像头、扫描仪、翻拍仪、触摸屏、无线射频识别等。

传统的输入设备是键盘和鼠标。键盘按应用可以分为台式机键盘、笔记本电脑键盘；按工作原理分可以分为机械键盘、塑料薄膜键盘、静电电容键盘。其中，机械键盘价格低，易维护，使用普及；薄膜键盘无磨损，价格低，噪音低，应用广泛；电容键盘经久耐用，手感好，代表了键盘技术的发展方向。鼠标按工作原理分机械式和光电式；按接线分有线鼠标和无线鼠标。

随着多媒体技术、图像技术的发展，话筒、摄像头、扫描仪等输入设备的应用日益普及。话筒又称传声器，是声电转换的器件，按转换方式分为动圈话筒和电容话筒。

摄像头是一种影像信息输入设备，可分为数字摄像头和模拟摄像头两大类，被广泛用于数码照相、录音、录像。扫描仪、翻拍仪是纸质载体信息模数转换设备，也是档案数字化的重要工具。随着手机、平板电脑等移动终端的发展，触摸屏的应用也极其广泛，并给计算机用户带来了崭新的体验。

无线射频识别（RFID），又称射频识别，是通过无线电讯号识别特定目标并将相关数据读入计算机系统，无须在识别系统与特定目标之间建立机械或光学接触的一种数据传输技术。此项技术在档案信息化中有很好的应用前景。

3.输出设备。输出设备是将计算机系统的数据进行输出的设备，与输入设备一起，构成计算机与外部世界交换信息的通道。常用的输出设备有显示器、扬声器、打印机等。

显示器是显示计算机处理结果的器件。主要有阴极射线显像管显示器（cathode ray tube，CRT）、液晶显示器（liquid crystal display，LCD）、发光二极管显示器（light emitting diode display，LED）、等离子显示器（plasma display panel，PDP）四种。其中LED以其色彩鲜艳、动态范围广、亮度高、寿命长、工作稳定可靠等优点，适用于大型广场、商业广告、体育场馆等场所。PDP是采用等离子平面屏幕技术的新一代显示设备，优越性是亮度和对比度高、厚度薄、分辨率高、无辐射、占用空间少，纯平面图像无扭曲，也代表了未来电脑显示器的发展趋势。

扬声器（耳机）是电声换能器件，分内置扬声器和外置扬声器。外置扬声器一般指音箱，其音响效果好，而内置扬声器可以避免佩戴耳机所带来的不便。

打印机是将计算机处理结果输出在纸张等介质上的器件。一般分为针式、激光式、喷墨式、热敏式等。

四、网络设备

网络设备是指用于网络连接、信号传输和转换等的各类传输介质、集线器、交换机、路由器、光电转换等设备。为了正确配置网络设备，首先需要确定档案信息网络连接的范围。该范围是需要根据档案工作的内容、档案数据共享范围和密级程度来确定，一般分为内网、专网、外网和物理隔离网四个区域。内网是档案馆的内部局域网，一般部署在一幢建筑物内部或相临近的大楼之间，覆盖大楼的不同楼层和房间。专网，即档案工作专用网，一般部署在档案形成单位与档案室、档案馆之间，或档案馆与档案馆之间。外网，即与互联网相连接的提供对外服务的网络，主要是为了方便档案利用者查询公开上网的档案信息。物理隔离网，是由一台或多台与任何其他网络在设备和网络线路上完全隔离的终端机或服务器系统，用以存放和管理保密档案。网络体系的结构主要有三种，不同结构有不同的特点和适用范围，也有不同的网络连接设备：

一是总线结构。它是通过一根电缆，将各节点的计算机系统连接起来。该结构连接简单，易于安装，传输速率较高，便于维护。缺点是任何节点的故障，都会影响到整个网络的运行。这种结构适用于 10 ～ 20 个工作站的小型档案馆。二是星型结构。该结构将网络中的所有节点都连接到一个集线器上，由该集线器向目标节点发送数据。因此，该结构不会因一台工作站发生故障而影响整个网络。缺点是一旦集线器发生故障将影响整个网络。这种结构适用于网络节点位置分散的大型档案馆。三是环形结构。该结构连接各节点的电缆组成一个封闭的环形，结构简单，相对容易控制，但由于在环中传输的信息必须经过每一个节点，任何节点的故障，都会使这个网络受阻，因此在档案馆 / 室网络建设中很少使用。

目前，档案馆局域网中使用最多的还是以太网。该网由美国 XEROX、DEC 和 INTEL 公司开发而成，其拓扑结构是总线型或星型，传输介质可以是同轴电缆或双绞线，具有建设投资小、网络性能好、安装简单、网络互操作性强、数据传输速度快等优点，其缺点是当网络信息流量较大时性能会下降。因此，以太网被广泛应用于中小型档案馆。网络连接设备分为内网连接和外网连接两类。内网即局域网，连接设备包括网卡、集线器、中继器、交换机等。外网即互联网以及与互联网相连的广域网、城域网等，外网间连接设备包括网桥、路由器、网关等。网络设备还有用于保护档案数据、信息系统和网络平台安全的硬件设施及其他配套设备，如用于终端机和服务器等数字设备的断电保护，使数字设备在断电之后仍能正常运行，提升系统运行的稳定性、可靠性的 UPS 电源等。

（一）网络传输介质

网络传输介质是指在网络中传输信息的载体，常用的传输介质分为有线传输介质和无线传输介质两大类。

1. 有线传输介质。它是指在两个通信设备之间实现的物理连接部分，它能将信号从一方传输到另一方。有线传输介质主要有双绞线、同轴电缆和光纤等。双绞线和同轴电缆传输电信号，光纤传输光信号。

（1）双绞线：是由两根具有绝缘保护层的铜导线相互缠绕而成，一般用于星型网络拓扑结构中。与其他传输媒介相比，双绞线在传输距离、信道宽度和数据传输速度等方面均受到一定的限制，但价格低廉，使用方便。

（2）同轴电缆：中心有一根单芯铜导线，铜导线外面是绝缘层，绝缘层外面有一层导电金属，用于屏蔽电磁干扰和防止辐射，最外面的绝缘塑料起保护作用。与双绞线相比，同轴电缆的抗干扰能力很强，屏蔽性能好，传输距离长，常用于设备与设备之间的连接。

（3）光纤：又称光缆，是一种传输光束的细微而柔韧的介质，由一捆纤维组成，通过数据包在玻璃纤芯中的传播来实现信息传播，是目前实现长距离、大流量数据传输的最有效的传输介质。光线传输过程中信息衰减小、频带宽、电磁绝缘性能好、距离长，目前已经广泛用于主干网的系统连接和数据传输。

2. 无线传输介质。它是指我们周围的自由空间，即利用无线电波在自由空间的传播，实现了多种无线通信。在自由空间传输的电磁波根据频谱分为无线电波、微波、红外线、激光等，信息被加载在电磁波上进行传输。不同的传输介质，其特性也各不相同。它们的特性对数据通信质量和通信速度都有较大影响。

（二）网卡

网卡又称网络适配器、网络接口卡，是将计算机等网络设备连接到某网络上的通道。网卡的主要功能是实现数据转换、数据包的装配与拆装、网络存取与控制、数据缓存等。网卡一般是插在计算机主板的扩展槽内，通过收发器接口与缆线连接，缆线另一头接在信息插座或交换机上使计算机联网。选购网卡一般应考虑以下因素：生产厂家售后服务的有效性；主要用于主计算机、服务器还是工作站；使用什么网络介质或网络传输方式；计算机使用的操作系统；计算机或网络设备的总线类型等。目前，由于终端接入的便捷性，无线网卡正在快速发展。

（三）集线器

集线器是基于星形拓扑的接线点。基本功能是分发信息，即将一个端口接收的所有信号向所有端口分发出去。一些集线器在分发之前将弱信号重新生成，一些集线器整理信号的时序，以提供所有端口间的同步数据通信，集线器已基本被成本相近的小型交换机所替代。

（四）交换机

交换机是一种用于电信号转发的网络设备。它可以为接入交换机的任意两个网络节点提供独享的电信号通路，具有提供桥接能力以及在现存网络上增加带宽的功能。

（五）路由器

路由器是连接互联网中各局域网、广域网的设备，它会根据信道的情况自动选择和设定路由，以最佳路径，按前后顺序发送信号。目前路由器已经广泛应用于各行各业，各种不同档次的路由器已成为实现各种骨干网内部连接、骨干网间互联和骨干网与互联网互联互通业务的主力军。无线路由器是带有无线覆盖功能的路由器，实际上是一个转发器，将宽带网络信号通过天线方式转发给附近的笔记本电脑、平板电脑、手机等无线终端设备。目前流行的无线路由器一般只能支持 15 ~ 20 个以内的设备同时在线使用。

（六）光电转换器

光电转换器是一种类似 MODEM（数字调制解调器）的设备，和 MODEM 不同的是它接入的是光纤专线，是光信号。其原理是在远距离传输信号时，把电脑、电话或传真等产生的电信号，转换成光信号后在光纤里传播，这就需要光电转换器，它既可以把电信号转换成光信号，又可以把光信号转换成电信号。

还有一种光纤收发器，也被称为光电转换器，是一种将短距离的双绞线电信号和长距离的光信号进行互换的以太网传输媒体为转换单元。这种设备一般应用在以太网电缆无法覆盖，必须使用光纤来延长传输距离的实际网络环境中，通常定位于宽带城域网的接入层应用，将光纤最后一公里线路连接到城域网和更外层的网络上。档案部门在进行网络化基础设施建设时，不但要关注路由器、交换机乃至系统软件而且包括操作系统、数据库管理系统和各种工具软件等。

第二节　数字化设备

本节的数字化设备是指将传统模拟档案信息转换为数字档案信息的设备。数字化设备是建设数字化文本、图像、声音和影像档案资源必不可少的设备。正确选择和使用数字化设备，直接关系到档案数字化的质量和效率。

一、纸质档案的数字化设备

纸质档案是指以纸张为载体的档案，占据了我国馆藏档案的绝大多数，因此，对其进行数字化加工是档案数字化的主要任务。由于传统照片、底片记录的照片档案数字化与纸质档案数字化相类似，因此，本节所介绍的数字化设备也包括照片底片档案的数字化设备。

（一）扫描仪

扫描仪（scanner）是利用光电技术和数字处理技术，以扫描方式将图形或图像信息转换为数字信号的设备。扫描仪是目前纸质档案数字化的主要设备。正确选择扫描仪对于提高纸质档案数字化的效率和质量十分重要。

扫描加工是馆藏中纸质、照片、缩微品等档案转变为数字化信息的主要方法，数字扫描仪是进行数字化处理的主要工具。在选择和使用扫描仪时，需要了解扫描仪的工作原理、分类方法、技术指标等，以实现对扫描设备的正确选择和科学使用。

1.扫描仪的基本工作原理。扫描仪是通过对原稿进行光学扫描，将光学图像传送到光电转换器中变为模拟电信号，又将模拟电信号变换成为数字电信号，并通过计算机接口传送至计算机中。在扫描仪获取图像的过程中，有两个元件，起到关键作用：一个是CCD，它将光信号转换成为电信号；另一个是A/D变换器，它将模拟电信号变为数字电信号。这两个元件的性能和技术指标直接影响了扫描仪的工作质量。扫描仪的工作方式主要有反射式和透射式两种。

大多数平板扫描仪采用的是反射式扫描原理。在扫描仪内部，有一个步进电动机驱动的可移动拖架，拖架上有光源、反射镜片、透镜和CCD光敏元件等。扫描时，原稿固定不动，拖架移动，其上的光源随拖架移动，光线照射到正面向下的原稿上，过程类似复印机。图片反射回来的光线通过反射镜片反射到透镜上，经过透镜的聚焦，投影到CCD光电耦合元件上，经过光电转换形成电信号，然后再进行译码，将数字信号输出。

采用透射式扫描原理的扫描仪一般有两类，一类是专用的胶片扫描仪，另一类是混合式扫描仪。专用胶片扫描仪的结构紧凑，反射镜片、透镜、CCD和光源安装在固定架上，不能移动，可移动的是胶片原稿。在扫描时，固定在移动架上的胶片原稿由步进电动机带动，进行缓慢移动，光源发出的光线透过胶片照射到反射镜片上，经过反射、聚焦，由CCD元件转换成电信号，最后经译码传送到主机中。混合式扫描仪是在普通平板扫描仪上增加一个带有独立光源和相应机构的配件，该扫描仪就具备了透射式扫描的特点，可扫描胶片的芯片和负片。在扫描时，胶片原稿固定不动，移动拖架在步进电动机的带动下移动，顶部的独立光源也同步地随之移动，该光源的光线穿透胶片照射到移动拖架上的反射镜片、透镜和CCD元件上，变成电信号，最后经过译码，把数字化图像送到主机中。

2.扫描仪的种类。由于广泛的社会需求，近年来，数字化扫描技术迅速发展，扫描仪的种类越来越多，用途越来越专业。目前，按扫描速度可以将扫描仪分为高速、低速两种，按工作原理可以将扫描仪分为手持式、平板式、胶片专用、滚筒式和CIS扫描仪等多种类型。

（1）高速扫描仪：扫描分辨率在50～600dpi以内。在200dpi以下，黑白或灰度扫描，每分钟可扫描90多幅影像；彩色扫描，每分钟可扫描60多幅影像。扫描幅面从小卡片至A3纸张都适用，既可单面扫描，又可双面同时扫描。它的优点是扫描速度快，图像处理功能强。缺点是扫描时容易卡纸，损坏档案，对字迹质量较差的档案不易扫清楚，扫描后的图像处理工作量比较大。适用于纸张质量状况较好，统一A3、A4幅面的文书档案或尺寸较小的票据、单证等，也可扫描纸张较大的A4报表。

（2）宽幅扫描仪：这是一种大型的扫描仪，最大进纸宽度可达到54英寸，最大扫描宽度可以达到 51 英寸，扫描厚度达 15 毫米。这种扫描仪分辨率在 50～800dpi 以内，有黑白、灰度、彩色等扫描模式。自带扫描和图像处理系统，具有全面支持色彩管理、快速预览、处理大型文件、改进批量扫描等功能，能有效提升扫描的效率和品质。它的优点是能扫描零号及零号以下的工程图纸，大幅的地图、字画，超长、超厚的文书档案等。缺点是扫描速度比较慢，价格比较昂贵。

（3）零边距扫描仪：扫描分辨率在 100～1200dpi 以内，有彩色、灰度、黑白三种扫描模式，可自动适应 A3、A4 纸张大小，可自动进行页面校正。这种扫描仪外形类似平板扫描仪，不同的是有一侧无边框，由此适用于扫描原件不能拆除装订的图书、资料和珍贵的档案。缺点是扫描速度较慢，价格高于平板式扫描仪。

（4）底片扫描仪：照片底片，又称负片或透明胶片，主要是用来扫描幻灯片、摄影负片、CT 片及专业胶片，高精度、层次感强，附带的软件较专业。底片扫描仪是直接对底片进行数字化处理进行模数转换及处理，并将处理的结果输送至计算机进行存储。目前，市场上的底片扫描仪分专业级和普通级两种。专业级底扫一般体积较小，只能扫描底片，它采用透射光源，分辨率极高，可扫 135、120 底片，也可扫描 4 英寸×5 英寸或者更大幅面底片，如医学底片，价格比较贵。普通级底扫是在普通扫描仪上加透扫适配器，采用的是反射光源，分辨率也是主流扫描仪的指标，实质上是"带底片扫描功能的平板扫描仪"，价格与普通扫描仪相当，一般只能扫 135 底片。对于大多数档案部门来说，底片的数量不多，只要求扫描图像清晰，不追求"艺术效果"，因此，普通级底扫也是不错的选择。

（5）手持式扫描仪：价格便宜，方便，光学分辨率一般在 100～600dpi 以内，大多是黑白的。

（6）平板式扫描仪：平板式主要扫描反射稿，扫描分辨率在 100～2400dpi 以内，色彩位数从 24 位到 48 位，扫描幅面一般为 A4 或 A3 纸张。它的优点是扫描图像清晰，色彩逼真，不易损坏纸张。缺点是扫描速度比较慢，图像处理功能比较弱。适用于纸张状况较差，如纸张过薄、过厚、过软或破碎的档案。

（7）滚筒式扫描仪：以点光源一个一个像素地进行采样，采用 RGB 分色技术，优点当然明显，真正的专业级，价格也很昂贵。

（8）CIS 扫描仪：它是"接触式图像传感器"，不需光学成像系统，结构简单、成本低廉、轻巧实用，但是对扫描稿厚度和平整度的要求严格，成像效果比 CCD 差。现在有 CCD 扫描仪带 TMA（透扫器），可扫胶片。

3.扫描仪的主要性能指标。扫描分辨率、扫描精度、色彩位数、灰度级、扫描幅面、扫描速度、兼容性、接口形等都是选择和使用扫描仪时应重点考虑的技术指标，了解扫描仪的性能指标有利于正确选购适用的扫描仪设备。

（1）扫描分辨率：主要是指扫描仪 CCD 的光学分辨率，是决定扫描清晰度的主要参数指标，dpi 的数值越大，扫描的清晰度就越高，决定了扫描仪记录图像的细致度。描述分辨率的单位一般为 dpi，代表垂直及水平方向每英寸显示的点的数量。分辨率越高，图像越清晰，同时数字化图像所占有的容量也越大。光学分辨率是扫描仪的光学系统可以采集的实际信息量，即扫描仪感光元件的分辨率；最大分辨率是通过处理软件或算法可以捕获的信息量。购买扫描仪时应当首先考虑光学分辨率指标，因为它不仅决定了扫描仪对原始图像的最大感知能力，而且还决定了扫描仪的价格档次。当前市场上扫描仪的光学分辨率一般有 300dpi×600dpi，600dpi×1200dpi，1000dpi×1200dpi 等类型。扫描的分辨率越高，扫描图像的品质越高，但这是有限度的。当分辨率大于某一特定值时，只会使图像文件增大而不易处理，并不能显著改善图像的质量。所以，分辨率选择应根据用途、原件字体大小来决定。一般须兼顾显示、打印或识别的要求，适当考虑存储空间效率，过高的分辨率不仅无法显现效果，反而会放大原件的干扰信息，而且对存储空间造成浪费。事实上，档案馆采用 300dpi×600dpi 分辨率的扫描仪已经可以胜任一般档案的数字化了。

（2）扫描速度：扫描速度是指扫描仪从预览开始到图像扫描完成的过程中光头移动的速度。在保证扫描精度的前提下，扫描速度越高越好。扫描速度主要与扫描分辨率、扫描颜色模式和扫描幅面有关，扫描分辨率越低、幅面越小、单色，扫描速度越快。扫描速度有多种表示方法，因为扫描速度与分辨率、内存容量、存取速度以及显示时间、图像大小都有关系，通常用指定的分辨率和图像尺寸下的扫描时间来表示。档案数字化工作量大，高速扫描有利于提高工作效率，缩短档案数字化的时间，但是，必须在保证图像质量、不损害档案原件的前提下正确选择高速扫描仪。

（3）色彩分辨率：色彩位数用以表明扫描仪在识别色彩方面的能力和能够描述的颜色范围，它决定了颜色还原的真实程度，色彩位数越大，扫描的效果越好、越逼真，扫描过程中的失真就越少。色彩分辨率是表示扫描仪分辨彩色或灰度细腻程度的指标。理论上，色彩位数越多，颜色越逼真。灰度级是扫描仪从纯黑到纯白之间平滑过渡的能力，灰度级位数越大，相对来说扫描结果的层次就越丰富、效果越好目前市场上扫描仪的色彩位数一般有 24 位，30 位，36 位，48 位等几个档次。如果一般的文稿或图片本身质量就不高的话，24 位色彩位数的扫描仪就够用了。

（4）扫描幅面：扫描幅面表示扫描图稿的最大尺寸，平板扫描仪、零边距扫描仪、高速扫描仪一般可选择 A4 或 A3 幅面，宽幅扫描仪可以扫 A0 以下幅面的图纸。

（5）接口方式：扫描仪与计算机之间的接口方式主要有 SCSI、EPP、USB 和 IEEE1394 四种类型，其中以 SCSI、USB 较常用。SCSI 接口的最大优势是它工作时占用 CPU 的空间很少。扫描仪软件接口标准（TWAIN 1.0）已经得到了广泛的使用，适应 32 位、64 位的软件和驱动程序也正在开发中。

EPP 即打印机端口，特点是使用方便，对计算机要求低，但扫描质量较差。USB 接口速度较快，安装方便，可以带电拔插。随着 USB 应用的日益广泛，USB 接口的扫描仪已成为主流。SCSI 扫描仪安装时需要在计算机中安装一块接口卡，安装较复杂，价格较高，但速度快，扫描稳定，扫描时占用系统资源少。其实，无论 EPP、USB 或 SCSI 接口，都不是决定扫描仪扫描速度的主要因素，扫描速度与扫描仪本身性能息息相关，因而使用任何一种接口方式，在扫描速度上并无太大差别，但从接口上看，最适宜档案馆使用的是 USB 接口。当然，如果配置 SCSI 接口卡，则扫描仪性能更佳。

SCSI 接口的扫描仪需要一块 SCSI 卡将扫描仪与计算机相连接，早期的扫描仪大都是 SCSI 接口。优点是传输速度较快，扫描质量高；缺点是需要开机箱安装一块 SCSI 卡，要占用一个 ISA 或 PCI 槽以及相应的中断，有可能和其他配件发生冲突。EPP 接口是采用计算机连接打印机的接口，同 SCSI 的扫描仪相比速度较慢，扫描质量稍差，但安装方便，兼容性好，大多采用 EPP 接口的扫描仪后部都有两个接口，一个接计算机，另一个接其他的并口设备。

USB 接口是采用串口方式进行连接，当前已经成为连接标准，优点是速度快，可带电插拔，即插即用，有的扫描仪可直接由 USB 口取电，无须另加电源。

IEEE1394 接口是苹果公司开发的串行标准，中文译名为火线接口（firewire）。同 USB 一样，IEEE1394 也支持外设热插拔，可为外设提供电源，省去了外设自带的电源，能连接多个不同设备，支持同步数据传输。作为高性能的快速通信接口，它尤其受到了专业扫描仪厂商的青睐。不过，对 IEEE1394 规范，苹果公司采用收费授权的方式，也就是使用 IEEE1394 规范的产品都必须向其支付一笔使用费。IEEE1394 接口虽然是具有里程碑意义的变革，但是由于其较昂贵的价格还很难在家庭用户中普及。所以，采用 IEEE1394 接口的扫描仪的价格比使用 USB 接口扫描仪高许多。

（6）扫描仪最新发展：高质量的镜头和 CCD 是扫描仪发展的主要突破点，"镜头技术"是指现代专业扫描仪中光学镜头的相关技术，内容包括可变焦距镜头技术和多镜头技术。扫描仪采用多个自动变焦镜头或镜片进行组合，由更为精密的电机伺服系统驱动，目的是实现更好的均匀度和锐度，使扫描原稿的边缘聚焦更准确，并使扫描质量得到进一步提高。

随着扫描仪使用的广泛和普及，人们对扫描仪的精度、准确度、灵敏度、速度等都提出了较高的要求，扫描仪的生产厂家也在 RGB 同步扫描技术、高速图像处理技术、色彩增强技术、智能去网技术、光学分辨率倍增技术等方面进行不断研究和进取。同时，为了更好地满足用户的特殊使用要求，生产厂家将各种技术、图像处理系统与扫描仪的使用相结合，开发出以人为本的功能更强、性能更好、使用更方便的零边距、无边距、无盲区、无变形、自动翻页的扫描仪。如全息无损、自动定位、高速采集、超大幅面、智能化图文优化、图像文件批处理等都是一些新型产品具有的特点,大大提高了扫描加工的效率,降低了扫描加工人员的劳动强度。

(二)模数转换技术

声像档案的数字化过程与纸质档案是完全不同,这是因为传统的声像都采用模拟的磁带、录音带、录像带来保存,必须通过模拟到数字转换才能实现数字化。

模数转换是将模拟输入信号转换成二进制数字信息的一种技术,主要包括采样、保持、量化和编程四个过程,实现这些过程的技术很多,并采用这些技术研制出各种转换设备和系统,在开展声像档案数字化过程中必须了解和熟练掌握这些设备的功能、性能和操作规程。模拟声像档案数字化的核心过程就是要完成声像档案的数据采集与数字化转存,实现声像档案从模拟数据向数字信息的转化。这个过程主要是依靠模拟声像资料播放机、数模转换线、视频采集卡、影像工作站等设备搭建的声像数模转换系统完成。声像数据的数字化转换过程是实时的,一个小时的模拟声像资料转化为数字格式同样需要一个小时。

(三)OCR 文字识别技术

档案内容数字化工作包括数字化预加工和深加工两步:预加工是通过扫描处理将纸质档案、照片档案、缩微胶片等转变为电子图像文件,不能将纸质档案上的文字信息进行完全处理;深加工则是需要获取档案内容中的文字信息,以提供档案的全文检索服务。光学字符识别(optical character recognition,OCR)就是用于从数字化档案的图像文件中以获取档案标引信息和全文信息的一种技术。档案数字化加工的主要步骤包括图文输入、预处理、单字识别及后处理。

1.图文输入。它是指实现档案原件的数字化,可以通过扫描设备或数码拍照等方式形成档案的数字化图像文件。

2.预处理。它是在对数字化档案的图像文件进行文字识别之前做的一些准备工作,主要包括版面分析、图像净化、二值化处理、文字切分等。这一阶段的工作非常重要,其处理效果将直接影响到识别的准确率。

3.单字识别。它是文字识别的核心技术,主要包括文字特征抽取和分类判别算法。人之所以能够通过大脑简单地认识文字,是由于在人的大脑中已经保存了文字的基本特征,如文字的结构、笔画等。要想让计算机识别文字,首先也要存储类似的基本信息。那么,存储什么形式的信息以及如何提取这些信息,是一件比较复杂的事情,而且需要达到很高的识别率。通常采用的方法是根据文字的笔画、特征点、投影信息、点的区域分布等进行分析,常用的分析方法是结构分析方法和统计分析方法。

4. 后处理。它是指对识别出的文字进行匹配，即将单字识别的结果进行分词，与词库中的词进行比较，以提高系统的识别率，减少误识率。对于文字的识别，从文字类型上划分，通常分为印刷体文字的识别和手写体文字的识别；从识别的方式划分，通常分为在线识别和脱机识别。由于印刷体和手写体的文字特征差异较大，所以处理方法是不相同的。

（四）数码翻拍仪

随着数码影像技术的飞速发展，一种新型的数字化设备——数码翻拍仪正在悄然流行。数码翻拍仪，又称数码拍摄仪、数码缩微仪等，是一种将数码相机安置在可垂直调节高低的支架上，用以拍摄文件材料或其他实物的数字化设备。目前，市场上数码翻拍仪按照翻拍性能、翻拍对象、尺寸等分为多种。

1. 数码翻拍仪与扫描仪相比所具有的优越性。

（1）数字化速度快：平板式扫描仪每扫描一页文件都有扫描灯管的往复移动和翻盖的过程，扫描速度较慢，若采用200dpi来扫描A4幅面真彩图像，每分钟扫描加工数量一般为1~2页，而高速扫描仪对档案的纸张质量要求较高，容易损坏档案，因此使用时有一定的局限性。用数码翻拍仪拍摄文档没有机械运动的过程，只是曝光一下，速度不到1秒，扫描加工数量一般可以做到每分钟8~20页。

（2）对档案材料损害小：平板式扫描仪扫描装订的档案时，难以做到平整扫描，扫描的图像往往会倾斜或扭曲，导致后期的处理工作量增加；高速扫描仪不拆档案根本无法加工。数码拍摄可以省略档案拆装过程。应用数码翻拍仪提供的低畸变镜头和图像变形处理软件，可以解决拍摄档案倾斜、线条变形等问题，这不仅大大提高了数字化处理的效率，而且避免档案在拆装过程中造成的损失。

（3）加工对象直观：用扫描仪扫描文档，若要在扫描前浏览扫描图像的效果，一般需要选择扫描仪预览功能，这样就降低了扫描加工的速度。而数码翻拍仪的全部操作过程直观可见，真正做到"所见即所得"。

（4）加工对象不限于纸张：扫描仪一般只能扫描纸张材料，数码翻拍仪除了扫描纸张材料以外，还能翻拍特种载体的档案，如奖旗、奖牌，甚至奖杯等立体的物体。

（5）便于调节扫描幅面：一般扫描仪只能扫A4幅面的纸质材料，扫大幅面图纸的扫描仪价格十分昂贵，利用率又不高，不适宜于一般机构配置。数码翻拍仪只要调节数码相机与底板的距离，就能灵活地选择拍摄不同幅面的纸质档案，这对于扫描尺寸频繁更换的档案具有特别优势。

2. 数码翻拍仪与传统翻拍仪相比所具有的优越性。传统的翻拍仪采用传统相机进行档案拍摄和缩微，与之相比，数码翻拍仪具有以下显著优势：

（1）使用成本低：传统的翻拍仪拍摄需要胶片，拍摄后需要冲洗显影，阅览需要购置专门的缩微阅读仪，使用成本和人力成本都比较高。数码翻拍仪的翻拍与普通数码相机一样，使用不需要耗材，拍摄图像有问题时，可立即重拍。拍摄形成的照片，任何计算机系统都可以阅读。

（2）图像处理便捷：传统的翻拍仪形成的缩微片图像很难进行处置。数码翻拍仪形成的影像电子文件可以被灵活加工处理，如纠偏、去污点、去黑边框等；应用翻拍仪自带的 OCR 软件进行字符识别，将扫描形成的图像文件识别成可编辑的 word、pdf、txt 等格式文件，进行二次编辑与加工；应用图像处理软件，将扫描中出现的线条扭曲、图像变形等问题进行纠正，有些数码翻拍仪还自带防畸变镜头，自动纠正大幅面图纸拍摄中四周弯曲的线条。

（3）便于计算机技术应用：传统翻拍的缩微胶片不便查找、传递、编辑、整理，这些缺点都是数码翻拍技术的优势所在。数码翻拍仪形成的电子文件，具有采集高效、处理灵活、传播迅速、检索快捷、多媒体集成、生动直观等缩微技术难以比拟的优势。

（4）充分整合了数码相机技术：传统的翻拍仪一般只翻拍成黑白胶片；数码翻拍仪不仅能翻拍成黑白图像，而且还能翻拍成彩色图像。数码翻拍仪借助高分辨数码影像技术，拍摄图像清晰逼真、色彩丰富；支持色差、亮度、对比度、饱和度、伽马值等后期图像增强功能；能通过 USB 接口直接连接电脑，将拍摄的档案文件直接在电脑中显示或通过邮件发送出去，实现档案的无障碍传播；USB 能直接给翻拍仪供电，不需要另插电源；将所有拍摄操作按钮都整合在底板上，操作十分简便；突破传统使用扫描枪扫描条形码识别的方式，用户只需鼠标轻点，即可完成条码识别，不但提高了工作效率，也省下购买扫描枪的费用；可拍摄录像，将动态的图像，如手工翻阅档案的过程记录下来，用作视频编辑的素材。

（5）灵活使用各种数码拍摄设备：有些数码翻拍仪的活动支架可以固定数码相机、手机等各种拍摄设备，用户可以借助拍摄设备翻拍档案材料。

3. 数码翻拍仪的应用范围。数码翻拍仪是传统的复印、扫描、投影、拍照、录影等技术的融合，由此兼有这些技术的优点，它无论是对传统的翻拍缩微还是扫描技术来说都是一场变革，都会受到社会各领域的普遍关注和应用。目前，该技术已经广泛用于政务领域红头文件、往来信函等文件翻拍；银行传票、合同、抵押担保、会计凭证和信用卡等文件翻拍；证券期货行业股东账户开户、买卖合同、股东身份等文件翻拍；保险行业合同、发票、身份证等文件翻拍；工商税务行业税务年检等业务文件翻拍；学校学生学籍、成绩单等档案翻拍；国土行业房地契、图纸、合同等档案翻拍；司法行业往来信函、红头文件、法律文件、卷宗等档案翻拍；医疗行业病历、处方等档案翻拍；公安部门案件档案翻拍等。

4.数码翻拍仪在纸质档案数字化中的应用前景。尽管数码翻拍仪已经在各政府机关、企事业单位得到了广泛的应用，然而，在档案信息化中使用较少。其原因之一就是档案界人士对这种设备的发展现状和趋势不够了解，以为它就是传统的缩微翻拍仪。由上述分析可知，它特别适用于以下情况：一是中小型企事业单位办公室或业务部门对尺寸频繁变化的文件材料进行数字化。二是各级各类档案馆或机关档案室对纸质材料老化，不便于拆卷的档案进行数字化。三是建筑设计、制造业等企业未购置大型扫描仪，又需要对大幅面图纸档案进行数字化。四是对奖旗、奖牌等实物档案进行数字化。五是对尚无条件对纸质档案数字化，但在利用时临时需要对查阅的档案进行数字化，以便通过网络提供远程查档服务。鉴于数码翻拍仪具有使用成本低、拍摄精度高、速度快、操作简便，又便于做 OCR 字符识别和其他图像处理等特点，相信会吸引越来越多的档案用户。随着数码翻拍仪应用范围的扩大，数码翻拍仪的功能和性能将会不断改进和完善，因此，它有可能在不远的将来，将会部分取代扫描仪，成为纸质档案数字化的得力工具。

（五）缩微胶片扫描仪

已经对纸质档案进行缩微复制，可以采用专用设备——缩微胶片扫描仪，对缩微胶片上的影像进行数字化转换处理。缩微影像转换技术的应用，包括对缩微胶片进行扫描，把缩微模拟影像转换成数字影像，进行存储、还原和检索输出等。

1.缩微胶片扫描的优缺点。与纸质档案扫描相比，缩微胶片扫描的主要优点是：扫描速度快，节约时间和成本；没有尺寸和形状的限制，可以同时对各种幅面的纸质档案进行扫描；缩微胶片可以继续留存，作为数字档案备份的一种形式；可以进行批处理，操作简便易行；便于对图像作调节亮度、对比度、拉直和裁剪等优化处理；易于对输出的图像信息进行检索、阅读、打印和传递。缩微胶片扫描的主要缺点是：所得的图像已经是第二或第三次转化，失真明显，图像虽然可以强化，但有时效果不明显；一些胶片的状况较差，出现了划痕、装订线阴影等，影响扫描影像质量；扫描仪的分辨率不足以捕捉原件所有有价值的信息。

2.缩微胶片扫描设备的选择。缩微胶片扫描仪相对于纸质档案扫描仪而言，扫描效率要高得多。目前，缩微影像转换成数字影像的技术日趋成熟。选购缩微胶片数字扫描系统，既要考虑产品的技术领先，又要考虑适用以及性价比。选购时应考虑胶片类型，如缩微平片、封套片、开窗卡片、16 毫米胶卷、35 毫米胶卷等；放大倍率的范围；扫描速度，即每单位分辨率，如 4.5 秒 /400dpi；光学分辨率和输出分辨率，如 300 ~ 800dpi 等。市场上的缩微胶片扫描系统主要有英国的"优胜"，日本的"佳能""美能达"等公司出产的缩微胶片扫描仪。根据一些档案馆的经验，美能达的 MS 30000

型和佳能的 MS 500 型缩微胶片扫描仪，不仅能够把缩微模拟影像转换成数字影像，还能作为缩微数字影像的还原设备使用。

（六）纸质档案数字化的软件配置

纸质档案数字化除了必要的硬件设施外，还需要运行硬件设施所需的档案数字化工作软件。该软件有两大类：系统软件和应用软件。系统软件包括操作系统、数据库管理系统等平台，如 Windows、SQLserver 等。应用软件是在上述软硬件平台的基础上实现数字化流程的文档扫描、图像处理和数据存储等功能的软件。这些软件可以从市场上购置，或从网络上免费下载，或随硬件设备配送获得，如购置扫描仪时获得 ACDSee、Photoshop 或专用的图像浏览、处理软件，购置刻录机时获得 EasyCDCreator 等刻录软件。对于大批量纸质档案的数字化处理而言，仅仅依靠上述分散的、专用的工具软件是不够的，必须采取系统集成方式将整个数字化流程集合为一个统一的制作、加工系统，开发出专用的"档案数字化加工管理系统"，实现对包括档案整理、目录建库、档案扫描、图像处理、图像存储、数据质检、数据挂接、数据验收、数据备份、成果管理等档案数字化加工全过程的流水作业和安全质量控制。

二、录音档案的数字化设备

1857 年，法国发明家斯科特发明了的声波振记器，这是最早的原始录音机，是留声机的鼻祖；1877 年，爱迪生制造出人类史上第一部留声机；1898 年，丹麦工程师普尔森发明了磁性录音；1963 年，荷兰生产出音频盒式磁带机；到 20 世纪 80 年代盒式磁带录音迅速普及，这一技术被迅速应用于声音记录，许多单位用之录制领导讲话、会议座谈、文艺演出、要人采访等，形成许多重要的录音档案。现存的模拟录音档案一般已有三十年以上的历史，其内容十分珍贵。然而随着时间的流逝，使用次数的增加，再加上不适宜的环境条件影响，其声音很容易衰减或消失，甚至由于没有了播放设备，无法还原。利用多媒体数字技术，把模拟录音带转录成数字音频档案，有利于录音档案的及时抢救、长期保存、编研制作和共享利用。随着数码音像技术的普及，模拟录音档案的数字化也成为重要议事日程之一。录音档案数字化比较容易实现，主要硬件有放音设备、存储设备和计算机等，录音档案数字化软件较多，可根据个人习惯和熟悉程度加以选择。

（一）录音档案数字化的硬件

1. 传统放音设备。根据拟数字化录音档案的规格、型号配置相应的放音设备，如开盘式放音机、钢丝带放音机、盒带录音机、电唱机等。放音设备必须能将声音源以电平信号的方式,通过音频输出插孔输出,若原设备不具有音频输出插孔,应进行改装。

2. 模数转换设备。模数转换设备是录音档案数字化的核心部件,品质好的模数转换设备有低失真、低时延、高信噪比的特点。模数转换设备主要是声卡。声卡是多媒体技术中最基本的组件,是实现模拟信号和数字信号相互转化的一种硬件,其基本功能是将来自磁带、光盘、话筒等的原始声音信号加以转换。它的工作原理是将获取的模拟信号通过模数转换器,将声波振幅信号采样转换成一串数字信号,存储到计算机中。重放时,这些数字信号被输送到数模转换器,以同样的采样速度还原为模拟信号。声卡的技术指标主要有:一是采样频率,采样频率越高,声音越保真。目前,声卡的采样频率一般应达到 44.1kHz 或 48kHz。二是样本大小,当前声卡以 16 位为主。虽然 8 位声卡可以满足语音处理需求,但播放音乐效果不是很好;16 位声卡可以达到 CD 音响水平。

3. 内部声音混合调节器。内部声音混合调节器的主要功能是把不同输入源中输入的声音信号进行混合和音量调节,通常要求该混合器是可编程或可控制的。

4. 监听、拾音设备。如监听音箱、监听耳机、话筒等。

(二)录音档案数字化的软件

数字化转换软件主要为音频制作软件,如 Creative Wave Studio、Gold Wave、Music — Match、Juke Box 等,一般反映使用 Creative Wave Studio 较好;此外,Gold Wave 也是一种功能强大、占用空间少、免费共享的绿色软件,并且可以在互联网上免费下载。刻录软件也较多,如 EASY — CD 等。

三、录像档案的数字化设备

录像档案数字化的整个设备系统由四个部分组成:提供模拟视频信号输出的放像设备,如与录像带相配套的录像机、放像机等;对模拟视频信号进行采集、量化、编码的视频采集设备,通常由视频采集卡来完成;对数字视频进行编辑的编辑系统;数字录像档案的存储设备或存储系统。

(一)录像档案数字化的硬件

1. 放像设备。放像设备的选择应根据录像档案的载体类型而定。受到数字设备的冲击,许多传统的放像设备已经退出市场。曾经流行的模拟录像带及其播放设备按照制式来分主要有 VHS、Beta 和 8 毫米等类型。VHS 是家用视频系统的缩写,这种录像机采用带宽为 1/2 英寸的磁带,习惯称"大 1/2 录像机"。目前,档案馆保存的模拟录像带中绝大部分是 VHS 带。Beta 录像机采用不同于 VHS 的技术,图像质量优于

VHS 录像机，所用磁带的宽度也是 1/2 英寸，但磁带盒比 VHS 小，故又称"小 1/2 录像机"。8 毫米录像机综合了 VHS 和 Beta 录像机的优点，体积小，图像质量高，所用磁带宽度仅为 8 毫米。模拟录像机不仅在制式上有所区别，而且按照其信号记录方式及保真度的不同而分不同技术质量等级。不同制式、不同等级、不同品牌的录放设备及其不同性能的录像带，相互之间并不兼容，因此，必须针对录像带的类型选择相应的放像设备。根据录像带规格、型号选用设备，如 WHS 放像机、3/4 放像机等。普通模拟录像机可输出清晰度在 200 多水平线的模拟录像，高清晰度模拟录像机可输出清晰度在 400 水平线的模拟录像；数码摄像机可输出清晰度在 500 水平线的数字录像。档案部门保存的录像带形式各异，主要有小 1/2 带、大 1/2 带、3/4 带等。与这些录像带相匹配的可运行的放像机越来越少，档案部门应当尽快将这些珍贵的录像带做数字化处理。否则，将来这些古董放像机一旦淘汰灭绝，其中的影像就很难再现了。

2. 视频采集设备。视频采集设备由高配置的多媒体计算机的内置或外置的视频采集压缩卡组成。录像档案数字化的一个重要工作是音像采集。所谓音像采集是指通过硬件设备把原录像带保存的模拟信号转换成数字信号采录至计算机中，以数字图像格式保存的过程。图像采集的过程是保证数字图像质量的关键环节，因此，正确选择采集所使用的硬件设备即采集卡至关重要。目前，市面上的采集卡种类较多，档次功能高低各不相同，按照其用途从高到低可分为广播级、专业级、民用级视频采集卡，档次不同采集图像的质量不同。档案部门应采用专业级以上的视频采集卡。由于视频的数据量非常之大，因此对计算机的速度要求很高。在未压缩的情况下，采集一分钟的视频数据可能超过几百兆，如果 CPU 和硬盘跟不上要求，将无法进行采集或者采集效果较差，如画面失真、停顿、掉帧等。

要想顺畅地完成视频采集工作，CPU 最好是 3GHz 主频，硬盘接口应用 SCSI、IEEE1394 或 USB3.0 接口。在挑选录像档案数字化的采集卡时，要仔细比较各种采集卡的性能、价格，对以下几项参数应予以特别关注：一是是否支持视频数据的硬件级处理。对批量录像档案的数字化而言，适宜选用带硬件实时压缩功能的 MPEG－1 或 MPEG－2 卡。这类卡采用硬件完成压缩过程，既节省了时间又节约了空间，而且硬件压缩后的图像质量较好。二是是否有足够的帧速率。帧速率的高低直接影响视频卡制作的视频文件是否流畅。帧速率比较低的低档产品，CPU 占用率也高。建议在压缩成 MPEG－1 格式时，动态分辨率为 352×288 时应达到 25 帧/秒，而分辨率为 320×240 时应达到 30 帧/秒。三是是否带音频输入功能。如果视频卡仅能采集图像信号，音频信号必须通过声卡来传输录制，则将增大对计算机资源的占用率，并容易造成视频与音频信号的不同步。建议采用视音频整合采集的视频卡。

（二）录像档案数字化的软件

录像档案的采集、转换和编辑除了视频卡外，还需要借助视频采集软件和视频编辑系统来实现。通过视频采集软件，在实现录像档案的数字化采集之前，可以设定所需生成的视频文件格式，设置视频文件的各项参数，如调节录像信息的亮度、视频取样标准，以确保采集信号的质量。

1.采集软件。视频卡配套提供的视频采集软件功能相对简单，通常无法进行复杂的视频信息编辑和转换。因此，对采集后的视频信息，在必要的情况下，可以使用专门的视频编辑软件甚至功能强大的非线性视频编辑系统进行编辑处理。视频编辑与文本编辑类似，是将采集好的视频素材进行二次加工，如插入、剪切、复制、粘贴、拼接视频片段等，还可以进行字幕、图形甚至不同视频、音频的叠加和合成。通过上述处理，在不破坏真实性的前提下，可以使录像档案更加清晰、美观和生动，并对视频内容进行适当的引导、指示和标注。

2.编辑软件。视频编辑软件是对视频进行录制、切割、合并、重组、批量处理、格式转换等制作的软件。当前，针对各种需要产生的视频格式繁多，如 RM，ASF，WMV，AVI，MPEG－1，MPEG－2，MOV，3GP，MP4，MKV，FLV 等，而流媒体格式因其在网络浏览和传输支持上的优势，越来越得到广泛的青睐。现今信息产业界已开发出许多功能强大、界面友好的视频处理软件，如 Adobe Premiere Pro，Ulead Video Studio，After effects，Video Edit Master，Top Video Splitter，AVI Joiner 等。其中，适合档案工作者使用的视频编辑软件有 Adobe Premiere 和 Ulead Video Studio 两大系列，这两款软件具有完善的视频编辑功能和优良的技术性能，目前流行的版本有 Adobe Premiere Pro 和 Ulead Video Studio Pro X7 等。

第三节　数据存储设备与数据备份

档案数字信息的长期安全存储取决于存储设备的选择和存储技术的应用，是档案安全保管的重要内容。

一、数据存储系统

档案信息化数据存储是指数据以某种格式记录在计算机内部或外部存储介质上，其存储系统分别使用不同的存储介质和存储技术。

（一）数据存储介质

从古至今，介质存储一直是保存档案的主流方式，不同介质承载的档案本质属性并无差别，都是人类认识世界和改造世界的历史记录，是社会的重要信息资源。人类曾以石器、竹器、纸张、磁带、缩微胶片等作为载体记录档案的内容，而在网络信息时代，由于档案的形成在很大程度上依赖于计算机及其应用系统环境，档案信息以数字形式展现给人类。为了保存这些数字形式的文件和档案，人类发明了软盘、磁盘、光盘等存储数字信息的新型载体，借助这些载体，人们能够方便地存储、迁移、展示和传播档案信息，开展深入的编研开发工作，为社会提供档案利用的多样化服务。与传统档案载体相比较，数字形式的档案载体为公众提供了灵活、方便利用档案的机会，而对于习惯了保管传统载体档案的档案工作者来说，面临的新挑战是如何将这些新型载体档案进行永久保存和广泛利用。

关于数字资源永久保存问题的研究，国内外已经有很多单位付出了努力，有的致力于提高数字信息载体的寿命，有的则在扩大载体的存储容量、降低存储成本上下功夫。然而，正是由于数字信息载体的更新换代太快、太频繁，尽管一代代产品的兼容性越来越好，但由于档案这一固定内容的"原始性不能被修改"的属性决定了档案具有快速发展和频繁更新的特殊性，作为肩负保管社会历史记录重任的档案工作者，不仅要考虑档案信息利用的深度和广度，还需要重视档案的完整保存和真实有效。

因此，很多专家提出了21世纪"双备份制"工作策略并被很多单位所采纳，即将有保存价值的电子文件归档时，同时制作纸质备份或制作缩微胶片，延长档案的保存寿命，将存储在数字信息载体上的档案主要用于提供利用服务和载体备份。"双套制"是过渡时期档案管理的一种可操作解决方案，在一定程度上减轻了档案工作者保存档案的压力，但增加了管理的成本。在实际工作过程中，很多单位采用纸质、缩微、数字信息载体各制作一套备份，这样，制作成本、管理成本呈现持续上升的趋势。但是随着档案信息量的增大，这种方式很难持续较长的时间。另外，并不是所有的数字档案都能够制作纸质或缩微的备份，只能以数字载体形式进行存储，这就需要加强管理，制定长期保存数字档案数据的管理规范和规章制度。在选择较长寿命存储载体的前提下，定期进行检查，根据需要做数据迁移，并在数据迁移的过程中确保档案的真实、完整和有效。

目前，数据存储介质主要分为磁存储介质、光存储介质和电存储介质三种。

1.磁存储介质。磁存储技术是将声音、图像和数据等变成数字电信号，通过磁化磁介质来保存信息。磁存储介质主要有硬磁盘、磁带、磁盘阵列、磁带库等。

（1）硬磁盘：它是由若干盘片重叠在一起放入密封盒内组成，盘片的结构类似软盘，盘片一般用合金或玻璃材料制作，磁性层则一般使用 γ — Fe2O3 磁粉、金属膜等制成。硬盘的存储量大，数据传输速度快；硬盘盘片与驱动器装在密封容器内，不易受周围环境影响，工作稳定性好、可靠性高，由此常作为网络数据传输的在线存储介质。根据尺寸的不同，有 5.25 英寸、3.5 英寸、2.5 英寸、1.8 英寸等。5.25 英寸硬盘早期用于台式机，已被淘汰。3.5 英寸台式机硬盘正广泛用于各式电脑；2.5 英寸硬盘广泛用于笔记本电脑及移动硬盘；1.8 英寸微型硬盘广泛用于超薄型笔记本电脑、移动硬盘及苹果机播放器。根据接口类型的不同，有 ST506、IDE、SCSI 接口。根据转速的不同，有 5400 转 / 秒、7200 转 / 秒、10000 转 / 秒和 15000 转 / 秒。根据存储方式的不同，有固态硬盘、机械硬盘、混合硬盘。相对于机械硬盘，目前的固态硬盘有存取速度快、耗电量小、稳定性好等优点，也有存储量小、价格昂贵等缺点。混合硬盘起到扬长避短的作用，值得档案工作者关注。

（2）磁带: 一般由聚酯薄膜带基和附着在带基上的磁性涂层，经过磁性定向、烘干、压光和切割等步骤制成。磁带存储容量大，数字磁带的最大容量已经达到 TB 级，在数据备份和档案文件存储等方面一直占据着重要的地位；成本适宜，操作方便，只要通过一定的驱动器便能顺利地读取。但是，磁带是串行记录方式，存取速度较慢；工作方式为接触式，易使磁带、磁头磨损。鉴于磁带的这些特点，它适合用在按顺序存取数据、存储量大而读写次数少的电子档案备份系统中，可作为硬磁盘数据长期备份的存储介质。

（3）磁盘阵列：它是应用磁盘数据跨盘处理技术，通过组合多个硬盘，把多个读写请求分散到多个硬盘中来突破单个磁盘的极限，并使其协同工作。在使用过程中如同仅使用一个硬盘，却获取了比单个存储设备更快的速度、更好的稳定性、更大的存储能力、更高的容错能力。它可以按照用户对于存储容量的需求进行阵列配置，从而达到海量存储的要求。磁盘阵列系统存储容量大、安全性高。数据存储在由多个磁盘组成的磁盘组上，通过数据的冗余存储，可在一个或多个磁盘损坏、失效时，防止数据丢失；磁盘阵列通过并发读写，能够提高数据的存取速度，把多个硬盘驱动器连接在一起协同工作，大大提高了数据的读写功能。

（4）磁带库：它是一种机柜式的、将多台磁带机整合到一个封闭系统中的数据备份设备，是离线存储系统中的关键设备之一。它主要由磁带驱动器、机械臂和磁带构成，可实现磁带自动卸载和加载，在存储管理软件的控制下具有智能备份与恢复、监控统计等功能，能够满足高速度、高效率、高存储容量的需求，并具有强大的系统扩展能力。磁带库具有自动备份和恢复功能，可实现数据的连续备份，也可在驱动管理软件控制下实现智能恢复、实时监控和统计；存储量大，存储容量达到 PB 级，备份能力也很强大，是集中式数据备份的主要设备。

2. 光存储介质。从磁存储到光存储是信息记录的飞跃，光存储是利用光学原理读/写的。光存储技术是采用激光照射介质，激光与介质相互作用，导致介质的性质发生变化而将信息存储下来的。读出信息是利用定向光束在存储介质表面进行扫描，通过检测所经过点的激光反射量，读出所保存信息的一种技术。光存储介质有光盘、光带、光卡、光盘塔、光盘库等，其中以光盘应用最为广泛。光盘是继磁性介质之后产生的又一种新型的数字信息记录介质。它具有存储密度高、信息容量大、稳定性好、可移动、成本低等特性，也是电子档案的重要存储介质。光盘通常分为 CD、DVD、蓝光光盘等几种，各自特点如下：

（1）CD：CD 光盘采用红外激光器读取数据，存储容量较大，存储成本相对较低；在日常使用中易发生磨损，造成数据被错误读取和解析；在受力不均匀时易发生变形，造成数据无法读取。CD 采用单层储存形式，容量一般为 700M。由于光盘技术的迅速发展，目前该类光盘已经趋于淘汰。

（2）DVD：DVD 与 CD 的外观极为相似，直径都是 120mm，一般单层容量约为 5G。DVD 分为预录制和可录制光盘两种。预录制光盘的数据只能由厂商用专用设备录制。可录制光盘又分为一次写入型和可擦写型两种。一次写入型光盘可用光盘刻录仪一次性刻录数据，但不能擦除。档案部门可利用这种光盘的特点，保存档案信息，防止归档电子文件被改写和篡改。可擦写型光盘录入的数据可擦除和重写，反复使用。

（3）蓝光光盘（BD）：目前主流的单层 BD 容量为 25G，可烧录长达 4 小时的高清视频；双层 BD 容量为 50G；多层 BD 容量有 100G 以上。随着蓝光刻录机和盘片价格越来越低，BD 很有可能是继 CD、DVD 之后的档案数据又一主要存储介质。光盘共享技术的发展为大容量存储数字信息提供了可能，光盘塔和光盘库也成为存储电子档案的主要设备。

3. 电存储介质。电存储介质是继磁存储和光存储之后的利用半导体技术做成的一种新型存储介质，它通过电子电路以二进制方式实现信息的储存。电存储介质主要有闪存盘和数据存储卡。

（1）闪存盘：是一种容量大、体积小、不需要驱动器、安全可靠的新型移动存储设备。闪存盘可用于存储任何格式的数据文件，在电脑间方便地交换数据。闪存盘采用闪存芯片存储介质和通用串行总线接口，具有存储容量大、轻巧精致、便于携带、使用方便、读写速度快、安全可靠等特征，有些还具有加密等功能，是重要的移动存储设备。但是，闪存盘的保存寿命较短，故不能作为长期存储电子档案的介质，但可以作为电子文件归档、复制、传递和利用的过渡性介质。

（2）存储卡：是一种卡片形状的计算机存储介质，其存储原理与闪存盘基本相同。它具有体积小巧、携带方便、使用简单、存储量大、兼容性好等优点，如今已经广泛应用于手机、数码相机、数码摄像机、笔记本电脑、MP3、MP4、电视机等电子数码产品，备受摄影、电脑爱好者的青睐。存储卡种类繁多，当前流行的存储卡有以下几种：一是SD存储卡。该卡如一张邮票大小，最高容量达128G，目前应用面最广。SD卡具有安全加密功能，内置128bit加密位，在加密状态下读卡，卡会自动进入锁定状态，以保护卡内容不能被非授权读写。此外，该卡还可加写保护锁，能防止数据被有意或无意地修改。二是TF存储卡。它是一种小型的SD卡，约为SD卡面积的1/4。TF卡广泛应用于手机、MP3、MP4等电子产品，也可插入SD卡卡套中当SD卡使用。TF卡传输速度被定义为Class 2、4、6、8、10等级别，其传输速度分别为2、4、6、8、10MB/s。三是记忆棒。它由Sony公司推出，因此仅限用于Sony公司的数码产品。该存储卡运行速度快，高速记忆棒可达50MB/s，但价格比较贵。由于存储卡尺寸太小，容易被丢失，加上型号规格繁多，且发展变化很大，因此它不宜存储长期保存的电子档案。

　　然而，由于其存储密度高，携带方便，可用于电子文件的归档、移交、传递和查询。档案部门使用存储卡须注意三个问题：一是最好使用SD卡，其原因是SD卡通用性强，一般笔记本电脑、数码相机、摄像机、电视机都配置SD卡的读卡槽。此外，SD卡便于加密，还能写保护，能防止数据丢失或被篡改。二是应当选购读写速度较快的存储卡，为了保障各种电子文件，特别是多媒体文件的播放流畅，存储卡的读写速度宜选高一些，一般拟大于6MB/s。三是建议档案部门可购置通用读卡器。其有若干个不同规格的卡槽，可同时插入多种常用的存储卡，用户可以通过USB接口，使不同的数码产品能够像读写优盘一样读写各种存储卡，无需准备各种类型的连接线和数据接口。

（二）数据存储技术

　　数据存储技术随着科技的发展也在不断地发展和变化。目前，数据存储技术主要有直接存储、网络存储、云存储三种。

　　1. 直接存储技术。直接存储技术是目前存储数据的主要技术方法。直接存储技术是利用计算机等存储设备，将档案信息保存在性能稳定的载体上。存储载体主要包括只读光盘、一次写光盘、磁带、硬磁盘、可擦写光盘、光盘塔和磁带库等。其特点是：投资低、读取速度慢；资料可供同时读取的人数少；检索光盘时，内部机械手臂容易出故障，光盘容易磨损划伤等。

　　2. 网络存储技术。在数字化高速发展的背景下，网络已经渗透到社会各个领域的日常运营管理中。具有海量存储性能的网络存储产品及其组织与管理数字信息的软件系统的问世，为数字档案的存储提供了可能。各级机构建立的互联网、专网和内网则为档案的网络化收集、整理、归档、存储、传播、利用提供了基础平台，这就需要借助于网络在线存储技术以获得更可靠的存储，提供更快速的访问。

（1）存储设备与主机的连接方式：主机与网络存储系统之间的连接方式有多种，主要有在线存储（on-line）、近线存储（nearline）和离线存储（off-line）。磁盘阵列与服务器之间的直接连接就是采用在线存储方式，存取速度快，成本高，适合高速数据存取的应用场合；光盘库设备与主机之间采用近线存储方式，存取速度中等，成本合理，适合于对在线访问速度要求不高的档案馆、图书馆等；磁带库、脱机存储设备是采用离线存储方式，平均存取速度较低，成本也较低，适合大规模后备备份或者用以保密数据的保管和访问等。

（2）存储设备与网络连接的接口标准：存储设备与网络的连接标准也有多种连接选项，主要有 SCSI 连接、光纤连接、3GIO、InfiniBand 等。SCSI 连接和光纤连接是档案馆中通常使用的连接方式。

（3）网络存储解决方案：网络存储领域最典型的代表有直接附加存储（direct attached storage，DAS）、网络附加存储（network attached storage，NAS）、存储区域网（storage area network，SAN）以及内容寻址存储（content addressing storage，CAS）。

事实上，DAS、NAS、SAN 和 CAS 是集数据存储硬件设备和数据管理软件系统为一体的存储解决方案。区别于介质存储的脱机方式，网络存储的主要作用是提供数字信息的在线访问，而数据管理则是解决网络上数据的组织、存取与访问方式，目的是管理数据并提供访问机制。通常采用关系型数据库管理系统，文件数据管理系统和内容存储管理系统等。

直接附加存储（DAS）技术，直接附加存储通过电缆直接与服务器相连接，存储设备作为服务器的附加硬件，不带操作系统，直接接收所连服务器的 I/O 请求，完全依托服务器，通过服务器上的网卡向用户提供数据。它是典型的分散式存储模式。

DAS 是一种传统存储方式，是在本地将存储设备（磁盘、磁带、磁盘阵列、带库等）通过 SCSI 接口的电缆一对一地直接连接到服务器或者客户端的扩展接口上。它自己没有独立的操作系统，而是依赖于其宿主设备——服务器或客户端的操作系统来完成对数据的存储与管理。服务器和存储设备之间的连接通道是独立的、专用的。存储设备只能由与其直接相连的服务器通过一个智能的控制器来访问。该方法主要是为克服主机上驱动器槽的缺陷而发展的。当服务器需要更多的存储量，只要增加连接一个存储器就行了。该方法同时还允许一台服务器成为另外一台的镜像。这个功能是通过将服务器直接连到另一台服务器的接口上来实现的。DAS 的优点是数据存储速度快，所有数据能够时刻在线，为用户提供快速的访问响应。不足之处在于大量占用服务器资源，当用户数增加或者服务器上的应用程序运行繁忙时，服务器就成了数据存储与访问的瓶颈，当网络上存储设备和服务器被添加进来，DAS 环境将导致服务器和存储孤岛数量的剧增，产生巨大的管理负担，并导致资源利用率低下。由于受到服务器扩展能力的限制，不可能进行无限度的扩容，容量会受到一定的限制，因此它比较适合于数字化信息量较小的档案馆使用。

网络附加存储（NAS）技术，网络附加存储是一种连接在网络上的存储设备。通常使用 RJ45 口，通过以太网向用户提供服务。采用集中式数据存储模式，将存储设备与服务器彻底分离。NAS 是一种基于文件级别的存储结构，存储设备直接连接到局域网上，具备文档存储功能的装置，该附加的层被用来对共享的存储文件进行寻址，系统通常使用 NFS（网络文件系统）或者 CIFS（通用互联文件系统），这两者都是基于 IP 的应用。它将存储设备从服务器上脱离出来，完全独立于网络中的主服务器，而连接到现有的网络上，通过网络共享方式给各客户机提供网络数据资源服务，客户机完全可以不经过服务器而直接访问存储设备上的数据。NAS 服务器一般由存储硬件（例如硬盘驱动器阵列）、操作系统以及其上的文件系统等几部分组成。

NAS 的优点在于多台不同的服务器可以共享一个独立的存储设备。与 DAS 不同，不仅实现了异构操作环境下的数据共享，而且即插即用，可以在线扩容且具有良好的扩展性，而且每台服务器不再需要自己的存储设备，使得存储能力得到更加充分有效的利用，降低了存储设备的成本。服务器可以使用不同的操作系统平台，只要它们都能支持 IP 协议即可。

NAS 的典型组成是使用 TCP/IP 协议的以太网文件服务器，数据以文件作为操作对象。存储的介质可以是磁盘、磁盘阵列、光盘、磁带。

存储区域网（SAN）技术，存储区域网络是一种将存储设备、连接设备和接口集成在一个高速网络中的技术。SAN 从诞生之日起便以系统复杂和价格昂贵闻名业界，但其性能的强大也是毋庸置疑的，足以满足大型档案馆海量数据存储共享的需要。SAN 是一种通过光纤集线器、光纤路由器、光纤交换机等连接设备将磁盘阵列、磁带等存储设备与相关服务器连接起来的高速专用子网。SAN 的交换式架使任何一个存储单元都通过多个交换机连接到各个服务器上，这样就为访问存储单元的路由提供了冗余度，为通信提供了更多的路由，避免某台交换机损坏而导致的单点失败。SAN 构成的子网专用于存储，不占用服务器运算处理的网络带宽。SAN 通常由 RAID 阵列、带库、光盘库和光纤交换机组成。SAN 和服务器的数据通信通过命令而非 TCP/IP，是以数据块的形式提供对共享数据的访问，这样服务器可以访问数据中的任意部分，而文件级的访问只能访问一个文件，一个文件通常包含若干个数据块。SAN 提供了高度的可靠性和强大连续处理业务的能力，适合于处理速度较快的数据环境。

SAN 是一个由存储设备和系统部件构成的网络。所有的通信都在一个与应用网络隔离的单独网络上完成，可以被用来集中和共享存储资源。SAN 不仅提供了对数据设备的高性能连接，提高了数据备份速度，还增加了对存储系统的冗余连接，提供了对高可用群集系统的支持。简单地说，SAN 是关联存储设备和服务器的网络。它和以太网有类似的架构。以太网由服务器、以太网卡、以太网集线器/交换机及工作站组成。SAN 由服务器、HBA 卡、集线器/交换机和存储设备组成。

一个 SAN 系统由接口（如 SCSI、光纤通道、ESCON 等）、连接设备（如交换设备、网关、路由器、集线器等）和通信控制协议（如 IP 和 SCSI 等）三个基本组件及附加的存储设备和独立的 SAN 服务器组成。其特点在于：①它提供一个专用的、高可靠性的基于光通道的存储网络，SAN 允许独立地增加它们的存储容量；② SAN 提供了一种与现有 LAN 连接的简易方法，允许任何服务器连接到任何存储阵列，这样不管数据置放在哪里，服务器都可直接存取所需的数据。也使得管理及集中控制更加简化，特别是对于全部存储设备都集群在一起的时候；③通过同一物理通道支持广泛使用的 SCSL 和 IP 协议。SAN 不受现今主流的、基于 SCSI 存储结构的布局限制；④运行备份操作就无须考虑它们对网络总体性能的影响；⑤光纤接口提供了 10 千米的连接长度，这使得实现物理上分离的、不在机房的存储变得非常容易；⑥ SAN 初始构建成本比较高，因此适合于拥有海量数据且具有良好经济实力的省市级档案馆使用。

内容寻址存储（CAS）技术，DAS 和 NAS 是基于文件访问的，SAN 是基于块（block）寻址的，比较适用于 TB 级数量的交易型或整合型的网络应用环境，而 CAS 则是使用内容寻址方式来进行数据存储的，主要是针对非结构化、固定内容、静态数据（如文档、电子邮件、影像、Video/Audio 流媒体、CAD 图纸及各种数据交易历史记录等）等内容对象的存储而设计的，由于一个内容数据其大小是没有任何上限的，因此，CAS 使用一个内容地址来存放和读取此内容对象。CAS 设备中组织和存储的数据方式对外部应用系统是不可见的，对用户它是一个存储数据的"黑盒子"，用户也不用关心它是如何存放数据的，只需要通过 CAS 提供的专有应用编程接口（application programming interface，API）来实现对 CAS 设备上的存取或访问。目前很多提供内容存储解决方案的厂商大都开发了专门访问 CAS 设备的应用程序，使得用户在存取和访问 CAS 设备中的内容时与通常的文件操作方式相一致。

与 CAS 设备配套的管理软件提供了许多功能来确保数据的完整性、有效性和安全性。如为每个文件设置保存期，可预防人为的或故意的修改和删除；保证相同内容的文件不会重复保存，只要进行修改，便成为新的文件，因此可以保证文件的真实性；采用单点无故障的结构以防止技术变化带来的影响。所有这些特点都与档案这一"固定内容"的数据管理要求相吻合，因此非常适合于永久保存的、使用频率不很高的数字化档案信息的存储。档案馆在构建存储解决方案时，可以考虑结合 SAN 和 CAS 存储技术联合使用，采用分级存储解决方案，将访问频率和访问速度要求较高的数字化档案信息存储在 SAN 构建的网络中，而将做长期保存和访问频率较低的档案信息存储在 CAS 的存储设备中，这样不仅能够满足用户对档案的利用需求，也能够满足档案馆对长期保存数字化档案信息的安全保存要求，降低管理复杂度。

网络存储技术解决方案是将数据存储与数据管理技术紧密结合起来，提供存储和管理的一体化解决方案。所以，存储管理软件与存储器硬件设备在网络存储管理方案中占有同等重要的地位。网络存储未来的重点已经不仅仅是硬件技术本身的问题，而是如何高效地对存储资源进行管理。存储管理应该包括三个基本范畴，设备管理、用户管理和数据管理。

另外，需要指出的是，在选择网络存储的硬件设备时，数据通信接口标准是非常重要的因素。目前主要有两种技术标准分别是光纤通道技术和 IP 存储技术。光纤通道技术是由存储网络工业协会推出的存储管理接口规范，是一次革命性的进步。其主要目标是实现不同的存储设备供应商提供的系统之间能够互相兼容。SMI－S 的部分基础是建立在分布式任务管理通用信息模型上的，它是一个面向对象的信息模型，定义了系统构件的物理和逻辑结构。CIM 则是基于 Web 的企业管理的一部分，它包括一个基于 XML 的加密规范和一个通过 HTTP 访问模式化对象的方法。SMI－S 的主要目标是提供一个基于标准的管理接口，使存储设备上的数据可以被视为逻辑组件，如逻辑单元、存储池等。在理论上，SMI－S 可以给网络管理员提供一个在不同供应商提供的设备中发现设备的标准接口，而且，通过这个接口可以收集设备的配置、状态信息以及上述逻辑单元的信息。

光纤通道技术对那些要求可靠、高性能的高端 SAN 用户是一个技术风险较低的选择。但它的高成本、有限的互操作性、相对还不太成熟的标准，决定了它并不适用于所有的用户。IP 存储技术的最新进展是 iSCSI 技术，它使 SCSI 指令封装于 TCP/IP 协议中传输。iSCSI 既有光纤通道技术的部分优点，又继承了以太网和 IP 技术的优点。此外，iSCSI 也克服了光纤通道技术的距离限制。理论上，用户可以以一个相对较低的投资实现 WAN 上的远程复制。最初的应用是具有 iSCSI 光纤通道技术的桥接路由或网关，未来将发展为端到端的 IP 连接。iSCSI 兼容的设备要比光通道设备便宜得多，因而有更广泛的市场。由于 iSCSI 是进程敏感型的，软件驱动和标准的以太网卡也许无法有效地支持它。因此，需要开发 TCP/IP 卸载引擎或者 iSCSI 主机总线适配器技术。其他 IP 存储技术包括 IP 网络上的光纤通道技术，它可通过 IP 通道将两个光通道帧汇集成单一帧。

IFCP 是网关到网关的访问方法，它将光通道帧封装到 IP 包中，在 IP 地址和光通道设备间建立映射，以实现光通道存储设备之间的传输。ISNS 是 IFCP 和 iSCSI 系统中用于设备发现的协议,这几个协议目前均为 IETF 的标准草案。FCIP 和 IFCP 的主要驱动都是在 SAN 上的扩展,它使用户能够实现长距离的远程复制,IFCP 和 FCIP 可以很好地应用在一起。

3.云存储。云存储是指通过集群应用、网络技术或分布式文件系统等功能,将网络中大量不同类型的存储设备通过应用软件集合起来协同工作,共同对外提供数据存储和业务访问功能的一个系统。云存储有以下三种:一是公有云存储。这是为大规模、多用户而设计的云存储平台。其所有组件都建立在共享基础设施上,通过虚拟化、数据访问、管理等技术对公共存储设备进行逻辑分区,按需分配。优点是有助于用户减轻存储的成本和管理的负担。缺点是放在公有云上的信息容易被入侵、窃取、破坏。二是私有云存储。也称为内部云存储,是针对特定用户设计的云存储,它运行在数据中心的专用存储设备上,可以满足安全性能的需求。其缺点是可扩展性相对较差。因此,私有云存储更适合于具有高标准安全性需求与性能需求的数据中心建设。三是混合云存储。混合云存储是为了弥补公有云和私有云存储的缺陷,兼备两者的优点而设计的云存储架构。它既包含能接入公共网,提供广泛的应用和服务的公有云存储,又包括建立在内部网,面向某专业业务应用,采取严格安全管理措施的私有云存储。目标是在公有云上存储开放的,需要面向社会,广泛共享的档案信息;在私有云上存储需要保密或供内部业务使用的档案信息。由此,最大限度实现档案管理系统的共建和共用,数据库资源的互联和共享;实现档案信息资源跨系统、跨平台、跨地域的网络化应用,消除信息孤岛;节约系统建设、运行、维护和管理的成本;降低信息安全的风险,实现档案信息资源的大集成和大整合,最大限度地提高档案信息化综合效益。

(三)字符编码、图像存储格式与数据压缩技术

在开展档案信息化系统建设的过程中,必须要考虑采用哪种编码标准,数字化档案信息以哪种格式的文件进行保存,这样便于确保系统一的标准规范性和兼容性,这是档案系统建设人员应了解的基本知识。

1.字符编码。字符编码是用二进制的数字来对应字符集中的字符,字符必须编码后才能被计算机处理。英文字符使用 7 位的 ASCII 编码。各个国家和地区在 ASCII 码的基础上设计了各种不同的汉字编码集。这些编码使用双字节来表示汉字字符。GB18030-2005《信息技术中文编码字符集》是我国自主研制的以汉字为主并包含多种我国少数民族文字(如藏文、蒙古文、傣文、彝文、朝鲜文、维吾尔文等)的超大型中文编码字符集强制性标准,其中收入汉字 70000 余个。Unicode 码是一种国际标准编码,采用二个字节编码。由国际组织设计,可以容纳全世界所有语言文字的编码方案。目前,在网络、Windows 系统和很多大型软件中都得到广泛应用。

2. 图像存储格式。一副图像可以看成由许许多多的点组成。图像中的单个点称为像素，每个像素都有一个值，称为像素值，它表示特定颜色的强度。一个像素值用 R、G、B 三个分量表示。

（1）图像的基本属性：图像分辨率、像素深度、真彩色和伪彩色是描述图像的基本属性。图像分辨率是指组成一幅图像的像素密度的度量方法。对同样大小的一幅图，像素数目越多，分辨率越高，图像越逼真。

像素深度是指存储每个像素所用的位数。像素深度决定彩色图像的每个像素可能有的颜色数，或者确定灰度图像的每个像素可能有的灰度级别。表示一个像素所使用的二进制位数越多，表达的颜色数目就越多，而深度就越深。

真彩色是指在组成一幅图像的每个像素值中，有 R、G、B 三个基色分量，每个基色分量直接决定显示设备的基色强度，这样产生的彩色称为真彩色。伪彩色图像是指每个像素的颜色不是由每个基色分量的数值直接决定，而是把像素值当作彩色查找表的表项入口地址，去查找一个显示图像时使用的 R、G、B 强度值，用查找出的 R、G、B 强度值产生的颜色称为伪彩色。

在计算机中，表达图像和计算机生成的图形图像有两种常见的办法：一种叫作矢量图形法，另一种叫作点位图法。矢量图是由一系列计算机指令来表示一幅图，如画点、画线、画圆等，这种方法实际上是用数学方法来描述一幅图。点位图是把一幅彩色图分成许许多多的像素，每个像素用若干个二进制位来指定该像素的颜色、亮度和属性。一幅图由许多描述每个像素的数据组成，这些数据通常称为图像数据，把这些数据作为一个文件来存储，则该文件称为图像文件。点位图通常由扫描仪、摄像机等设备获取。

（2）静态图像文件格式：BMP、GIF、TIFF、JPEG 和 PNG 是当前常用的静态图像文件的存储格式。

BMP 文件：BMP 是 Windows 中采用的标准图像文件格式，有压缩和不压缩两种形式。它以独立于设备的方法描述位图，可用非压缩格式存储图像数据，解码速度快，支持多种图像的存储。

GIF 文件：GIF 是在各种平台的各种图形处理软件上均能够处理的、经过压缩的一种图像文件格式。它是可在 Macintosh，Amiga，Atati，IBM 机器间进行移植的一种标准位图格式。在颜色深度和图像大小上，GIF 类似于 PCX；在结构上，GIF 类似于 TIFF。

TIFF 文件：TIFF 是由 Aldus 为 Macintosh 机开发的一种图像文件格式，最早流行于 Macintosh，现在 Windows 上主流的图像应用程序都支持该格式。目前，它是 Macintosh 和 PC 机上使用最广泛的位图格式，在这两种硬件平台上移植 TIFF 图形图像十分便捷，大多数扫描仪也都可以输出 TIFF 格式的图像文件。其特点是：存储的图像质量高，但占用的存储空间也非常大，其大小是相应 GIF 图像的三倍，JPEG 图像的 10 倍；细微层次的信息较多，有利于原稿阶调与色彩的复制。

JPEG 文件：JPEG 是一种 24 位的图像文件格式，也是一种高效率的压缩格式，文件格式是 JPEG 标准的产物，该标准由 ISO 与 CCITT（国际电报电话咨询委员会）共同制定，是面向连续色调静止图像的一种压缩标准。通过损失极少的分辨率，可以将图像所需存储量减少至原大小的 10%。

PNG 文件：PNG 是一种能存储 32 位信息的位图文件格式，其图像质量远胜过 GIF，使用无损压缩方式来减少文件的大小。PNC 图像可以是灰阶的（16 位）或彩色的（48 位），也可以是 8 位的索引色。PNC 图像采用的是高速交替显示方案，显示速度很快，只需要下载 1/64 的图像信息就可以显示出低分辨率的预览图像。

（3）动态图像文件存储格式：AVI、WMV、RM、MPEC 是当前常用的动态图像文件的存储格式。

AVI 格式：AVI 即音频视频交叉存取格式。在 AVI 文件中，运动图像和伴音数据是以交替的方式存储，并独立于硬件设备。构成一个 AVI 文件的主要参数包括视像参数、伴音参数和压缩参数等。

WMV 格式：WMV 是微软推出的一种采用独立编码方式并且可以直接在网上实时观看视频节目的文件压缩格式。主要优点包括：本地或网络回放、可扩充的媒体类型、部件下载、可伸缩的媒体类型、流的优先级化、多语言支持、环境独立性、丰富的流间关系以及扩展性等。

RM 格式：Real Networks 公司所制定的音频视频压缩规范称为 Real Media，用户可以使用 Real Player 或 Real One Player 对符合 Real Media 技术规范的网络音频 / 视频资源进行实况转播，并且 Real Media 可以根据不同的网络传输速率制定出不同的压缩比率，从而实现在低速率的网络上进行影像数据实时传输和播放。

MPEG 格式：MPEG 是数字音频压缩技术。VCD、SVCD、DVD 中的文件就采用这种格式。MPEG 文件格式是运动图像压缩算法的国际标准采用了有损压缩方法减少运动图像中的冗余信息。MPEG 的压缩方法依据是相邻两幅画面绝大多数是相同的，把后续图像中和前面图像有冗余的部分去除，从而达到压缩的目的。目前 MPEG 格式主要的压缩标准有 MPEG — 3、MPEG — 4、MPEG — 7、MPEG — 21。

（4）音频数据格式：音频数据文件格式主要有 WAV、MP3 等格式，WAV 是 Microsoft Windows 本身提供的音频格式。WAV 文件格式支持各种采样频率和样本精度的声音数据，并支持声音数据的压缩。WAV 文件由许多不同类型的文件构造模块组成，其中最主要的两个文件构造块是 format chunk（格式块）和 sound data chunk（声音数据块）。

MP3 格式是一个让音乐界产生巨大震动的声音格式。MP3 的全称是 moving picture experts croup audio layer Ⅲ，它所使用的技术是在 VCD（MPEG — 1）的音频压缩技术上发展出的第三代，而不是 MPEG — 3。MP3 是一种音频压缩的国际技术标准。MP3 格式可以使音乐质量做很小牺牲的情况下将文件大小缩小很多。

3.数据压缩技术。在进行档案信息化时,涉及各种类型的数字化档案信息,有文本、图形、图像、声音、影像及其他多媒体信息等,不同的文件采用不同的格式进行存储。另外，由于数字化档案信息的数据量较大，对系统的存储能力和网络传输能力造成很大的压力，通常采用压缩技术来缓解这些矛盾。通过使用各种压缩技术把文件和数据的存储容量减小，以压缩形式存储和传输,在利用时再解压缩,这样既节约了存储空间，又提高了网络的数据传输效率。数据压缩方法种类繁多，通常可分为无损压缩和有损压缩两种类型。

无损压缩利用数据的统计冗余进行压缩，可完全恢复原始数据而不引入任何失真，但压缩率受到数据统计冗余度的理论限制，一般为 2∶1 ~ 5∶1。这类方法广泛用于文本数据、程序和特殊应用场合的图像数据（如指纹图像、医学图像等）的压缩。由于压缩比的限制，仅使用无损压缩方法不可能解决图像和数字视频的存储和传输问题。

有损压缩方法利用了人类视觉对图像中的某些频率成分不敏感的特性，允许压缩过程中损失一定的信息。虽然不能完全恢复原始数据，但是所损失的部分对理解原始图像的影响较小，却换来了大得多的压缩比。有损压缩广泛应用于语音、图像和视频数据的压缩。

JPEG 是静止图像压缩标准，是一个适用于彩色和单色多灰度或连续色调静止数字图像的压缩标准。

MPEG 是运动图像压缩编码，MPEG — 4 对视频图像的压缩比很高，在保持较高的图像视觉效果的前提下、压缩比可以达到 60 ~ 100 倍。MPEG 压缩算法复杂、计算量大，它的实现一般要专门的硬件支持。

二、数据备份系统

数据备份是指为防止数据丢失或损坏，将计算机系统中的数据复制到后备存储器中的过程。备份按其范围分，包括系统备份和数据备份。系统备份是指对整个计算机系统进行备份，包括系统软件、应用软件、数据库管理系统、数据资源、系统管理参数等进行备份。系统备份的目的是防止因软硬件故障、计算机病毒或人为误操作等原因造成计算机系统不能正常启动或运行。数据备份是指仅仅对系统中存储的数据进行备份。显而易见，系统备份应当包括数据备份，系统备份的范围要比数据备份的范围大得多。

由于档案数据量浩大，递增迅速，保真要求高，安全管理要求严，因此，加强档案信息安全的主要措施是加强档案数据备份。以下主要介绍数据备份的内容和要求。

（一）数据备份的策略

数据备份的策略主要有全备份、增量备份和差异备份三种。

1. 全备份。对整个系统进行完全备份。这种备份的优点：当发生数据丢失时，系统恢复比较简单。不足之处：每天都对整个系统进行完全备份，备份时间长，造成备份的数据大量重复，占用大量的备份存储空间，增加了管理的成本。

2. 增量备份。仅备份上一次备份后增改过的数据。这种备份策略的优点是节省了备份存储空间，缩短了备份时间。它的缺点在于，当灾难发生时，数据的恢复较为烦琐。另外，这种备份的可靠性也很差。在这种备份方式下，各盘磁带间的关系就像链子一样，一环套一环，其中任何一盘磁带出了问题都会导致整条链子脱节。

3. 差异备份。是指在上一次全备份到进行差异备份的这段时间内，对那些增加或者修改文件的备份。这种备份方式无须每天都对系统做完全备份，因此备份所需时间短，并节省备份存储的空间；它的灾难恢复也很方便。在实际应用中，备份策略通常是以上三种方法的结合，例如每周一至周六进行一次增量备份，每周日进行差异备份，每月底和每年底进行一次全备份。

（二）数据备份技术

数据备份技术分为热备份和冷备份两种。

1. 热备份。热备份是动态、实时的备份。其优点是：备份时间短，备份时数据库仍可使用；可对几乎所有数据库实体做恢复；恢复快，可达到秒级恢复，且在大多数情况下可以在数据库工作时恢复。缺点是：不能出错，否则后果严重；若热备份不成功，所得结果不可用于时间点的恢复，所以操作时要特别仔细。

2. 冷备份。冷备份是静态、定时的备份。其优点是：容易操作；容易恢复到某个时间点上；能与归档作业相结合，做数据库"最佳状态"的恢复；维护简单，高度安全。缺点是：单独使用时，只能提供到"某一时间点上"的恢复；在实施备份的全过程中，数据库是关闭状态，不能做其他工作。若磁盘空间有限，只能拷贝到磁带等其他外部存储设备上，备份速度会很慢。

（三）数据备份的载体

档案备份的介质有硬盘、磁带、光盘、纸、缩微胶片等，其选择要注意以下几个方面：一是电子档案一般以硬盘、磁带、光盘等介质进行备份。为防止电子档案被篡改，可利用一次写光盘只读的特点，将其作为电子档案长期存储载体。二是具有永久保存价值或者其他重要价值，且未形成纸质或缩微胶片备份件的电子档案，应当同时形成一套纸质或缩微胶片备份件，即进行数转模处理，以确保该类档案的长期有效性。三是档案备份应当同时采取本地备份和异地备份的方法。本地备份是指将备份内容存储于实施备份单位同一建筑或建筑群内。异地备份分为同城异地备份和远程异地备份。同城异地备份是将备份内容存储于本市与实施备份单位不同地域的场所；远程异地备份是将备份内容存储于外地适当的场所。远程异地备份的场所应当选择在与本地区相距 300 千米以上，不属同一江河流域、不属同一电网、不属同一地震带的地区。

（四）备份管理

网络、计算机、信息系统的深入应用和普及，各档案馆的网络系统内的服务器和网络存储设备担负着关键的应用，存储着重要的信息和数据，为领导及业务部门提供综合信息查询的服务，为业务部门提供数据处理、辅助业务处理和数据存取与访问等功能，为网络环境下档案利用者提供快速高效的信息查询、检索和利用等的各项服务。因此，建立可靠的备份系统，保护关键应用及档案数据的安全是信息化应用中的重要任务，在网络、系统发生人为或自然灾难的情况下，保证档案数据不丢失，系统能够得到快速恢复，尽量将损失降到最低，所以，备份也是保障数字档案安全存储的一个重要方法之一。一个完整的网络备份方案应包括备份硬件、备份软件、备份数据和备份计划四大部分。

备份硬件通常采用硬盘介质存储、光学介质和磁介质存储技术。与磁带或磁带机存储技术和光学介质备份相比，硬盘存储所需的费用较高。磁盘存储技术能够提供容错解决方案，但也很难抵御用户的错误和病毒；光学介质备份提供了比较经济的备份存储解决方案，但它们所用的访问时间比较长且容量相对较小，当备份大容量数据时，所需光盘数量大，管理成本增加；磁带具有容量大且可灵活配置、速度相对适中、介质保存长久、成本较低、数据安全性高、可实现无人操作的自动备份等优点，但检索起来不太方便。

备份软件主要分为两大类：一是各个操作系统厂商在软件内附带的，如 NetWare 操作系统的"Backup"功能，NT 操作系统的"NT — Backup"等。二是各个专业厂商提供的全面的专业备份软件，如 HP Open View，Omniback Ⅱ 和 CA 公司的 Arcserve IT 等。选择备份软件时，不仅要注重使用方便，自动化程序高，还要有好的扩展性和灵活性。同时，跨平台的网络数据备份软件能满足用户在数据保护、系统恢复和病毒防护方面的支持。一个专业的备份软件配合高性能的备份设备，能够使损坏的系统迅速起死回生。

备份计划是备份工作中的管理功能，用于具体描述备份策略。规定每天的备份以什么方式进行,使用什么介质,对什么数据,在什么时间进行以及系统备份工作的实施细则等。备份方式主要有全备份、增量备份和差分备份。全备份所需时间最长,但恢复时间最短,操作最方便,当系统中数据量不大时,采用全备份最可靠。增量备份和差分备份所需的需要较少的备份介质和备份时间,但是恢复起来要比全备份麻烦一些。用户根据自身业务对备份窗口和灾难恢复的要求,应该进行不同的选择,以得到更好的效果。

备份数据是备份工作的内涵所在,按照备份计划将网络系统中有用的数据、程序、文件等备份到预先选择的存储介质中,以保证数据意外丢失时能尽快恢复,将用户的损失降到最低点。

这里,需要重点指出的是,灾难备份与恢复是档案信息化中应采用的重要措施,这是由档案的不可再生性及其原始特殊性所决定的。灾难备份与灾难恢复措施在备份工作中占据相当重要的地位,它关系到系统、软件与数据在经历灾难后能否快速、准确地恢复。灾难主要包括地震、火灾、水灾等自然灾难以及战争、恐怖袭击、网络攻击、设备系统故障和人为破坏等无法预料的突发事件。尤其在网络病毒传播速度非常快的背景下,如果没有一定的应急响应能力突发事件将给社会带来灾难性的后果。加强灾难备份,建立应急响应措施,就可以做到减少灾难所带来的社会成本和压力。

在信息化环境下,灾难备份是应对突发事件、保护信息的相应的防范。尽管灾难备份建设是一项比较复杂、周密细致的系统工程,涉及灾难备份中心选址、灾难备份中心建设、机房建设、基础设施建设等内容,同时还涉及灾难备份系统建设、专业运营队伍建设、灾难备份中心运营管理体制建设和灾难备份中心运营管理等工作。不仅需要投入大量人力、物力和财力,还需要考虑灾难备份系统的实施所面临的技术难度以及经验不足所带来的风险,而且需要考虑长期运营管理方面的资金投入。但作为21世纪的档案工作者,在开展档案信息化建设之初,就必须引起足够的重视。

第五章　档案信息化的实施策略

第一节　档案信息化的措施

一、档案信息化建设的目标

档案信息化的建设目标是根据国家对档案信息化建设的基本要求，在国家宏观政策指导下建立起来的，它主要包括以下几方面的内容：按照电子政务总体建设的要求，实施电子档案工程；依托局域网、公务网和因特网，推进档案数据库建设和办公自动化建设；推进档案事业持续、快速、健康的发展，力争使我国档案信息化建设总体水平接近国外先进档案馆水平。

（一）实现档案资源的整体规划和综合利用

档案管理部门应在"加强统筹规划，促进综合利用，避免盲目发展"的思想指导下，制定档案信息化的整体规划，最大限度的实现档案资源的综合利用。按照"统一、通用、科学、标准、共享"的原则要求，积极推进先进的计算机管理软件的应用；按照国家电子政务的基本要求，加强档案计算机管理系统和办公自动化管理系统的衔接和融合，广泛应用文档一体化管理系统；进一步健全档案网站，不断丰富网站内容，有计划地开放数据库，提供网上查询和利用服务，并逐步增加交互式的网上办事功能；加快使用率高的专题数据库建设，不断增加档案信息资源的数量，加快建设查阅率相对较高的专题数据库，不断扩大数据来源和规模，最大限度的实现档案资源的综合利用。

（二）实现档案信息资源的社会共享

档案信息资源作为社会信息的基础资源，已经成为衡量档案馆综合实力的一个重要标志，也是档案馆融入社会，提供公共服务的"资本"。如果把档案网络环境比作道路交通设施，把档案馆计算机软硬件当交通工具，档案信息资源就好比亟待流通的"货物"，因此档案资源建设是档案信息化建设的核心，它包括各种载体的档案资料，特别是电子档案的收集，档案馆馆藏资料的数字化和档案信息资源共享体系的建设。它主要包括以下三方面的内容：

1.电子档案的归档。随着电子政务的不断发展，大量的电子档案和电子目录是今后档案信息的主要增长点，同时也是档案信息资源建设的源头之一。从档案信息化建设的长远考虑，各级档案管理部门必须加强对电子档案的归档、保管、利用的技术手段的管理，制定电子档案的接收标准的管理制度；可根据实际情况，实行纸制档案和电子档案"双轨制"的接收模式，并依托局域网构建电子档案的网上接收平台，开展电子档案目录和电子档案的全文接收，达到省时快捷的建档效果。电子档案目录的建立既方便了档案的检索和查找，又加速了档案的周转，提高了档案的利用率。

2.电子档案的数字化管理。传统的档案管理体制下档案多以纸制档案为主，为了适应信息化建设的需要，实现档案信息资源的社会共享，就需要对纸制的档案进行数字化转换。档案信息的数字化包括两方面的内容，即档案目录信息的数字化和档案全文信息的数字化。档案目录的数字化包括全宗级目录、案卷级目录和文件级目录，各级档案馆必须在加快档案著录速度、严格规范著录标引的前提下，建设覆盖馆藏档案的全宗级目录和案卷级目录数据库，一些重要的档案将逐步实现文件级目录的机检，有条件的档案馆可实现全部文件级目录机检。档案全文信息的数字化，应围绕利用需求，以建立高质量的数据库为目标，积极地加以推进。通常是一般的馆藏照片、音视频档案，应全部数字化，一些重要的全宗档案、利用率高的馆藏资料和专题文件，应逐步进行全文数字化，一些条件比较好的档案馆，可建立多媒体全文数据库，形成档案全文数据中心，这样不但方便了电子文档的检索，也满足了电子文件实现社会共享的需要。

3.电子档案共享平台的建设。网络环境下的档案信息资源建设，不仅包括自身馆藏的信息资源，还包括馆藏以外的档案信息资源。这种可供双向利用信息资源的实现模式就是建设档案目录中心。档案目录建设的实质是网络环境下各种档案信息资源的"虚拟整合"，以实现更大范围内的资源共享。各级档案馆应有计划地建设本系统的档案目录中心和目录数据库，并通过公务网与主数据库连接，整合各种利用率较高的专题档案目录，建立机读目录的逐年搜集和送交机制。

（三）加强电子档案的安全保障体系建设

随着档案信息化建设的不断发展，档案信息化的安全问题显得越来越重要。国家对信息化的安全问题极为重视。档案信息的安全保障体系建设主要包括以下几方面的内容：

1.建立保证安全的法规制度。尽管我国已经颁布了一系列的安全管理法规，但还缺少国家级的统领全局的信息安全制度。在有法可依的情况下，档案管理机构本身还必须根据国家相关的法律、法规、规章制度制定符合本单位实际的安全保密制度，比如安全等级保密、电子文件管理、违章操作审计查处等，把对信息安全的威胁降到最低。

2. 档案信息的安全管理。在电子文件的形成、处理、归档、保管使用的过程中，档案信息都有被更改、丢失的可能性，即使拥有完善的信息安全技术，也需要有相应的管理措施来保证其得以实施。为此制定安全的管理制度对于维护档案信息的安全就显得十分重要。

（1）建立科学的归档制度：归档时应对电子文件进行全面、认真的检查，在内容方面检查电子文件是否完整，真实可靠；相应的机读目录、应用软件以及其他相关的内容是否一同归档，归档的电子文件是否是最终的稿件，CAD 电子文件是否反映产品定型技术状态的版本或本阶段产品技术状态的最终版本，电子文件与其他纸制的文件的内容是否一致，软件产品的源程序与文本是否一致等。在技术方面应严把质量关，同时严格检查电子文件是否有病毒存在，确保信息的准确性。

（2）建立严格的保管制度：所有归档的电子文件都必须做写保护的处理，使之处于安全的状态。在对电子文件进行处理或对电子文件实行格式转换时，要特别注意转换过程中的信息失真。另外还必须对电子文件进行定期的有效性、安全性的检查，发现信息或载体有损伤时，及时采取维护措施，进行修复或拷贝。

（3）建立电子文件管理的记录系统：电子文件形成后因载体转换和格式转换而不断改变自身的存在形式，如果没有相关的信息可以证明文件的内容没有发生任何变化，人们是无法确认它的真实性的，因此应该为每一份文件建立必要的记录，记载文件的管理内容情况，确保信息的准确可靠。

3. 维护公共设施的安全。随着电子档案信息应用范围的不断扩大，数字档案信息的安全工作也日益重要。目前威胁数字档案信息物理安全的因素主要有：机房、办公室管理不严，人员随意出入；对电脑文件、数据、资料缺乏有序的保存管理；工作人员对技术防范手段、设备认识不足，缺乏了解，操作不当，造成设备损坏，内部网、电脑办公网与因特网混用。

二、档案信息化建设的内容

档案信息化建设是一项庞大的系统工程，它的最终目标是实现档案信息资源的共享，为了避免各地信息化建设各自为政，国家有必要制定与信息化建设配套的规划标准以及相应的法律法规，来保证信息化建设的正常进行。

（一）档案信息化的规范化建设

标准规范化是实施档案信息化建设的重要内容之一，在档案资源的收集过程中，资源的存在形式是多种多样的，社会对信息资源的需求形式也是多种多样并在不断地发生变化的，因此没有标准化的规范体系，数字资源很难保证其内容的长期保存、有效的操作、数据的交换、永久性的保管，更难以实现信息资源的社会共享。

长期以来我国档案信息化系统建设层次标准不一，各种标准的规范性、标准性、共享性较差，还不能完全适应档案信息化建设共享的社会需求。从信息化建设的科学性要求和解决长期以来信息化建设中存在的各自为政、相互封闭、重复建设的问题出发，在档案信息化建设中必须总体规划，制定统一的规范化标准，这是做好信息化建设的最基本的工作，也是必须做好的首要工作。

所谓标准，"是对重复性的事物和概念所做的统一规定。它以科学技术和实践经验的综合成果为基础，经有关方面协商，由主管机构批准，以特定形式发布，作为共同遵守的准则和依据"。所谓标准化是指"在经济、技术、科学及管理等社会实践中，对重复性的事物和概念，通过制定、发布和实施标准，达到统一，已获得最佳之需和社会效益"。

档案信息化的最终目的是实现档案资源的社会共享。档案信息化体系建设是以档案信息资源库建设为核心，以信息技术的应用为手段，以网络建设为基础的系统工程。档案信息资源体系建设涉及各种数据、网络建设和应用体系开发等各方面，档案信息标准是档案信息资源共享体系建设的重要保障。

标准统一是实现网络信息互通、信息资源共享的前提条件。标准规范体系包括管理、业务、技术三个方面。管理性的标准规范包括计算机安全法规与标准，工作人员、用户及设备管理规范，利用管理规定数字档案信息资源合法性的确认等。业务性标准规范包括术语标准以及相关电子文件和电子档案管理的标准、规范。技术性的标准规范，可分为硬件、软件、数据标准等三个方面。硬件包括计算机、网络服务器、网络通信等电子设备；软件包括系统软件和应用软件；数据标准是确保档案的通用、共享与交换，确保在软、硬件环境变化时档案数据的完整、安全与有效。

（二）档案信息资源的建设

信息资源的开发利用是信息化的核心工作，是信息化工作取得实效的关键。目前我国信息资源在开发利用中还存在许多问题，信息资源的开发不足，利用效率不高，基础设施和应用系统落后，政务信息公开不快，跨部门信息共享困难等，所有这些问题严重制约了我国档案信息化建设的发展。档案的信息化建设要想在信息化的社会中求得生存和发展，就必须把档案管理融入信息化的网络环境中，才能提高档案的利用率，提升档案自身的利用价值。

1. 档案信息资源包括的主要内容。一是接收的电子文件档案，对电子文件的接收和管理是档案信息资源建设的重要内容。二是馆藏档案，是目前最主要的信息资源来源，是目前档案信息化建设的重点工作。三是网络信息资源的获取，档案信息化建设是我国信息化建设的组成部分，所以它的发展不可能离开整个社会信息化的大环境，档案信息化建设要想不断得到发展，就必须扩展自己的工作思路和扩大范围，这样才能给信息化建设以更大的发展空间。四是其他资源的获取，档案信息资源还包括信息人员、信息技术、信息系统等。

2. 档案信息资源建设的构成体系。一是数字化处理前的准备，档案信息从数字化处理角度可以分为符号信息、静态视频信息、动态视频信息和音频信息。每一种信息都有不同的处理方式，因此要对不同的信息制定不同的处理方案，最大限度地将档案实体上的信息保留下来。因此档案信息数字化前的准备工作，对数字化档案信息的质量起着十分重要的作用。二是数字化处理子系统。这一部分是整个系统的核心部分，它利用各种设备系统对不同类型的档案信息分别进行处理，然后进入数据库，进行必要的组织和管理。它包括：①电子文件的处理系统，其系统有对电子文件的接收和实行统一规范的管理以及提供网上查询利用服务；②数据存储子系统，可以按不同类型存储在各类数据库和文件系统中；③档案馆藏数字化处理系统，它是对非数字化的档案，采取不同的方法进行数字处理，成为统一的数字化档案信息。

（三）档案信息资源数据库的建设

档案信息资源数据库是档案信息化建设的核心部分，档案信息的数字化网络化工作都要围绕着数据库建设进行，其工作结果都要存储在数据库中，数据的质量对于数据库的质量起着实质性的作用，其建设要以国际、国家标准为依据，为此必须做到数据的准确性，即要保证存储的数据规范、准确。首先数据准确是对档案数据的最基本的要求，数据的规范要求档案数据库的数据著录项目符合规范要求，对于目录数据库的建设要依照事先确定好的著录标准进行数据库建设。其次要做到数据的有效性，要采用通用的文件格式标准记录档案数据，特别是对一些图形、图像、声音等全文信息，要采用标准和通用格式进行记录，降低未来有可能进行的数据存储格式转换和数据迁移的成本，杜绝馆藏数据无法读出的情况的发生。最后是数据的稳定性，档案建设重要的数据库结构、数据著录标准确立后，不能轻易变更，以维护系统的稳定和数据规范的连续性。

三、档案信息化建设的任务

（一）档案信息数据库建设

《全国档案信息化实施纲要》明确指出：档案信息化建设的指导思想，是以档案信息资源建设为核心，档案信息资源建设的最重要体现便是档案信息数据库。它既整合了档案信息的精华，又是社会利用档案信息的最主要源泉，理应成为档案信息化建设中的主要任务。

1.档案信息数据库的性能指标。

（1）收录数据的准确性：数据库中收录的数据是否准确可靠，关系到档案检索系统的检索效率。数据的任何差错，如字符的不一致、格式的不统一、拼写的错误等，都会对计算机检索产生影响，尤其在数据型数据库中，数据的不准确往往会造成严重的后果，可能降低信息系统在用户心中的可信度，会使用户对信息的准确性产生怀疑。

（2）数据记录的完整性：数据记录的完整性是评价数据库质量的首要指标。数据库覆盖面的大小，收录数据的完备程度，关系到它是否能全面满足用户的检索需求，这是取信于用户的基本前提条件。

（3）信息内容的丰富性：信息内容的丰富程度是揭示信息特征的重要指标。如对一份档案著录项目的翔实程度、有无摘要、外文、标引深度的大小。数据库的内容越充实就越有助于用户判断档案的价值及其切题程度，从而帮助用户准确、快速地找到所需的信息。

（4）数据库的及时性：数据库的及时性主要指一份档案从形成到纳入数据库之间的时差。如果用户先看到原始档案，然后再从数据库中检索到所需的信息，就会认为数据库提供的数据不及时，数据库的及时性对于现实效益较强的科技档案尤其重要，数据库的时差越短，其价值就越大。

（5）数据库的成本效益：建立数据库需要花费大量的人力物力，因此经济成本是衡量与选择数据库类型的重要指标，应尽可能用最低的成本获得最大的效益。计算数据库成本的指标包括每个字段、每条记录的平均费用，每次检索每次命中记录的平均费用等。

2.档案信息数据库的组成和功能。数据库、数据库管理系统和数据库系统这几个概念常常混淆，其实它们是三个不同的概念。通常人们所说的数据库是指数据库系统。一个数据库系统是一个实际可行的，按照数据库方式存储、维护和向应用程序提供数据或信息支持的系统。它是存储介质、处理对象和管理系统的集合体，通常由数据库、硬件、数据库管理系统和数据库管理几部分组成。对于档案库来说，还应包括档案信息数据。

数据库就是存储信息的仓库。这些数据被存储到计算机中，使人们能快速方便地对数据库进行查询、修改，并按一定的格式输出，从而达到管理和使用这些数据库的目的。硬件机制存储数据库和运行数据库管理系统的硬件资源，包括物理存储数据库的系统和其他外部设备等。数据库管理系统是负责数据库的存取、维护和管理的软件系统。数据库系统各类用户对数据库的各种操作请求，都是由 DBMS 来完成的，它是数据库系统的核心软件。

数据库系统改正了以前数据管理方式的缺点，试图提供一种完美的更高层次的数据管理方式。它的指导思想是对所用的数据实行统一、集中、独立的管理，是数据存储独立与数据存储的程序，实现数据共享。数据库系统管理方式具有数据共享、数据结构化、数据独立性、统一数据控制功能等特点。

3. 档案信息数据库的构成。档案信息数据库中的各类档案数据，不仅包含馆藏档案的各类信息，包括纸制文献、照片和音频、视频资料，还包括政府的公开信息，从而使档案管理资源库通过计算机通信网络连接成为大规模的知识库群。离开了这些数字化信息的资源库，档案馆信息化建设就成了无源之水，无本之木。档案数据库存在的档案信息种类繁多，既有案卷级目录信息和文件级目录信息，又有全文信息数据，有专题目录数据和视频目录数据等。不同类型的档案数据库的应用，往往和不同类型的应用软件相配套使用。目前档案信息数据库的建设主要包括以下几个方面：

（1）档案全文信息数据库建设：档案全文信息数据库是最实用也是最受社会不同层次利用者欢迎的数据，因为这些全文信息通过网络环境，有可能使各方面的利用者不受空间的限制方便的得到利用。建立全文信息数据库关键是档案文献数字化的前处理工作。

（2）档案文件级目录建设：档案文件级目录一般包括重要文件级目录和案卷文件级目录。档案文件级目录建设至少具有两个优点：一是有利于用户对有关档案文献做更深度地检索和查阅，使查找更具有专指性。二是有利于与档案全文信息数字化开展相匹配。由于文件级目录建设耗时耗力，一般以馆藏重点档案全宗为对象。

（3）档案案卷级目录建设：案卷级目录是档案资源建设最基础的数据。在档案信息化的建设中，档案案卷级目录应涵盖档案馆全部馆藏，必须达到馆藏要求，其内容包括馆藏各个时期和各种载体档案的目录。

（4）照片档案目录建设：照片档案目录是最受重视的专题档案目录之一。它有三个特点：一是著录项目多，与普通纸制文件相比，照片档案的著录项目更为齐全，因而其揭示的信息特征更多。二是照片目录与数字化或图片文件数据相关联使用。照片档案目录建设的关键是每条目录数据著录项目的完备性。三是分类标准独特，与普通纸制档案比，照片档案的分类更切合档案馆藏的实际，使用者更易接受。

（5）专题档案目录建设：专题档案目录是目前最热门的电子档案检索工具之一，是以真正提供利用为目的、方便利用者的检索工具。他集聚了馆藏中有关档案专题的所有案卷级目录和文件级目录，这些目录包括全宗的目录集合体。专题的内涵包括档案内容、档案文本或档案载体等。专题档案目录建设的关键是对有关专题的选择和确定，需兼顾馆藏特色和社会利用需求。

（二）数字档案的收集

数字档案馆主要收集各个立档单位的电子文件以及各立档单位经过数字化处理后的传统档案，是档案馆数字档案信息的重要来源。

1.电子文件的收集。由于由于电子文件和纸质文件的生成背景和发挥作用的不同，造成其收集方法和要求也不相同。如"无纸化"的电子文件，不仅要收集积累，更要有严密的安全措施，因此可制作成拷贝，以免电子文件系统发生意外使文件信息丢失；起辅助作用或正式作用的电子文件，应及时收集与整理，并与其相应的纸制文件之间建立标识关系；草稿文件一般不予保留，如果出于对所保留电子文件重要性的考虑，则应对其进行收集和积累。

在进行电子文件的收集时我们应具体问题具体分析，不能用同一种收集方式。因不同信息的电子文件，由于其技术特性不同，存储载体和记录信息的标准、压缩算法也不同，所以应分别采取措施保证其原始性、真实性、完整性。另外与纸制文件不同，电子文件的读取、还原，离不开其生成的软硬件环境和元数据等，所以电子文件的收集、积累还必须包括这些内容。

电子文件的类型多种多样。按形成电子文件的性质分，有文本文件、图形文件、图像文件等；按电子文件的功能分，有各种公文、文本文件、设计文件、研究试验文件等。对电子文件的收集、积累应包括归档范围内所用的电子文件，对未列入收集归档范围的电子文件，有的也要收集，因此尤其需要对一些项目作补充归档或扩大归档。因此归档人员需要了解一些未列入接收电子文件的形成、承办情况，有的要及时主动收集。特别是对个人电子计算机产生的电子文件的收集工作，实践性很强，但如果错过时机，电子文件就有失散、损毁的可能。

2.电子文件归档的具体形式和要求。电子文件归档的形式概括起来主要有三种形式：即物理归档、文本转换归档和逻辑归档。

物理归档是将带有规定标志的电子文件集中，拷贝到耐久性能好的磁、光记录介质上，一式三套：一套封存保管，一套供查阅使用，一套异地保存。这种归档方式不仅缓解了紧张的存储空间，并且延长了数字化电子文件的寿命。拷贝归档，常常采取压缩归档和备份系统归档手段。压缩归档即采取数据压缩工具，对电子计算机网络上应归档的文件，经过一段时间积累后进行压缩操作，录入到磁、光记录介质上。这种方法往往对将来的电子档案管理有利。备份系统归档，即在电子计算机网络环境下，将归档的电子文件在网上进行一次备份操作，就可将归档的电子文件记录在磁、光记录介质上。为保证电子文件的真实性，在归档电子文件时也将记录日志和数据库都备份到磁、光记录介质上。

文本转换归档是将电子文件转换成纸制文件归档，并使纸制管理系统与电子管理系统建立互联关系。这种归档方式是为了适应现有的科技水平，保证电子文件的原始性和凭证价值而采取的措施，但其有一定的局限性。

逻辑归档是指电子文件的管理权从网络上转移到档案部门，在归档工作中，电子文件的存储格式和位置暂时保持不变。这种归档方式解决了许多机关"收集归档难"的问题，并使档案部门对其应予以接收的电子文件有了控制权。

对电子文件的基本要求，首先文件的真实性和完整性。按照电子文件归档的不同阶段的标准，首先是准确说明配套软硬件环境，其次是归档电子文件格式应为工业标准，在标准的用户界面下操作，支持不同的平台，与现有的设备兼容，能以标准的数据库语言与数据库相连或者确定统一的标准，在内部的电子计算机网络上使用，以实现良好的转换状态。因为电子文件是由内容、存储载体、现实的软硬件设备组合，电子文件归档时必须考虑电子文件的组合问题。

目前电子文件归档分三步实行：首先由电子部门和文书处理部门合作，在电子文件的形成或收到的同时，对被列入归档范围的文件进行逻辑归档。其次在有逻辑归档标识的电子文件办理完毕后，有专人对电子文件进行真实性和完整性的检验，检验无误的纸制文件，与该电子文件的物理载体建立互联并一同归档。最后对有逻辑归档标识的电子文件定期进行物理归档。

3. 加强电子文件归档管理的标准化建设。电子文件是电子政务和电子商务发展的必然产物，它必须有标准化的现代化管理。因此有必要对电子文件著录标准化、存储格式化和元数据标准化等电子文件标准化管理中的基本问题进行深入的研究，尽快使电子文件的管理全过程做到有章可循，保证电子文件从生成到归档管理上的连续性和规范性，为最终确定电子文件的法律效应创造必要的条件。

制定科学的电子文件归档标准是当前我国档案管理标准化工作的重点，也是加强电子文件管理的一项有力的措施和必要的途径。制定标准应充分重视以下几个要求：第一，明确当前急需攻关解决的标准，如电子文档的归档标准、电子文件著录格式标准、电子文件的储存格式标准等。第二，提倡使用统一的软件。通过统一的软件，使电子文件归档管理逐步纳入规范化的范围内，由档案行政管理部门与专业软件公司共同技术攻关、合作开发通用软件，并逐步在各级档案部门中推广使用，将是一条切实可行的途径。第三，与计算机行业联手合作，区分档案部门内部制定的标准和档案部门和计算机行业联手制定的技术标准，尤其是后者要列入规划，最终构成完整的电子文件归档管理标准体系。

4.电子档案的接收和迁移。按档案存储法的有关规定，电子档案到了一定的年限就应向综合档案馆移交，其中包括目录和全文信息。综合档案馆的收集一般采用介质接收和网络接收两种形式。介质接收即用存储体传递的电子文件，如磁盘、光盘，进行卸载式离线报盘接收，一般按规定进行登记、签署，对于更改处，要填写更改单，按更改审批流程进行，并存有备份文件防止出现差错。网络接收即在电子计算机网络系统上进行在线接收，系统应设计自动记录功能，记载电子文件的产生、修改、删除、责任人以及记录数据库的时间等，并在进入数据库之前，对记有档案标识的内容进行鉴定、归档和接收入库。

在数字档案的接收过程中，我们从一个网络的数据库中，将数据导出到磁、光介质，再将这些介质接到另一个网络，将数据导入其数据库，从而完成从一种技术环境到另一种技术环境的转换，使数字信息发生了迁移，在数字信息迁移过程中，要注意三个问题：一是确保档案信息内容的真实和维护使用功能。对于那些在不同操作系统之间迁移的数字信息而言，即使不可能保持原外观格式时，也必须保证内容和使用功能的不变。二是降低迁移成本和风险。数字信息迁移需要考虑迁移成本和可能存在的风险，因此要考虑合适的迁移间隔时间。三是确保信息内容的原始性和完整性。

（三）馆藏档案数字化

馆藏档案信息的数字化是档案信息建设的一个重要组成部分，其主要目的是利用计算机、扫描设备、图像处理技术等现代信息技术将传统的介质存储的各类档案，根据需要进行数字化处理，以积累数字档案资源。档案馆经过几十年的建设，不仅将各种档案信息组织化和有序化，而且形成了丰富而独特的档案文献信息资源。在档案馆收藏的大量经过整理、分类的档案文献资源，除极少数在其形成的过程中和前期运行阶段就采用了数字化记录形式以外，绝大部分是纸制档案。针对这一现状，现阶段和今后一段时间内，对纸制档案信息进行数字化转换，便成为档案馆藏数字化的中心任务。

1.馆藏档案数字化的工作内容。馆藏档案数字化主要包括两项任务：一是将传统载体的档案目录进行数字化。二是将档案内容进行数字化。档案目录数字化的主要工作是对载体档案进行编目，并将目录信息录入到计算机中，建立档案目录数据库，利用管理信息系统实现档案目录数据的计算机管理和目录信息的资源共享。

档案内容数字化的主要工作是馆藏的纸质、录音、录像、照片等档案，通过扫描、加工、处理转变为文本、图像、图形、流媒体等数字格式信息，存储在网络服务器中，利用计算机及信息系统提供查询、检索和浏览。

档案内容数字化工作包括数字化预加工和深加工两个步骤，数字化预加工能够将纸制档案、照片档案、微缩胶片等转变为电子图像文件，不能将纸制档案上的文字信息进行完全处理；数字化的深加工则是利用技术含量较高的语言识别处理技术获取载体档案中的文字信息，方便提供全文检索。

2. 馆藏档案数字化的业务流程。

（1）数字化的预处理：预处理是数字化加工的第一步，其主要的工作是将馆藏的实物档案，比如纸制档案、录音录像、照片、微缩胶片等按照数字化加工的轻重缓急原则进行筛选，然后再按照下一步数字化处理工作的具体要求做拆分、分类、整理、模数转换等处理工作。此环节中的安全风险主要来源于公共环境等人为因素，主要安全任务是防火、防抢、防盗、防泄漏以及防止因错误操作而导致档案受损的事故的发生。因此该阶段采取的安全防范措施是：按照加工工序制定严格的安全管理制度，明确各工作的岗位职责，并严格监督执行；启动档案馆的安全监控系统，实行实时监控，一旦出现问题应立即采取措施。

（2）数字化加工与转换：就是将传统的档案转换为数字形式标识的档案信息资源，其主要工作包括：纸制档案的扫描，录音录像、数码拍照的数字化转换，微缩胶片的数字化等。本阶段安全问题主要是加强对损坏程度比较严重的纸质，又很薄、很难直接进行扫描或者无法采取扫描方式进行数字化的历史档案的处理。本阶段的安全重点是数字化过程中原件的保护，必须在大量实践经验的基础上，选择科学的、合理的数字化加工与转换的技术与指标开展工作。

（3）信息的处理：信息处理的主要工作是将数字化后的图像文件、多媒体信息等与档案的著录信息进行关联的重要过程，也是整个数字化工作的重要内容。首先是档案资源的编目、标引等基础数据的录入和处理等工作，其次是将图像与多媒体文件对照原始档案而进行的核对、压缩等处理工作，无论是纸制档案还是录音录像档案通过模拟到数字化的转换后，都可能造成一定程度的数据丢失或信息的失真。因此本阶段的安全重点是保证档案数字化后能够被存储、保存和提供利用，并考虑如何将失真度降到最低的问题。

（4）信息的存储：经过处理的数据需要存储到网络环境中并提供利用，而不仅仅是存储在光盘上保存在库房做档案备份。因此应根据数字化的存储容量及网络化提供利用的要求，选择网络存储设备、考虑数据库与电子文件存储和被访问的方式，因此这一阶段安全的重点是考虑电子文件的存储和保管的安全模式，严格按照档案管理的标准开展规范化操作。

（5）信息的利用：这一阶段将采用计算机应用软件系统，按照档案法及本单位的管理规范，将数字信息发布到网上，并提供不同网络范围内的不同数据内容的档案利用。本阶段安全防范的重点是：系统用户权限的严格管理、对访问系统中用户身份的严格认证以及内网、外网计算机之间的访问控制等安全问题，同时还要严格管理网络上各服务器、客户端等计算机系统，并防止应用程序受病毒的入侵、网站受黑客的攻击等非安全情况的发生。

（四）馆藏档案数字化方案的确定

选择什么样的方式是进行馆藏数字化的关键。由于档案馆保存的档案数量众多，不同档案的价值信息，开放利用的时间不相同、对不同档案的保密程度也各不相同，因此在档案信息化之前，档案馆必须确定哪种信息可以数字化、哪种档案信息资源目前不需要或者暂缓数字化，哪些资源应优先数字化。最后选择何种方案，应当紧密结合馆藏的具体情况和社会利用发展趋势做出判断。目前主要有以下几种形式：

1. 全部馆藏数字化。采用此方式是将传统的档案馆全部馆藏信息数字化，建立数字档案馆，完全继承传统档案馆的全部信息资源。这是理论上最彻底的数字化方案，对利用者来说是最理想的。这种方案比较适应那些馆藏档案数量较少，开放档案占据绝大多数馆藏档案的档案馆。对于那些馆藏数量众多，利用率较低，且档案数量大、需要控制利用档案的数量较多的档案馆，从降低成本和效益的角度来考虑，此方式不一定是最佳策略。

2. 高利用率馆藏数字化。这种方案在一定程度上可以起到降低成本、提高效益的作用，但具体实施有一定的困难。一般来说，不同用户所需要的档案信息，在范围和重点方面有不同的特点，且对不同类型的档案信息的使用频率也不同。另外一部分高利用率的档案具有时效性。因此档案馆向利用部门提供一份较长时间的利用反馈报告，可能会有助于对馆藏高利用率档案的合理选择。

3. 珍贵馆藏数字化。从理论上说这是最合适的方案，其难点是对"珍贵档案"必须具有可操作性的诠释，这种可操作性应是建立在对馆藏档案资源熟悉和价值判断的基础上。一般地说，那些年代久远档案，涉及某一地区重要机构、重大事件和重要任务的档案，在同类档案文献中较为稀少的档案等，都可以列入珍贵馆藏之列。一般来说这部分档案的利用率是很高的。

4. 即时利用数字化。即对部分档案并不数字化，只是到利用时才进行数字化。这是最具功利色彩的"用户至上"方案。所有用户不需要的馆藏均被排除在外，这是该方案最突出的优点，但也是最致命的弱点所在。用户的即时需求有很大的偶然性，过分考虑这一需求，无疑会提高档案馆数字化的经济成本。

总之，选择什么样的信息化策略应根据实际需要来定，不考虑实际需要单纯地选择某一种方案都会导致片面化，对于如何兼顾馆藏具有永久价值的档案和用户当前的信息需求，若将几种数字化的方案有机地结合起来，才是馆藏档案数字化的最佳方案。

（五）数字档案馆建设

1. 数字档案馆的定义。广义的数字档案馆是指存储、利用档案信息资源的信息空间，是一个由众多档案资源库存、档案信息资源处理中心、档案用户群构成的数字档案馆群体。这个数字档案馆群体是建立在现代信息技术普遍应用的基础上，利用数字化手段，以综合档案信息资源为处理核心，对数字档案信息资源进行收集、管理，通过高速宽带通信网络设施相连接和提供利用，实现在线资源共享的超大规模、分布式数字信息系统。简单说，就是利用电子网络远程获取档案信息的一种方式，因此广义的数字档案馆不是一种物理存在，而是一种虚拟的信息组织与利用环境。

狭义的数字档案馆是指某个具体的个体档案馆，除了馆藏档案数字化外，还涉及档案信息的采集、整理、存储、检索、传递、保管、保护、利用、鉴定、统计等全过程，代表的是一种信息环境和基础设施的构建，包括软硬件系统的设计和组织实体的建立，具体内容有：对应归档的电子文件及其元数据，开展馆藏档案的数字化，实现馆藏各种档案实体的自动化管理，以网络连接并提供各类档案信息资源，组织对数据的有效访问。

2. 数字档案馆的特点。数字档案馆的特点有以下几个：第一，接收档案的数字化程度高，即档案馆可以及时对电子政府和立档单位的电子档案、电子文件实行卸载报盘接收，或网络在线接收。第二，档案信息在线共享程度高，即不仅可以接收在线的网上信息，而且可以与众多的档案信息资源库相连接，或借助档案目录中心的构建形式，实现广泛的信息资源共享。第三，对不同信息技术的容纳程度高。数字档案馆以信息技术为基础，充分利用了多媒体信息处理技术、数据库技术和内容的检索技术等。第四，实体档案的数字化程度高，即利用者借助计算机检索系统，可以实地或在线查阅到丰富的档案目录信息和档案全文信息。

3. 数字档案馆建设的内容。数字档案馆建设的内容十分广泛，其主要的建设内容主要有：基础设施建设、应用系统建设、信息资源建设和标准规范建设。

（1）基础设施的建设：数字档案馆与一般的档案馆相比具有海量存储、用户多和长期接收服务请求等特点，需要稳定可靠、可扩展的运行系统作保障。基础设施建设包括网络更新建设、硬件更新建设和系统软件建设等。数字档案馆网络工程的建设根据服务对象的不同可分为三个层面：即档案馆内部网，与政府各职能部门相连接的政务网和与互联网连接的外部网。这三网之间适应物理隔离，并各司其职。硬件设施主要包括数字化加工设备、网络设备、服务器、存储设备和输出设备。系统软件包括计算机的监控管理程序、调试程序、语言翻译程序、数据库管理程序、数据通信程序及操作系统，其中计算机操作系统是系统软件的核心，它独立于计算机，是控制和组织计算机活动的一组程序，是用户和管理的接口，是整个系统运行的基础。

（2）应用系统建设：数字档案馆的应用系统是一个可根据需求进行扩展的网络应用系统，其功能通常包括档案的数字化加工，档案信息的收集、录入、检索、利用、编研，具有可扩展和使用特性。应用系统的开发必须具备开放性和扩展性、易用性和易管理性、稳定性、安全性等。

（3）信息资源建设：信息资源是数字档案馆的核心资源，因此信息资源的建设是数字档案馆建设内容的核心。信息资源主要来源于传统档案馆馆藏、各立档单位的材料、专题信息数据和政府公开信息等。首先传统档案馆收藏的大量纸质、声像微缩等传统介质的档案资源是数字档案馆重要的信息资源。通过多媒体技术和数据压缩技术等手段，将可以公开的馆藏载体的各种文献数字化，能充分发挥档案馆的资源优势，加强熟悉档案馆的资源建设工作。除传统介质的档案文献外，各传统档案馆馆藏的各种在电子环境中生成的电子档案也是数字档案馆的重要采集范围。其次，各立档单位的档案文献和目录也是数字档案馆的重要收集内容。随着办公自动化的普及，各立档单位产生出大量的电子文件和电子档案，按照档案移交的有关规定，按年限通过网络或介质向档案馆移交，其中包括档案文献全文或文献目录。再次，专题档案数据已经成为档案馆资源建设的新生力量，其中包括各种备受社会关注、社会利用需求集中的具有档案性质的政府或行业信息。专题信息数据包括全文信息和目录信息两种，且大多以电子形式报送传统档案馆。最后，政府公开信息。各政府职能机构现实产生的可公开政府信息，尤其是其中的行政规范性文件易被社会各界所关注，其查阅量之大、需求之集中、访问量之多，在一定时间段内，已经接近甚至超过档案文献的利用率。政府公开信息大多生成于电子环境中，并且以电子文献形式报送传统档案馆，所以其将越来越成为数字档案馆资源建设的重要来源。

4. 标准规范建设。标准规范是实施数字档案馆工程的重要基础之一，面对数字档案馆资源形式的多样性以及社会对数字资源共享要求的广泛性，传统档案馆应根据国际标准和通用标准规范，确保数字资源内容的长期保存、数据交换、资源管理和安全实用。一个完善的标准的制定、规范体系的构建，应借鉴国内先进的相关标准、规范，考虑国与国之间信息化接轨，优先采用相关的国际标准、规范，并在使用过程中进行必要的本地化工作。数字档案馆的标准化建设，包括管理性标准规范、业务性标准规范和技术性标准规范。

四、档案信息化建设的原则

　　档案信息化建设是档案部门为了适应社会信息化建设的需要，根据社会对档案信息资源的利用需求，通过利用现代计算机技术和网络技术，将反映馆藏档案内容和形态特征的目录信息以及部分馆藏档案主题的信息进行数字化处理，以数字化的方式，方便快捷地为社会各界所利用的过程。这一过程涉及大量的信息资源的著录、部分档案信息资源的整合等基础性的工作，也涉及按照各种不同的信息的检索利用等要求进行一系列方便系统利用的系统功能的开发工作，因此在人力物力上必然会进行较大的投入，是一项十分庞大的系统工程。为此档案馆信息化建设的具体措施，必须在科学、缜密的思想指导下进行，才能少走弯路，以较少的投入，取得最大的效益。在实际运行的过程中，这些缜密、科学的指导思想是根据社会信息化发展的一般规律，并结合档案信息化自身的特点总结和提炼出来的，在具体实施档案信息化建设的过程中，这些科学、缜密的指导思想便转化为必须遵守的原则。因为档案信息化建设本身是社会信息化的一个方面或一个组成部分，因此社会信息化实施所应遵循的原则，同样适用于档案信息化建设，如信息共享原则、以人为本原则、信息化建设可持续发展原则等。下面所阐述的几项原则主要是针对档案信息化建设而言，即在考察信息化建设固有规律的同时，要注重档案馆自身信息化建设的特点。这些原则有的已被其他行业信息化实践证明是行之有效的，有的则被一些档案部门已有的实践所检验，因此贯彻这些原则，对于确保档案信息化建设的顺利进行和收到实效具有十分重要的意义。当然随着档案信息化建设的不断深入，这些原则所包含的思想和理念也将不断地丰富和发展。

（一）协调发展的原则

　　档案信息化作为一项规模庞大的系统工程，从工程的组织实施来说，其固有的规律是各个子系统之间必须协调发展，这是档案信息化建设必须遵守的一项基本原则。

　　1.同档案馆的基础工作协调发展。档案信息化建设需要进行大量的基础工作。其主要的工作在于各种档案信息的加工和集成，离开了这些基础工作，档案信息化建设就成了一句空话。因此档案信息化建设必须贯彻同基础工作协调发展的原则。在基础工作中，档案信息的著录和输入是最基本的内容。档案信息的著录根据利用的要求可以有多种形式，通常用的是档案著录和文件级档案著录。档案案卷级著录体现着国家的有关政策，对一个案卷的内容进行著录，产生几项重要的知识性信息，从而体现这一案卷在内容、载体方面的重要特征。文件级著录级别较高，针对性较强，因此在著录的过程中投入的人力、物力也相对较大。因此对于一般的，档案馆一般并不要求一定要实行档案馆藏的文件级著录，可以根据实际情况进行分步实施，可以选择一些比较重要的档案进行文件级著录。对于档案馆藏较少的档案馆，在人力物力条件允许的情况下，则可以考虑实行所有文件级著录。信息的输入包括已经著录的文件级条目和文件级条目的输入，也包括档案信息的全文扫描输入和相应关系的建立。这些工作从技术层面上并不复杂，但由于工作的程序复杂，工作量较大，因此在信息化实施的过程中绝对不能忽视，必须与基础工作同时考虑，严防由于基础工作没有及时完成而影响了整个信息化建设的进程。

2. 同信息技术的开发利用协调发展。信息技术的综合利用是档案信息化建设的难点。信息技术的综合利用，包括各种信息软件的开发、硬件配置的集成、网络环境的构建。大量的实践证明，信息化能否取得实效，其预期的效果能否达到，系统软件的开发和利用十分重要，信息化建设的先进性就在于此。同信息技术的开发协调发展是指要充分重视与信息化建设密切相关的系统软件开发和应用的重要性；在考虑做好丰富馆藏和加强著录信息化前期工作的同时，必须把实现效能的系统开发软件放在重要的位置，加大投入的力度，进行广泛的调研论证。在进行系统软件开发的过程中，我们应积极借鉴先进的技术成果加以利用；然而信息技术的不断发展变化，任何最新技术都是相对的，因此在新技术的应用方面，我们必须面对现实，实事求是。我们必须认识到系统软件开发完成后，其功能的不断完善还需要一个循序渐进的发展过程。而系统的开发者多数是对档案业务不熟悉的计算机技术人员，他们对系统软件的需求、结构和功能的认识有一个逐步深化的过程，而信息技术的实现是各种设想和技术整合后的具体体现，因此许多技术软件在当初开发时都还不十分成熟，需要在以后的实践中不断地补充、发展和完善。因此在信息化的建设过程中，切实贯彻同信息技术的开发利用协调发展的原则十分必要。

3. 同馆藏信息协调发展。档案信息化的根本目的是实现资源的社会共享，决定档案信息的功能和作用的发挥是看资源本身给社会提供了多少有价值的信息，所有这些都取决于档案馆藏的数量和档案资源的丰富程度。如果一个档案馆的馆藏达到一定的程度，结构也比较合理，信息的种类也比较齐全，那么信息化就有了比较好的资源基础，在实施信息化的工程中不会感到在档案的门类等方面存在较大的缺憾。反之，如果一个档案馆本身的数量有限，资源的种类单一再加上自身结构的不合理，那么信息化的发挥将会受到很大的阻碍，因此在信息化之前，档案馆自身馆藏的实际情况是一个必须考虑的基本因素。由于历史的原因我们无法改变档案馆已有的馆藏，但我们可以扩充现有的馆藏的品种和数量，可以通过征集等措施尽可能地增加馆藏的数量，达到档案信息的多门类多品种，为档案信息化建设提供较为丰富的资源基础，避免因为馆藏不足影响信息化建设进程。

4.同实际应用协调发展。档案信息化的目的在于利用，不是为了信息化而信息化，因此在信息化的过程中必须贯彻同档案利用工作协调发展的原则。也就是说必须以社会对档案利用的需求为导向，来规划和调整信息化的实施步骤。一方面要以利用率高的信息作为信息化的重点内容，使信息化有一个坚实的使用基础，充分显示其对社会的适用性；另一方面，要根据社会利用需求的发展趋势，进一步扩大档案的利用范围，充分发挥档案信息的内在潜质，对信息化建设做全面的统筹和规划。另外档案信息化建设是一个长远发展的战略性建设，其信息化的过程也是一个动态的发展过程，因此我们必须对信息化做出一个长远的发展规划，由于信息化是一个长远的动态发展过程，因此在信息化实施的过程中，必须根据社会对档案利用的需求变化，对要调整的档案门类和品种进行及时的调整，避免关起门来自己建设的封闭做法。因此信息化建设要贯彻协调发展的原则，就必须重视信息化建设同实际应用协调发展的原则。

（二）分步实施的原则

档案信息化建设是一项庞大的系统工程，因此它的建设不可能在短时期内完成，由于各地档案馆的实际情况不同，有的档案馆的信息储存量多，信息化需要投入的人力物力较多；同时由于计算机技术的发展变化较快，实现信息化在硬件上的投入较大，也不可能一步到位。因此信息化建设必须实行分步实施的原则。它的实施包括信息资源的分步实施和系统功能的分步实施两部分的内容。

1.信息资源的分步实施。档案目录信息资源的建设是信息资源建设的重要内容之一，它建设的主题内容包括本身的馆藏目录和本地区所用的档案目录建设两部分。这两部分资源覆盖的范围不同，基础条件也不同。对于建设本馆所藏的档案目录来说，需要从馆藏结构特点出发进行规划和设计，提出整体规划和设计要求，然后组织实施；对于覆盖地区范围的目录中心，由于地区方位内各档案机构的基础状况不同，目录的数据结构不同，首先对能够在同一平台上运行的目录进行整合和转换。在整合转换的过程中需要解决许多技术问题，必须以科学的态度，逐一加以解决，因此在构建目录中心时，必须根据具体情况制定具体措施，分步组织实施。对于那些基础性、专题性和全文信息的实施步骤一般是把基础性的信息作为信息化的第一步内容；把专题性的信息作为信息化的第二步；把全文性的信息作为信息化的最后内容来处理，这也是根据信息实际操作难易程度以及人力、物力的投入多少等因素来综合考虑后，来实施的分步策略。

2.系统功能开发的分步实施。档案信息化的利用率在很大程度上取决于系统功能软件的实现，关系到以计算机技术的应用为主题的系统功能的开发。一般的开发原则是考虑到系统开发的费用巨大，但由于计算机技术的迅猛发展，系统功能的开发可采用分步实施的原则，急用、利用率高的先开发，拓展性功能可以延续开发。系统功能的分步开发在经济上可以避免一次投入过大的开发经费，减轻经济上的压力；在安全性上可以防止重大失误而导致整个信息化实施的重大挫折，从系统功能的最佳实现来说，由于采用了不同的计算机技术，有利于技术的及时更新，保证系统功能与最新技术的接轨。

（三）安全的原则

档案的安全管理是信息化建设的首要前提条件。档案安全本身的重要性是由档案本身和档案管理的性质所决定的，档案信息化的建设必须充分考虑到安全问题，正确处理好方便、高效与安全管理的关系。一般来说，数字化的档案存储应该使用带自动备份功能的服务器，配置备份信息的设备，如光盘库、专用网络存储设备，对备份信息实施迁移。同时使用安全介质定期刻录备份信息实行异地保管。

数字档案的安全保障必须制定严格的管理制度和操作规范，必须实行有效的网络安全措施，必须采取严格的授权管理系统。安全保障的原则主要包括：

（1）密级区分原则：即对密级档案实行物理隔离并落实责任到人。

（2）内外区分原则：将开发档案信息与内部业务运行过程的信息实行隔离。

（3）用户区分原则：将档案管理人员和档案形成人员，内部用户和公共用户加以区分。

（4）系统区分原则：将档案信息管理系统及其网络化归档、信息共享、辅助决策等子系统加以区分。

（四）应用性原则

档案馆在实施信息化过程中进行的馆藏档案的信息资源整合和集聚，建设档案信息资源共享体系时，其主要任务是将能揭示和反映档案主要内容和原形特征的目录信息、相关原始档案信息，经过现代计算机技术的应用，进行海量存储，并通过多种检索途径，顺利地实现快速直接查阅利用。要达到这些海量档案信息利用的理想效果，涉及很多的工作环节，需经历多个阶段。一般将档案信息资源的整合和开发作为信息化的前处理工作，不管前处理工作多么复杂，其最终的目的是为了实现档案信息工作的有效利用。为此档案馆在实施信息化建设的过程中，首先应该贯彻的原则是实用性原则。实用性原则的指导思想是所有在信息化过程中被整合处理的档案信息，必须能够适应各种利用需要。也就是说档案信息化必须以社会各方面在相当长一段时间的利用需要为原则。

1. 获取知识的第二课堂。档案馆除了具有查考和存史的功能外，还具有传播知识的功能。档案馆蕴藏着丰富的馆藏文化以及本地区经济社会发展的档案资料，这些丰富的档案资料对于社会公民以及青少年了解本地区的文化发展来说都是不可多得的珍贵史料。我们可以把档案馆当作是学生获取知识的第二课堂，这样既能使档案馆的信息功能得到延伸，也避免了信息资源的浪费。因此在信息化的构成中应注意把知识性的信息放在首位，这一崭新的课题对于档案部门是一个新的挑战。因为以往的档案馆主要是供查找资料之用，所以在查找接待方面积累了丰富的经验，而对档案馆作为获取知识的场所则是一个全新的管理课题。对此档案管理者必须树立全新的管理理念，从适用于知识获取方面考虑，可以将档案信息中具有知识性的信息有限信息化，比如反映本地区社会经济发展的信息资料、反映本地著名人物的历史传记以及具有历史渊源的档案史料等，都可以作为开辟第二课堂的生动教材，这些史料对于当地居民和青少年了解当地的历史具有十分重要的学习价值。

总之，在档案信息化的过程中，凡是有关当地物质文明建设和人文发展历史方面的档案信息，都可以作为知识性的信息加以知识化，以适用于社会大众特别是青少年知识获取利用的需要，同时也是档案馆为当地的精神文明建设做出的积极贡献。

2. 为领导的决策起助手和参考作用。科学的决策来自于科学的管理，科学决策是科学管理的重要手段，也是各级领导组织管理实施各项大型工程或推进建设事业全面发展的先决条件，同时也是提高执政能力的重要措施。科学的决策需要有充分的科学信息，经过周密的论证最后做出科学的判断，形成科学的决策。因此充分地获取各种信息对于领导做出科学的决策十分重要。档案信息记录了以往历史活动的进程和结果，是前人智慧的结晶，同时也积累了丰富的经验教训，所有这些宝贵的信息资料对于领导做出科学的判断具有重要的参考价值，这些信息可以开拓领导者的眼界，借鉴前人的经验和教训，以便在前人成果的基础上进行新的突破。

总之，丰富的档案信息对于各级领导进行科学的决策具有十分重要的参考和借鉴意义。因此档案管理部门在信息化的过程中必须把适应于领导决策参考的信息放在首位，在进行信息化的过程中，应该将那些能够为领导决策提供借鉴作用的档案信息资源进行整合，在考虑和设计信息检索的途径时，应该把方便查询和挑选，有助于领导决策的信息放在重要的位置，为这些信息的检索提供方便快捷的查找方式。

3. 为科学研究提供重要的参考。科学研究是人类社会不断发展的原动力。科学研究需要大量的信息资源，特别是社会科学的研究，其研究的主要内容多为社会的政治、经济、文化和社会发展方面的内容，更离不开档案馆的信息资源。因此把适应于科学研究作为档案信息化必须遵守的规则，是档案馆信息化建设所要重点考虑的内容。档案信息化要适用于科学研究，就必须将那些具有研究价值或者能够提供可持续研究对象的原始材料的档案信息进行信息化。这类信息从大的方面来说，包括的内容十分丰富，它不仅包括经济发展的基础数据，也包括政治、文化以及生活各个方面的详细资料。

科学研究所涉及的信息面非常广泛，因此所使用的信息更是包罗万象，但由于各个时期社会的研究会有不同的侧重点，因此我们应根据社会研究的需求采取分步实施的措施，即对于档案科学研究急需的资源应首先进行信息化，及时准确地为科学研究提供参考资源。

4. 成为爱国主义的教育基地。随着社会的不断进步，档案馆的职能不仅仅局限在提供需要查找的历史资料，还肩负着开展爱国主义教育的重要任务。档案馆应充分挖掘自身的教育潜能，对社会特别是对青少年开展爱国主义教育、革命传统教育，把档案馆办成爱国主义的教育基地。国家档案局为了适应这一形势，提出了把档案馆建成"一个中心、两个基地"的要求。这两个基地其中一个就是爱国主义的教育基地。因此档案信息化必须服从于爱国主义教育基地的建设要求，坚定不移地贯彻开展社会教育的原则。从这一原则出发，在实施信息化的过程中，对具有教育功能和作用的有关信息档案进行整合、处理以及建立专用的检索渠道就显得十分必要。这就需要从档案信息中挖掘具有教育意义的信息，考虑到爱国主义教育基地的建设和影响，除了文献信息外，也可将这些史料制成专题片或光盘配送到各个学校，使这些珍贵的史料更贴近生活，使青少年在潜移默化中受到爱国教育，增强他们的民族自豪感和自信心。

5. 业余休闲的需要。随着社会经济的不断发展，人们的文化需求也在不断发展并呈现多元化，休闲活动正成为一种时尚开始流行。在一些发达国家，民众文化休闲已经开始从图书馆、博物馆向档案馆延伸。因此前来档案馆利用档案必定是有专门目的的习惯正在被打破，休闲型利用已经成为一种时尚行为，读者可以在休闲的环境中得到文化熏陶和审美享受。在国内，近年来档案界的一些有识之士也开始重视这种发生在档案馆的新的资源利用方式，并呼吁尽快建立相应的环境和机制，促使这种休闲型利用成长起来。为此档案馆实施信息化的过程中，应该看到这种虽处于萌芽状态的社会需求可能随着社会经济文化的快速发展而快速成长。休闲利用与其他利用相比有它的特殊性。由于这方面的利用还没有很好地开展起来，所以我们很难对这方面的需要说出一些规律性的东西。但我们可以从图书馆、博物馆、展览馆方面汲取营养，深入思考，进行借鉴。休闲作为人们的一种生活方式，历史悠久，而文化性的休闲活动也必定有其自身的规律。比如人们往往通过休闲活动，寻求到一种精神上的享受和乐趣，在休闲利用的同时，既获得了相关的知识，又从中得到美的享受，一种兴趣的培养，一种情操的提炼，一种心情的调适。

总之，既是休闲，就同正规的工作完全不同，它可以没有目的，随机而来，在这里转了一圈后，得到了美的享受，精神上得到了某种启示与升华，得到的是精神上的休息与放松，也是一种收获。基于这样的认识，我们在实施信息化时，应该重视将那些具有可读性、知识性、趣味性、观赏性、珍贵性的档案信息优先予以信息化，以吸引和满足潜在的休闲利用的需要。

（五）效益原则

1. 系统功能效益。在一定的程度上系统的功能状况是衡量信息化是否取得了预期效果的一个重要指标。信息化能否顺利地进行和运转，很大程度上取决于信息化功能的实现程度。信息化投入最大的经费是在系统功能的设计、开发以及硬件设备的配置上，因此信息化功能的显示不但包括系统功能覆盖的全面性，操作维护的方便性，系统运行的快捷性、安全性等，同时也包括整体功能的先进性和稳定性。一个系统如果达到了以上方面的要求，我们可以认为它是成功的、有效的；否则这个系统就是失败的。

2. 利用效益。指的是信息化系统能够进行各种专职性信息利用的程度。一般来说，满足度与针对性效益是成正比的，即满足度越高，其针对性效益也越高，反之，满足度越低，针对性效益也越低，这种满足度主要取决于信息积聚的覆盖面以及新增信息的周期性和及时性。由于社会对档案利用的专指性需求经常处于动态变化中，这就决定了信息的积聚和扩充也处于动态的变化之中，既能够把社会的有用信息增补进整个信息系统，最大限度地满足专职性、特殊性信息利用的需要，提高信息利用的针对性。

3. 成本效益。档案信息化是一项长期的系统工程，特别是网络技术的运用，使整个系统的结构更加复杂，技术含量更高，因此在对系统进行使用和管理上，除了对管理人员有技术的要求外，在经济上也需要投入相当大的成本。一般系统维护和管理的成本效益主要包括两个方面：一是系统建设必须建立在科学和可靠的基础上，即必须有比较成熟的技术作支撑，确保系统建成后日常的维护和管理能够以相对较低的费用加以维持，而不会出现系统的功能发挥还算可以，但系统维护的巨大开支却难以支撑的情况，或者是系统建设先天不足，使用中毛病百出，致使在维护和管理上不断增加投入。二是系统的建设必须考虑今后功能的扩充和设备的升级。也就是说，系统在建设的过程中必须考虑以后系统升级的兼容性。如果一个系统建得很好，但生命周期很短，几年之后就无法扩容，原来的系统就无法使用，只能购买新的系统，那么这样的系统建设就没有贯彻效益的原则，也可以说，这样的系统是不成熟的，是不能被市场所推广和利用的。

在信息化建设的过程中，我们应始终贯彻效益的原则，这样可以使我们投入少量的资金，取得较好的经济效益，达到出预期的效果，从而使档案信息化建设进入良性的发展轨道，加速信息化建设持续、稳定、健康地向前发展。

（六）社会化原则

档案信息化建设涉及的范围广，工作难度大，需要的技术力量相对较强，这就决定了档案信息化建设仅仅靠档案馆自身的力量是远远不够的，必须依靠外在的社会力量才能胜任信息化建设的各项任务，这种依靠外在社会力量的做法，就是社会化原则的具体表现。

1. 建档的基础工作的社会化。建档的基础工作主要指各种原始档案信息资源的加工、整合和存储。由于档案馆的信息利用比较广泛，内容也相对较多，因此这方面的工作量也相对较大，面对比较丰富的馆藏资源要想进行信息化建设，仅仅靠档案管理人员去做是远远不够的，必须借助社会的力量来完成。比如，把档案数据录入的基本工作承包给专业公司来做，聘请有丰富经验的档案管理人员来帮助完成档案文件的著录工作等，档案馆只要加强技术指导和质量的监督，把好质量关，这样大大地减少了档案馆的建档工作任务，也使档案馆的工作人员有更多的时间钻研业务，在时间上保证了档案信息化的历史进程。

2. 系统的开发社会化。由于档案馆缺乏专业的软件开发人员，因此档案信息系统的开发必须依靠社会上专业的开发公司才能完成。在这个过程中，关键是要选择社会信誉高、技术力量强的开发公司作为合作伙伴，现在比较可行的方法是通过招标的形式确定合作伙伴。但并不是说档案馆就无事可做，由于系统的开发涉及专业的档案管理的应用，一些开发公司并不了解档案管理的业务，因此在借助于社会力量进行开发的过程中，应该派有经验的档案管理人员积极参与，了解整个开发过程，特别应该注意掌握和了解一些程序技术的关键点，防止在今后的使用中一出现程序问题就束手无策，同时也防止在今后的使用中被开发商牵着鼻子走的被动局面的出现。这样也为以后本单位自己为软件升级换代打下良好的基础。

3. 系统管理的社会化。随着 IT 行业的不断发展，近年来软件公司也拓宽了服务业务，开始接受管理系统的委托服务。对于一些比较小的档案馆可以考虑采取委托管理的办法来进行信息系统的日常维护和管理。这种委托公司的做法好处是：可以节省人力，弥补单位人员不足的缺点，同时可以节省在系统维护方面的经费开支，系统出现什么问题都有托管方负责处理。从不利的方面考虑：主要是缺少了使用的自主权，在信息扩容、系统升级和更新方面不能及时进行，需要和委托方商量才能解决，在一定程度上制约了信息系统的拓展。如果寻找的软件公司人力缺少、业务繁忙或技术力量不是特别强，那么整个系统的升级运作将会受到阻碍。但委托服务作为一项社会化的内容有其存在的合理性，并且今后随着第三产业的不断发展和壮大，社会监管力度的不断加强，社会服务质量的不断提高，IT 行业服务领域的拓展和完善以及档案管理人员的进一步精简，系统管理的社会化服务必将得到进一步的发展，服务行业在运行的过程中出现的一些弊端会不断得到改进，相信服务行业必将为信息化的发展起到积极的推动作用。

（七）数量和质量统一的原则

数量和质量相统一，是我们开展各项工作经常要遵循的一个重要原则。在档案馆信息化建设的过程中，同样必须遵循这一原则，而且更具有现实的意义。档案馆信息化功能和作用的发挥，十分重要的一个因素是整个系统必须具有一定的信息量，也就是说信息化首先是以一定的信息量为基础的。只有把其中不同门类的信息积累在一起，能够满足用户不同利用的需要，才能真正显示出信息化的优越性。但是集聚的这些新信息必须是有一定质量的信息，而不是垃圾的信息，这就决定了档案馆信息必须遵循质量和数量相统一的原则，这一原则不同于传统意义上的数量和质量统一的概念，而有其很强的针对性。主要体现在以下几个方面：

1. 基础信息数据数量和质量的统一。在档案馆信息化的过程中，如果整合和存储的基础性数据，如案卷级目录、文件级目录等没有达到相当的数量规模，所谓的信息化将大打折扣。如果有了数量庞大的基础性数据，这些数据的质量却有问题，将会直接影响信息检索的正确性，严重时将影响信息检索的顺利实现。就信息化功能的实现来说，基础数据的数量决定和限制了信息化的辐射面，而基础数据的质量将决定和限制利用者直接的利用效果，因此数量和质量的保证，是确保信息有效检出和利用相辅相成的两个方面，必须高度重视。为贯彻这一原则，在实现信息化的过程中，既要考虑使基础数据的整合和存储达到一定的存储规模，同时必须严把质量关，确保每一条基础数据都符合规定的质量标准，使整个信息系统的功能得到最充分的实现。

2. 系统功能与系统稳定运行的统一。人们在实施信息化的过程中，往往希望所建立的系统具有多方面的功能，能够满足多方面的要求，这可以说是对系统功能作用发挥的数量要求。而从信息化能够收到实效的实际经验来看，整个系统的稳定运行，确保其设计的功能能够实现也很重要，这可以说是对系统平稳运行的质量要求。而在实际过程中，系统多项功能要求的实现，同时也给系统运行本身带来很重的负担，它对系统的稳定运行是一种负担，同时也是一种威胁。所以新系统功能的强大和系统稳定运行往往是信息化过程中一对突出的矛盾。一个功能强大而又运行稳定的系统是人们所期待的，但实现这个愿望往往充满风险和压力。也就是说越是功能强大的系统，要保证其稳定运行，付出的代价将更大，负担将更重。为此，需要在实际建设中正确把握好系统本身建设的数量和质量要求，既不能好高骛远，不切实际地要求系统具有多方面的功能，也不能因陋就简，在低水平上重复，既要有创造性，敢于突破，又必须扎实稳妥，注重实效，以确保系统的多功能具备和稳定运行达到圆满的统一。

3. 经费投入的数量与信息化建设的质量相统一。档案管信息化是一项规模宏大的工程，尤其是一项需要投入巨额经费的建设，为此必须贯彻因地制宜原则，确保投入的经费能取得理想的效果，防止过分贪大求全，不计成本，忽视效果的做法。为此在信息化过程中需要制定严密的制度，通过信息化系列的环节，对经费投入后建设的质量进行检测和评估，对于质量达不到要求的要采取措施加以整改，以确保工作质量。同时按照经济管理学投入产出的原理，对于信息化所做出的巨额投入，应该要求有相应的产出。当然由于档案信息化作用的发挥在很大程度上具有公益性，不能简单以经济收益的多少来要求和衡量其产出的效能，而应该从社会效益和经济效益两方面来综合评估所产生的效能。比较而言，档案馆所固有的特点，决定了社会效益的产出将是对档案馆信息化评估的一个重要方面。此项内容的贯彻，对于避免考虑不全所造成的浪费，防止没有经过科学规划和严密论证而盲目建设和决策失误等带来的损失，都具有十分重要的意义。

五、信息化的具体措施

（一）需要型措施

档案信息化是社会信息化的重要组成部分，因此它与其他信息化的建设部门有许多相同的地方，为了在信息化的过程中少走弯路，减少失误，我们必须汲取成功者的经验和教训，对自己所选用的档案管理系统有比较深刻的认识，并对本单位的实际需要进行个性化的处理，这是一项行之有效的实施方法，但绝不是直接的照抄照搬。被选用的方案是在充分了解本单位情况的基础上，再借鉴其他成功单位成功与失败的经验教训，选择适合自己的管理系统，来开展本单位的信息化建设，坚决反对照抄照搬的拿来主义或者过分强调自己的个性习惯又不符合标准，这两种做法都是脱离了实际需要的错误做法，都是不现实的、不可取的。

（二）有效化的措施

在档案信息化的实施方法上，要结合本单位的实际情况，比如人才队伍状况，目前档案工作开展的实际情况，且不可偏颇任何一种实施方法。在选择实施策略上应根据本单位的技术力量状况，如果本单位的技术力量比较薄弱，就选择现成的软件系统或者对外承包的实施办法，充分利用外在的专业化的资源，不仅能够在短时间内实现快速实施与应用，还可以降低实施的成本。如果本单位的技术力量较强，建议采取自主与外包相结合的实施方法：对于专业性强、功能复杂、开发周期长的系统，可以采取外包的形式，降低实施成本，提高实施效率，在开发的过程中本单位可以派人参与软件的开发和项目跟踪，了解设计的细节，为交付使用后系统的更新和维护打下良好的基础；对于专业性不强，设计的流程较为简单，开发周期短的系统采取自主开发的方式，这样不仅节约了购买软件的经费，而且在开发的同时培养了自己的技术人才，加强了本单位的技术队伍力量，无形中也培养了本单位的业务骨干。

（三）过程化措施

1.加强宣传过程。使大家充分认识到信息化策略实施是国家信息化策略的重要组成部分，使他们充分认识信息化的目的和意义，认识到管理的规范化给社会带来的良好的经济效益，认识到落实信息化策略的实施工作不仅是当前形势发展的需要，同时也是档案信息化建设的需要。

2.加强培训的过程。加强对工作人员的业务培训，比如计算机技术的培训、档案管理软件的使用培训以及安全技术防范措施的培训。

3.规划制定过程。根据业务需求进行咨询和总体规划，其中包括信息的安全、资源的需求、系统功能等，可以了解同行业的实施情况，或通过咨询公司的规划，然后再有针对性地开展工作。

4.购买软件的过程。在充分调研的基础上，结合本单位的实际情况，选择那些售后服务及信誉比较好的大公司，比较有发展前途的扩展性好的硬件和软件系统。

5.选择示范，以点带面。根据工作的实际需要，选择那些比较重要的部门来实施，先树立一个示范的典型，然后以点带面，全面突破。在成功示范应用的基础上，根据馆内业务的发展需要，逐步把信息化建设扩展到整个单位的每一个部门。

（四）安全保障措施

档案信息化的基础是建立在网络软件和信息管理系统的基础上，但这些也正是引发安全问题的隐患所在。造成黑客攻击、病毒蔓延、信息窃取的问题在于安全架构不科学、制度不健全、管理不规范、措施不到位，这其中既有客观的因素也有主观的因素，其中最主要的原因是信息化建设之初，安全意识薄弱，技术方案不成熟，系统的安全保护性能较差。要想在今后信息化的道路上走得更远，我们必须提高安全防范意识，强调今后在实施信息化的过程中全面设计和考虑安全问题，在今后的管理过程中制定并落实安全方案，加强信息过程的安全管理，对一些机密的档案落实责任到人，并加强安全措施的技术监控，只有提高了安全意识，加强了安全管理的技术保障，才能最终保障计算机网络和信息系统的安全。

（五）应用型措施

档案信息化建设的目的是为了更好地利用信息资源，在实行的过程中容易出现信息化的建设与档案业务的管理脱节的现象，把信息化与业务管理分割开来，这种现象的出现主要有两种情况：一种情况是信息化的宣传归宣传，业务部门根本没有执行，仍然按照原来的工作方法和思路开展工作，为了提升上网的名声，只是把档案信息的目录录入系统，档案管理者根本不关心管理信息系统运行的情况，最多是利用查询模块查询一下档案信息；另外一种现象是对于购买的信息软件只使用很少的一部分功能，比如基础信息和查询模块等，对于信息的整个流程化的管理过程全不了解；还有一些单位信息化的热情很高，舍得花钱购买贵重的应用软件，而实际应用的部分很少，在操作时仅限于目录数据的录入并将此部分数据导入系统，以此来满足数据上网数量检查的要求，而档案信息系统中大量的功能如流程化管理、全文管理和全文检索都没有使用，无形中加重了管理人员的负担，在一定程度上挫伤了档案人员信息化建设的积极性，为信息化建设造成了负面的影响，因此如何应用好才是信息化建设的关键。

（六）落实型策略

档案信息系统的实施与应用过程中最易出现"两张皮"现象，即将信息化与业务管理分离开来，认为是两件事情，导致出现一些极端现象。一种是业务部门依旧按照原来的方式开展工作，雇佣临时人员来录入数据，档案管理者几乎不关心管理信息系统运行的任何情况，顶多使用查询模块查一下档案的信息；另一种现象是业务部门的工作人员仅仅使用很少的一部分功能，如基础信息的录入和查询模块，对于管理信息系统中流程化的管理思想全然不理解；还有些单位花费巨资购买来功能强大的信息管理系统，实际操作时仅习惯使用Excel简单的桌面系统，只将已录入的数据导入系统中，满足所谓的数据上网条数检查的需求，而档案信息系统中大量的功能如流程化管理。

（七）兼顾型措施

科学技术的发展使人们越来越考虑人的因素，即"以人为本"的理念越来越受到开发商的重视。随着人们需求的多样化，一些个性化的产品、个性化的界面、个性化的业务流程和功能模块充斥整个市场，这就与档案信息化管理标准的规范化相矛盾。因此如何认识和处理个性化和标准化之间的关系也是档案管理信息系统实施过程中的一大难题。这个矛盾的解决，必须在实施的过程中找到一个既能满足个性化要求，又能满足档案管理规范化的平衡点，才能促进档案业务与信息技术的融会贯通，而选择平衡点的前提是档案部门应制定适应时代变化的标准和规范，档案工作者也应严格遵守行业规范以开展业务管理工作，个性化则是在标准规范的基础上根据管理需要进行扩充，个人习惯如果与标准背离应彻底改变。因此在信息化的过程中，要正确处理好标准化与规范化的关系、安全与应用之间的关系，当个性化与标准发生冲突时应首先考虑标准化的原则，既个性化适应总体化的原则，只有这样才能解决好个性化与标准化的关系，保证信息化建设的顺利进行。

第二节 档案信息化的实施途径与过程

一、档案信息化实施的原则与方法

　　档案信息化是一个系统的工程，信息技术的应用和网络平台的搭建是手段，数字档案资源的积累和管理是核心，档案信息的开发和利用是目的。档案信息化建设的重要内容就是建立一个标准的、功能强大的、安全稳定的、可拓展的档案管理信息系统，在档案工作中广泛应用。

　　实施与应用档案管理信息系统有三个要素：方法要科学、手段要先进、实施要得当。只有当领导和档案工作者都充分理解和认识档案信息化和档案管理信息系统的必要性、重要性和有效性，且期待通过信息化来获得更大的效益时，档案管理信息系统的实施与应用才能实现。

（一）实施的原则

　　在档案信息系统实施的过程中，应在遵循信息化建设总体原则的基础上，遵循有效的技术型原则以推动系统实施的成功。下面介绍的几项原则都是非常有效的基本原则：

　　1. 务实导向、重视实效。系统的实施以安全、稳定、实用、方便、易操作为主要目标，过分追求大而全、先进的软件产品，是一种不务实的做法。这主要是由于需求不一样，行业有差别，同时信息技术、软件产品的更新换代非常快，市场上会不断有新产品出现。

　　2. 软硬件资源共同建设。系统的实施过程中不仅需要重视硬件平台的建设、设备的购买，更要注重在人力资源和软件系统方面的投资。IT人才、档案工作者是信息化建设的核心力量。软件系统的技术含量，现代化的管理理念更是应该重视，只有硬件设施平台是无法开展信息化管理工作的，软件系统是硬件系统发挥作用的心脏，因此软件系统的开发及其升级的投资应十分重视。

　　3. 从实际出发，重视需求。信息系统的实施需要从当前的业务需要出发，提前做好需求分析，并在一定阶段的实施过程中，锁定相对需求来开展实施工作。边研发、边实施、边改变需求的做法只能得到事倍功半的效果。而对于变化较大、新增加的需求，需要放在下一阶段进行。

　　4. 重视维护，升级换代。随着信息系统的不断应用，档案管理信息系统也在迅速地发展，而其中的难度也在逐渐增加，软件系统的安全、客户化定制等工作量比较大，也比较复杂，非专业人员很难做到专业维护；另外，随着应用的不断深入，这就需要加强软件系统的拓展。因此购买软件系统的同时，需要购买相应的实施、维护服务，以开展有效工作，支持系统拓展和业务的发展。

（二）实施的方法

档案信息化建设有两种不同的策略和实施方法，即以组织战略为导向的战略推动类型和以实际业务需要为导向的需求驱动型。

1.战略推动型。战略推动型的实施方法采取的是从整体到局部的实施路线，强调首先在观念、目标和方向的认识达成共识的基础上，逐步将工作分阶段进行，分阶段完成。采用战略驱动型的方法实施的前提是整体的目标和规划不仅要从全局出发，而且更需要符合档案管理机构的实际需求，既要注重发展的前瞻性，又要注重当前的实用性；一般来说对实施战略管理的人员要求较高，既要有行业发展的规划能力，又要有信息化体系的架构能力，需要懂管理、懂业务、懂技术的专业档案管理的复合人才。

2.需要驱动型。需要驱动型采取的是从局部到整体的实施路线。这种实施方法强调以当前业务需求为主，首先在观念、目标、方向和认识等方面达成共识的基础上，逐步将工作分阶段实现，分步骤完成。采取战略驱动实施方法成功的前提是战略、规划的制定不仅要从全局的高度出发，而且更需要符合档案管理过程的实际需要，既要有前瞻性、发展性又要注重当前的使用方向；要求制定战略的人员既要有行业发展的能力，又要有信息化驾驭的能力。需要懂业务、懂管理、懂技术、在档案管理和信息化的建设中有丰富经验的复合型的人才。

真正意义上的"战略驱动"实施方法并不是不允许在实施过程中坚持"永恒不变"的策略，而是根据实际需要和业务变动的需求进行机制的调整和完善，因战略与规划制定落实的过程往往需要很长的时间，而信息技术在发展，档案业务也在改进，管理模式在变革。因此实施的过程中必须根据需求的变化而有所变革。

目前我国档案信息化建设正在走向标准化和规范化，"战略推动""需求驱动""总体规划""分步实施"成为主流实施策略。各档案管理机构应紧密结合全国档案信息化的发展战略，将档案信息化纳入本单位档案信息化的全局，制定适合本单位业务发展要求的信息化规划和信息系统的实施方案，并在实施和应用的过程中，将以"务实"为导向的自我调整的策略贯穿于信息化建设的始终。

二、档案信息化的实施途径

1.整体引进模式。这种模式是选择具有丰富经验、信誉度比较好的开发商，由其提供或统一购置档案管理商品化的软件及其软硬件设备，由专业化的实施队伍负责项目的完整实施。好的软件一般是具有丰富经验的管理专家和高级专业计算机技术人员共同开发的，软件本身蕴含了许多先进的管理思想和手段，针对档案室提供各种模块的功能，这些软件模块为档案流程的优化与重组提供了可借鉴的参考模型，能够在较高的层次上提升档案管理的水平，而且软件已经拥有相当大的用户，经过实际的考验一般都比较成熟与稳定，质量有保证；售后的维护比较有保证，又有利于档案信息系统的更新。但商品软件追求通用化，其功能无论在方位上或是在深度上常常使档案管理部门的需求得到部分满足，但系统的实用性不强，更难以形成特色。在具体的实施过程中，单纯依靠软件的提供商可能出现用户过分按照软件提供的立项模式行事，而忽视档案管理的具体实际，或软件提供商过分依从用户的所谓特色，造成软件的先进性、通用性消失。另外这种模式由于没有源程序代码，给系统的后期维护和二次开发造成一定的困难。

2. 自主开发的模式。采取自主研发模式的单位一般是本单位的技术力量较强，具备较强的软件开发实力，这种研发的模式一般是单位自己根据档案业务管理的需求进行定制开发，并随着业务的不断开展，对系统不断进行完善和改进。此模式适合业务比较特殊和有特殊需要的档案部门。这种研发模式的优点是能充分考虑本单位的业务工作需要，针对性强，系统实施相对比较容易，可以考虑到本单位使用细节问题，其风险较小，可以培养自己的研发队伍，对于今后的系统维护和更新都能做到及时到位。缺点是由于大多数档案管理队伍的人员结构不合理，往往是业务人员多，技术人员少，尤其是高技术的系统开发人员更少，而技术人员不仅要开发系统，还要跟踪现代信息技术的发展，进行系统的维护，考虑系统的安全备份等问题，并且自主研发的工作量较大，开发的周期较长，相对成本比较高，由于自主开发人员不是专门的研发公司人员，在系统的开发过程中，与社会上的先进软件相比还是具有一定的局限性。

3. 对外承包的开发模式。采取这种研发模式的单位一般是资金比较雄厚的单位。采取的方法是购买社会上开发好的现成软件或者选择一家软件公司，按档案业务实际需求定制开发，也就是说把档案信息系统的开发工作对外承包出去。这种模式对于档案部门的工作人员要求不高，在数据的备份和系统的维护方面主要是聘用专业的技术人员来做，或是委托给专业的公司。

这种方案适用于业务比较简单的档案馆，它的优点是充分利用了外部IT公司的力量，开发的时间较短，降低了开发的成本；缺点是如果不注重培养自己的研发队伍，而研发单位的人员不熟悉档案业务，开发系统的实用性较差，而档案机构人员对信息技术的认识不充分，很难提出比较好的建议，难以对开发单位的需求和设计资料进行准确的评价，往往是到使用的过程中才有较为准确的需求，给实施完成后的正常的运行带来困难，同时也浪费了资金的投入。为了解决好开发与使用之间的矛盾，档案部门在选择开发机构时应选择开展档案信息化解决方案的专业开发商，注重考查该公司的咨询和售后开发能力，要求他们不仅有咨询能力还有一定的培训能力，促进档案管理人员尽快理解和掌握系统的管理思想和应用模式，还需要提供长久的系统更新能力和良好的售后服务能力。

4. 外包与自主开发相结合的模式。这种模式也称为混合型模式。即信息化的项目在档案机构立项，委托第三方公司在其商品化软件的基础上，针对本单位的档案业务现状和业务发展需要进行客户化的定制和开发。采用此类模式的档案部门一般来说是基础条件较好，相对来说资金比较充足，这种模式也是目前档案管理采用较多的一种方式。这种模式的优势在于由开发商解决技术难点，对开发过程进行科学的安排和严格的控制，这样既解决了档案机构开发队伍经验少、技术力量薄弱的问题，又为档案部门培养了懂业务、懂技术、懂管理的复合型人才。同时档案管理机构还可以拥有信息系统的知识产权，更重要的是软件的开发切合用户的实际要求，系统未来的运行和维护也有保障。目前规模较大的一些综合档案管理机构大多采用此种模式，使用的事实证明这种混合性的实施模式还是目前比较理想的运行模式。

三、档案信息化实施的过程与策略

实施过程是在国家信息化政策的总体规划下，按照信息化建设的整体要求，来确定档案信息化建设的战略目标、总体规划，在人员、技术、资金、环境等各类资源已经具备的情况下，来开展档案信息化建设与档案信息管理系统的应用。

（一）信息化实施的过程

1. 正确理解国家信息化战略与档案信息化之间的关系。首先要正确地理解国家信息化战略与档案信息化建设的关系：国家档案信息化战略为档案信息化目标、远景以及职能的拓展、业务流程的转变的完整融合，它描述了档案信息化的目标与方向、信息体系结构、技术路线、操作方法、信息化过程的内部操作标准、软件系统的评估方法和考核的指标体系等众多"软性"的规划和策略。其次要正确理解档案信息化规划与信息系统规划之间的关系：信息化工作实际上是信息化战略的执行过程，它所研究的内容与信息化的战略有非常大的相关性，在战略体系下的具体软硬件系统设计过程，是在信息化战略的指导下，分解总体目标，针对不同的业务内容、工作流程提出功能模式，做出系统建设的成本预算，制定系统的实施计划，确定系统的组织、管理、选型方案、评估标准和过程控制方法。

总之，系统实施是信息化建设的重要内容，是完成系统建设并投入使用的关键业务过程。其成功实施标志着信息化战略与规划决策的正确性，也标志着信息化进入实质性的运行阶段。

2. 从思想上充分认识档案信息化建设的艰巨性和复杂性。档案信息化建设是一项历时较长、涉及面广、内容复杂的系统工程，而档案管理信息系统的实施与应用，是以档案业务为核心，以计算机技术、网络技术、信息技术为手段，以现代管理为指导，以提高档案的利用率和利用价值为宗旨而开展的一项划时代的业务革命，其最终目的是提高档案的信息化管理水平，挖掘档案的社会价值，提高全民族的文化素养，推动社会进步，改变经济增长模式，适应信息社会发展的需要。AMIS的实施与应用是涵盖计算机工程学、项目管理学、档案管理学、信息技术等多学科知识在内的系统化应用工程，在应用和实施的过程中严格遵循软件项目管理的先进理念，并将多学科知识融会贯通到档案管理信息系统实施与应用的每一个环节，这就要求参与档案管理的所有人员，特别是信息化项目的主要责任人必须从思想上认识到信息化建设的艰巨性和复杂性，在思想上、认识上和行动上做好迎接挑战的准备。

（1）要从思想上充分认识到信息化是一项具有划时代意义的新型工作：其最终的目的是提高档案的现代化管理水平，挖掘档案的价值，提高全民族的素养，推动社会进步和改变经济增长的模式，适应信息社会发展的需要。充分认识到档案信息化带来巨大的社会经济效益的同时，也给各级领导和基层的工作人员带来工作上的方便性和灵活性，使每个从事档案工作的人员都真正成为信息化的受益者，从而达到统一思想，统一认识的目的，确保档案信息化工作的顺利开展。

（2）加强档案管理业务的学习：信息系统的应用是实现档案信息化的基本手段，其一切活动的开展必须服从档案业务的全过程和未来信息发展的需要，信息系统的应用要求档案工作者必须是懂业务懂技术的复合型的人才。如果说信息专业技术人员将软件系统设计完成后，仍然对档案业务及其知识一无所知，对档案管理流程含糊不清，那么他所设计的系统一定无法使用。因此档案技术人员在开展信息系统的基础工作时，必须加强对档案管理业务的学习，在了解、熟悉、分析和发展档案业务和档案学基础知识的基础上，综合运用档案学、信息技术、计算机技术、网络技术等知识，加强对档案管理的理论、原则、策略、方法等内容的进一步探讨与研究。

（3）加强网络信息技术的培训：在档案信息化的背景下，档案管理人员必须加强网络技术知识的学习，来提高自身的管理水平。档案信息化是一个系统复杂的工程，其过程包括可行性的论证、系统的规划、详细的设计、编码、实施、应用和持续性的维护等多个阶段，每个阶段都涉及多方面的技术知识的渗透、融合与综合利用。同时整个信息化的建设过程也是一个不断完善和逐步发展的过程，所有参与人员无论是管理人员、操作人员、系统设计、系统开发和应用实施人员都必须了解各个环节的紧密关系和各个业务功能模块的来龙去脉，重点掌握自己业务范围内和所操作的系统功能模块的基础知识，才能使整个系统顺利运行并不断得到应用和完善。

（4）加强档案信息资源的建设工作：档案信息化建设涉及的内容非常广泛，而且这些内容会随着社会时代的不断进步发展而得到不断地丰富，档案信息化建设面临的任务很艰巨，困难也很多，因此我们要有重点地突破，把信息资源的建设当作核心工作来抓，实现重点带面的良好局面。在信息已成为重要的社会资源的背景下，档案信息作为一种原生信息，正发挥着越来越重要的作用，把国家的档案资源建设好是档案工作的中心任务。这项工作主要包括三方面的内容：一是要加快现有档案馆藏文件级目录数据库和全文数据库的建设，以满足快速检索利用的需求。要加快现有档案目录的整理、著录和建库工作，局部实现档案级目录级检。二是有条件的档案部门，要积极推进那些重要的、容易受损的、利用频率高的档案数字化进程，加强重要档案的保护，提高档案的利用率。三是对新产生的电子文档，要采取科学的管理方法并且利用现代技术手段，收集好、管理好。随着信息技术和电子政务的不断发展，电子文件将是未来数字档案信息新的主要来源。管理好、利用好电子文件将是档案工作在信息化时代一项至关重要的任务和面临的重要课题。各级档案部门要积极介入本地区本部门电子文件的产生过程，加强对电子文件的积累、鉴定、著录、归档等环节的监督、指导，保证归档电子文件的真实、完整、有效。要研究探索电子档案的接收、保管、利用的技术方法，为电子档案的尽管做好准备工作。

（5）不断地提高档案信息化的服务水平：档案管理工作是一项服务性的工作，它的根本任务是为国家建设和社会的发展提供可靠的信息服务，在信息资源共享成为社会发展趋势的背景下，档案信息资源因其独特的价值而日益受到社会的关注，档案信息资源的社会共享已成为国家档案事业适应社会信息化发展潮流所亟待研究的重大课题之一。随着社会经济的不断发展，社会信息意识的不断增强，为信息资源的社会共享提供了良好的发展空间。新时期档案工作应做到：经济建设发展到哪里，档案工作就延伸到哪里；政治建设发展到什么阶段，档案工作就服务到什么阶段；文化建设发展到什么水平，档案工作就服务到什么水平；党的建设对档案工作提出什么要求，档案工作就提供什么服务。为了更好地实现档案信息化建设，我们应根据社会信息化的客观趋势，在不断优化传统的档案服务方式的基础上，与时俱进地促进档案工作的创新。要实现档案服务方式的创新就必须更新服务理念，整合档案资源，兼顾需要与创新档案服务模式，实现档案服务工作质的飞跃，是档案信息资源的社会化共享逐渐由理想变为现实。

（6）安全保障体系的建设：档案作为人类历史的记忆和现实工作的支撑，其信息的安全性至关重要。因此在管理信息系统实施与应用的过程中，应保证档案信息不流失到非保管单位和个人，应确保档案信息安全并可读取，应确保档案信息分权限管理和分权限查询、浏览及检索利用。这不仅仅需要对档案管理信息系统提出安全保障要求，更重要的是加强实施单位安全管理措施，安全管理方法要得当。

安全保障体系的建设是档案信息化建设的重要内容之一，各级档案部门在开发利用档案信息资源和网络系统建设工作中，必须提高信息安全意识，防止失密、泄密以及档案丢失现象的发生。要保证信息的安全首先要加强安全保密技术的应用，依靠先进的技术手段，在档案网络技术建设中，必须充分应用信息安全保密技术，解决好档案信息传输与存储安全保密问题。其次是要建立完善的保密制度，各级档案部门在信息化建设的过程中必须制定针对性强、操作性能好的信息安全保密规定，确保档案信息的安全。最后是要建立严格的管理制度，各级档案管理部门要加强档案著录标引、数字化转换、档案网络信息公布等过程中的安全管理，实行安全责任制。非公开的档案信息一律不准在网上提供，已公开的档案目录或全文查询服务，要认真采取安全防护措施，实行严格的授权管理体系，确保档案信息和系统的安全。

我们要把档案安全问题提到议事日程上来，任何时候都不能有丝毫懈怠，越是在信息化程度日益提高的情况下，越要全面兼顾档案的实体安全和信息安全。要严格执行档案安全保管的责任制度，杜绝一切事故的隐患；严把档案利用审查关，不该提供利用的档案坚决不能提供利用；要严格执行"三网"隔离制度，采取可靠的防范技术和措施，确保档案部门的网络信息安全，对于面向公众的网上信息进行严格的审查，确保网上信息的安全性。

3. 加强资源建设。

（1）人才资源建设：首先由于档案信息化管理系统改变了传统的手工操作方法，因此对档案管理人员的整体要求比传统的管理要高，因为它的应用要涉及许多方面的知识，需要有变革的管理思路。这就要求档案管理机构转变管理理念，档案管理信息系统本身就蕴含着现代管理思想，比如归档流程的自动化、信息著录标准化以及信息著录的一致性、系统集成等现代管理理念。它的成功应用是在对其进行深刻理解的基础上才能见到的明显效果，这不仅要求决策者而且要求业务人员能够接受和理解。其次是在认识上的转变。档案管理者在充分认识到网络化应用带来方便的同时也带来一些新的问题，认识到提高档案管理信息系统是提高业务服务效率与质量的手段，认识到资源共享的重要性，认识到需要不断地学习新的知识，认识到有了档案管理系统做助手，档案业务人员才能将工作的重心转移到钻研业务、深层次管理开发利用上。

总之，要建立一支既熟悉档案业务又懂信息技术的人才队伍，不断提高档案部门人员的素质。一方面应通过实施各种培训，提供各种学习条件使档案管理工作人员能够更快熟悉掌握信息技术的理念、方法和思路；另一方面应大胆引进信息技术、网络技术等方面的人才，信息技术融入档案业务管理中，真正做到业务技术双精通，做到各尽其用。

（2）信息资源建设：网络环境的核心资源是档案的数据和信息，它们是网络环境的基础资源，离开了这些基本资源，网络信息化就成了无水之源。在实际运行的过程中，不是所有的档案部门都能重视这些基本资源的建设，有一些单位在规划实施甚至已经购买了设备和软件后，还未将档案的目录进行整理，系统就被淘汰了，更不用说电子文件的管理了。因此各单位在建设网络环境之前，必须将基础数据录入到档案专用服务器中，建立分类数据库，为以后应用网络管理系统打下良好的基础。

在数据信息录入的过程中必须遵循标准化、规范化的原则，这也是国家对档案信息化建设的基本要求，并不是所有的信息化单位都能够做到，在一些使用单机版的单位，其档案数据在遵循标准和规范方面离国家规定的档案管理目标还有很大的差距。因此在进行网络化管理信息系统时，必须提前做好录入数据的规范性工作。

数据的整合也是网络化之前必须要做的工作之一。数据的整合就是遵循标准、规范以及网络化资源共享的要求，将同类和相关数据进行整合，将数据字段整理出来，进行合理的分类。也就是将原来一个个独立存在的数据进行分类整合，并抽取其中规范的数据字段以方便统计，这项工作也是档案信息资源建设的基础工作。

（3）安全资源建设：一个安全、稳定、可靠的信息系统，是顺利开展工作的可靠保障。网络版的档案管理信息系统必定需要支持网络化应用的数据库管理系统，目前有的解决方案只将档案目录信息存储在关系性数据库中，而将电子文件全文存储在文件服务器中，这样又多了一层数据管理，这些数据一旦出问题，系统也就失去存在的意义，因此必须制定相应的档案管理信息系统的安全保障措施，才能保证档案信息的安全和信息系统的安全，才能保证信息化战略的顺利实施。

（4）设备资源建设：网络是信息化的基础设施，拥有一套可靠、稳定、安全的网络设备是档案信息化的基本保障。由于使用单位的情况各不相同，因此在建立本单位的网络体系时应根据实际需求状况和本单位的发展需要，构建适合自己的网络运行环境，这样既能保证目前的正常使用，又能为将来的网络扩展创造条件。

一般来说网络布线、端口设计、设备摆放等网络基础设施的建设，在设计建楼时已经考虑到并予以实施，但在使用的过程中也会随着需求的不断变化而逐步调整。对于网络设备的购买，最主要是结合本单位的实际需要来购买，在购买的过程中一定要严把质量关，确保购买的设备是合格的产品，绝不能为了贪图便宜以次充好，结果造成工作过程中故障频繁，那样就得不偿失。最后是警钟长鸣的安全问题。一般来说网关、防火墙、入侵检测等安全产品是网络安全保证的基本需要，如果将本单位的计算机接入 Internet 而没有采取任何的保障措施，那是非常危险的做法，也是违背安全保证工作条例的。

（二）信息化实施的策略

1. 提高认识，需求驱动策略。管理信息系统是实现现代档案管理的一个重要工具和手段，它能给档案管理工作带来多少效益，一方面取决于所选择的管理信息系统是否适合本单位的实际情况并具有先进性；另一方面取决于档案管理人员采取什么样的理念来应用它。更重要的是应充分认识到网络、计算机及档案管理信息系统本身并不是万能的，它需要人们在充分认识的基础上，按照需求驱动原则结合实际工作为它的功能进行准确定位，然后才能更正确地使用它，才能真正发挥计算机的先进作用。

2. 总体规划，分步实施的策略。档案管理信息系统是档案管理信息化的基础，它的应用与实施都必须围绕信息化建设的总体战略规划来进行，因此必须遵守整体规划、分步实施的原则，在实施的过程中，要挑选基础工作做得比较好的部门来进行重点的建设，并将其成功的经验加以推广。

首先必须强调分步实施一定要从总体规划出发。信息化规划的目的是为信息化实施提供指南，那么规划与实施之间应是规划先行，实施紧跟其后。在选用应用软件时，就应该从整体的需要出发，避免脱离目标而陷入实际的困境；应该从业务变革出发而不是从技术变革出发，以有利于充分利用组织的现有资源来满足关键需求。不坚持这两项原则就很难实现信息资源的综合利用，也无法适应社会利用档案变化的多端需求。另外，总体规划必须科学、务实，对分步实施才能有指导和依据作用。因此，信息化整体规划必须在设计上提供一个高度集成的、统一的、满足信息化管理整体需要的弹性应用框架，才能使分步实施有的放矢。其次是要讲究实施的策略。总体来说，长远规划、重点突破、快速推广是一种有效的策略。应该选择那些需求迫切、能较快实现业务流程整合和现阶段信息化应用较好的领域加以突破。在阶段实施的步骤上，由于数据库的建设是一项艰苦的长期工作，不能马上见效，所以可以先抓网站的形象建设，以引起领导重视，增加投入。最后是要注意分步实施的系统之间的衔接问题。时间上的分阶段实施要注意前后系统的衔接问题；空间上的分阶段实施则要注意不同单位和部门之间所开发系统的标准化问题。

3. 转变观念、与时俱进的策略。社会信息化建设的不断发展，使人们对信息化建设的认识也在不断地深入，人们只有转变陈旧的管理理念，不断地加强自身的综合素养才能跟上时代的发展步伐，这就要求档案管理部门的领导能正确认识到信息化建设的社会效益，同时多给档案管理人员提供学习机会，让更多的人认识到档案信息化的重要性，确保在实施和应用档案信息化系统时做到：领导对档案信息化建设和管理信息系统的应用有足够的理解和指导能力；业务部门的领导能够制定规划并组织实施；档案工作人员能够积极配合。

4.抓住机遇、勇于探索的策略。档案信息化建设的顺利开展必须在具备基本条件的情况下才能进行，因此抓住合适的机会开展信息化建设和网络化应用是非常重要的。特别是对于那些正处于采用什么样的方案、选择什么样的软件系统入门的初级用户就更加重要。网络化应用首先是需求驱动的，并且是在档案业务管理规范、人员素质高、业务流程清晰、标准规范严格、基础数据准备充分、网络及设备资源基本具备的情况下才能开展起来。因此无论是正在开展信息化建设还是正准备开展信息化建设的档案部门，都应抓住时机积极开展，才能取得良好的效果。

看一个单位开展信息化建设的时机是否成熟，主要看它周围的环境因素是否成熟，即人、财、物等方面是否具备，而具体需要什么样的条件取决于系统实施的内容、范围、应用规模及当前业务的规范程度等。特别是建立网络化的信息系统，涉及的人员比较多、系统的功能相对比较复杂、需要购买和配置数据库的服务器以及文件服务器等，实施的过程也比较复杂，这需要根据实际情况来确定资金、人员和设备、网络资源是否具备条件，同时还要考虑本单位当前业务需求和未来的发展需要，因此制定总体规划是十分必要的，这样可以确定近期和远期的发展目标、系统功能、工作计划、实施的范围、工作的内容、搭建软硬件的环境及管理人员的培训费用，进行风险分析，来确定开展工作的策略和措施。

5.安全的保障体系、实行专业化服务的策略。在社会信息化的背景下，档案信息化建设势在必行，但采用什么样的措施才能保障档案信息在为社会提供利用服务的同时，保证信息的安全性呢？这里的安全性是指信息不被篡改，不流失。从讲"互联的程度"到与"因特网隔离"等信息安全策略应根据档案的密级、保管方式、加工处理及其存储方式等采取恰当的措施。为了肯定安全采取"一刀切的孤岛式管理"的极端的、片面的安全管理策略是不可取的。一方面是在数字化和网络化推广应用后，档案信息管理和维护工作量比较大，数字化加工的工作量更大，一些单位采取自己加工的方式，结果耗费了大量的人力、物力和财力，而且工期拖得很长，最终是得不偿失；另一方面是系统的维护问题，包括网络、硬件、操作系统及应用系统都需要专业技术人员进行统一的管理和及时的维护才能保障资源的安全性。针对这种情况市场上出现了专业的数字化加工、信息化应用服务的新技术公司，对于一些有条件的、信息化工作量大的单位，在指定严密的安全措施和签订保密协议的基础上，委托第三方开展专业化技术服务是当前行之有效的解决办法。

6.领导主抓的策略。档案信息化的实施与档案管理信息系统的应用几乎涉及本单位所有的工作人员，其中最难的是各部门人员之间的协调，而信息技术部门与业务档案部门之间能够解决的是业务上的沟通和操作，系统上的理解，但担任不同的职位，承担不同任务的人员从不同角度上对信息化的认识和系统应用是很难达到完全一致的。因此工作上的不足、思想上的抵触、认识上的缺陷、观念上的差异等将会造成工作无法进行下去，而这些问题特别是人、资金及重要资源等问题，只有拥有权力的"一把手"管理层，真正"融入"档案信息化的建设过程中，才能有效地解决。许多成功的案例也证明了这一点，只有坚持"一把手"工程，坚持管理层的参与于控制，才能将人力资源落实到位，才能将协调的难度降低，将 IT 资源达到最佳配置，信息技术才能真正发挥作用，应用系统才能得到深层的应用和广泛的普及。

第三节　档案信息系统实施的步骤

一、与信息系统实施有关的基本要素

1.项目组织。项目组织与团队建设是项目启动工作的重要内容，也是决定整个项目能否成功的关键因素，每一个项目的实施，都涉及多方面的组织以及个人的参与。为了确保项目的进度，把好项目的质量关，控制项目的资金投入，监理方通常被聘请来全面监督项目的执行，因此项目的实施至少会涉及建设方、用户方和监理三方的利益。

（1）建设方：承担信息系统建设的集成商或软件系统的开发商，其职责是提供商品化产品，为客户提供信息化解决方案，根据需要进行客户化定制、实施、操作等工作以及实施软件系统并开展必要的咨询和培训等工作。

（2）用户方：客户是项目承担的主要对象，是档案信息系统实施与使用的最终机构。其主要的任务是，根据自己的需要设立项目，并选择供应商、开发商及软硬件产品。客户是项目的出资方，也是项目成果的使用商，同时是最终的项目受益者。

（3）监理方：客户出资聘请的项目实施顾问和项目建设质量监督方，需要对客户负责。其主要的职责是监督和控制整个系统的进度、成本、质量等风险的综合要素，维护用户的权益，降低系统建设的成本和风险，提高系统实施的成功率。

总之，项目的成功开发，需要协调这些利益相关者之间的关系，选择平衡点，最大限度地调动所有参与者的积极性，减少项目实施过程中的阻力和影响。

2.项目团队。项目开发需要的人才，这就需要建立一个强有力的工作团队，并有组织的展开建设。项目团队涉及的面很广，几乎包括了所有的项目相关者，在项目实施的每个阶段也将组织相关的团体。在项目启动前成立项目委员会来分析项目的可行性，而在项目的执行过程中，项目经理就起着举足轻重的作用。

当前，在我国开展档案的信息化建设基本形成了两套体系：一套是开展信息化建设和运行并且维护的信息管理组织体系；另一套是当前已经存在的行政及业务管理组织体系。其主要原因是业务管理和信息化应用没有真正融为一体，在业务管理和信息化的应用上存在着观念和认识上的差异。立项的管理模式是二者合二为一，这就要求档案管理的领导是既懂档案业务又懂信息化业务的现代管理的复合型人才，要求信息化管理机构中的每一个员工都要把档案业务和信息化管理结合起来开展工作。

3. 项目资源。资源包括的内容很广，它包括自然资源、内部资源、外部资源、有形资源和无形资源。这里所强调的资源不仅包括支持项目开发的人力资源、资金资源、技术资源、环境资源，也包括档案信息化建设过程中将不断产生的 IT 资源，如网络、服务器等硬件设备，操作系统、应用系统等软件资源，同时还包括档案信息资源。因此要求我们不但要管好、用好能看得见的设备资源，也要学会管好用好软件资源。项目开发的不同阶段，资源的需求在不断地变化，有些资源用完要及时追加，任何资源积压、滞留或短缺都会给项目带来损失，各类资源的合理、高效使用对项目管理都极其重要。

4. 项目的进展。项目的进展情况需要根据项目的目标要求来进行制定，然后才能落实实施。这些计划的制定对供应商、开发商以及档案管理人员的工作进度都有明确的要求。然而在档案信息化建设的过程中，由于档案机构内部人员的不配合、工作繁忙、需求变化等影响项目进度的情况比较常见。因此项目在实施的过程中，要求每一个参与此项工作的人员都要明确自己的职责、进度要求，只有这样才能保证项目的顺利进行。

5. 项目的质量。质量在信息系统的管理中起着重要的作用，它的好坏直接关系着档案管理机构的根本利益，同时也影响着供应商和开发商的声誉，应该说希望参与项目的每一个成员都获得高质量的实施效果，这也是客户的最终满意度。在信息化的过程中。要想保证产品的质量，就必须严把质量关，严格过程的质量监控，落实阶段目标，只有保证了每个阶段的质量，才有可能保证最终的项目质量。另外，由于参与项目的多方机构和人员对信息化项目的认知程度很难达到完全的统一，质量的标准也不完全一样，即使用户在当前满意，也可能在短时间内满意度发生改变。因此，加强开发商与用户的沟通、交流、达成共识是保证项目质量的有效方法。

二、系统规划

系统规划是项目工作的前瞻性、全局性和关键性的第一步，档案信息化建设的高层行政管理人员和高层信息管理人员是系统规划的主要成员，其主要职责是确定系统实施的目标、系统的体系结构、系统实施方案和实施过程的资源计划，因此参与系统规划的人员对档案业务、现代化管理和信息技术的掌握程度以及他们的创新精神和务实态度是有效开展系统规划的基础。

系统规划阶段所做的主要工作有：工作团队的组织、系统实施的进程计划、信息系统部署方案的确定以及资金的分配使用方案，还包括人力资源、行政管理、技术支持的协同以及对项目实施过程的风险估计。

三、系统的开发

系统开发是信息系统建设工作的核心，这一阶段的工作是由承担信息化建设的软件供应商来完成的，档案馆工作者的主要任务是提出目标阶段的需求，档案馆的技术支持人员则在业务工作者和开发人员之间起到沟通桥梁的作用，并解决系统开发过程中的问题。

需要分析市场的需求是项目开发的最终目的。因此项目开发的基本任务是要了解市场需要什么样的软件系统；该软件系统具有什么样的功能，这些功能的优缺点是什么等；尽管项目在启动时已经确立了系统的目标，但这个目标相对来说是宏观的具体一些细节的内容并不明确，因此明确需要将会对目标系统提出完整、准确、具体的要求。

需要分析阶段主要涉及三类人员即档案业务的管理人员、管理信息系统的研发人员、系统的实施人员，这一阶段的主要任务是加强沟通和交流。这一阶段对档案管理人员的要求是能够准确地描述当前及未来业务的发展需要，系统分析并能够准确地理解、认识业务的需求，必要时可以借助自身的工作经验对客户进行启发和诱导，让他们说出自身更深层次的业务需求，来指导今后的开展工作。

需求阶段的工作内容主要包括以下几个方面：

1. 组织结构的调研与分析。了解用户单位当前的机构设置与管理模式，充分分析其利用的合理性、完整性及运作的有效性，用以确定信息系统的体系结构，包括系统的运行结构、功能框架结构和系统的总体部署方案。

2. 对实际需要的调研分析。以用户的需求为出发点，充分考虑用户对软件的实际需要，编写可满足用户需求的规格说明书以及用户手册，表述对目标系统外部行为的完整描述，需求验证的标准，用户对系统的性能、质量、可维护性等方面的要求以及用户界面描述和目标系统的使用方法等。

3. 信息化现状的调研分析。在充分调研的基础上，了解归档单位与档案馆当前的硬件和软件运行环境、当前应用系统的使用情况、当前的数据格式和数据规范性、数据处理的方式等，分析需求开发的继承接口系统的内容和功能、数据迁移和数据导入导出的需求，确定进行二次开发或进行系统实施过程中的具体工作和任务以及软硬件系统的需求。

4. 对需要的检验过程。系统分析人员需要在档案管理人员和系统软件的实现人员的配合下对自己生成的需求规格进行检验，保证软件需求的全面性、准确性、可行性，获得档案管理人员的认同，并对需求规格和用户手册的理解达成共识，达成对目标系统理解的一致性。发现问题并及时解决。

我们所做的需求信息的获取、需求的分析以及编写需求规格、需求说明等工作是相互渗透、增量并行和连续反复的，其工作的过程主要包括以下几个方面：首先是系统分析员和档案业务管理员开展的面对面的交流，记录用户提供的信息，即开展信息的获取活动。其次是系统分析人员对获得的信息进行分析归类，并对客户的需求同可能的软件需求相联系，也就是开展需求分析活动。再次是系统分析人员对档案业务需求信息进行结构化的分解，编写成文档和示意图，形成需求规格的说明书。最后是组织档案管理业务的代表评审文档并纠正其错误，完成需求的验证工作。以上这几个过程是由浅入深、循环往复并渗透到客户业务系统的各个环节，贯穿于客户业务系统的各个环节，并贯穿于需求分析的整个工作过程，直到双方对目标系统的功能、流程、接口、数据、操作等多方面达成共识后，需求分析阶段的任务就结束了。并不是说业务需求就不可再发生任何的变动，这只是需求的"相对锁定"。

四、系统的设计

系统的设计是基于对需求分析的工作成果，对于系统做深层次的功能分析实现流程设计，分析总结出行之有效的系统实施方案，使整个项目在逻辑上和物理上得到良好的实现，从而实现对最终目标系统的准确架构。

1. 系统的设计。软件系统设计的首要任务是体系结构的设计，在此设计的基础上逐步完成详细的设计工作，把设计的风险降低到最低程度。虽然一个良好的软件结构不一定能产生令人满意的软件，但一个非常差的软件结构设计，一定会导致软件项目的失败。因此我们应高度重视软件的设计工作。

2. 软件的编码。编码就是软件系统实例化的具体过程。在完成系统分析和设计工作之后主要任务就是信息系统运行结构、模块结构和数据组成的基本确定，下面的工作就是把系统设计的结果翻译成某种程序设计的语言编写的程序及信息系统代码编写的具体工作。这一阶段的目的是将需求分析和系统设计的结果与内容转换为用户需要的实际应用过程。

3. 系统的自测试。软件的测试是系统开发过程中非常重要的环节，是系统实施阶段的一项重要工作，开发人员进行系统自测试的目的是为了尽可能地发现和修改系统设计和系统编码中的错误，开发人员自测试阶段发现的问题越多，交付的目标系统的质量就越高，后期纠错型的维护工作就越少。

在实施和应用档案管理信息系统时，软件开发的执行人因项目的开展方式不同而有所区别，如果是自主研发的是本单位内部技术则人员在开展系统设计、软件的编码和测试工作；如果采用购买商品化的软件实施方案，则一般的供应商已经根据档案业务的共性和标准流程开发出管理信息系统的原形产品，本阶段的主要工作是用户在熟悉和使用商家产品的同时，更多的是按照自己的需求对系统进行功能、性能等方面的测试，最终确定商家的产品是否满足目标系统的要求；如果采用自主开发和商品化应用相结合的方式，也同样执行以上三个环节的内容，并对商家提供的产品原型进行改造，来适应本单位业务管理的需要。

五、系统的实施

系统实施的主要任务就是软件系统的客户化定制过程，这一时期的主要任务是建立能满足需要的软件系统。其工作的内容主要包括客户化的定制、系统的测试、系统的试运行等内容，另外还包括数据的导入与客户的培训等工作。系统实施阶段主要包括以下几方面的任务：

1.对软件系统的针对性定制。主要包括四项内容：一是框架定义，即根据用户的业务需求建立系统总体框架结构，比如按照档案的门类进行系统分类，或者按照信息分类方式，或者按照用户自己的管理方式进行分类定制。二是数据库结构定义，即按照每一个档案门类确定逐鹿字段的属性、操作方式等。三是业务流程的定义，即按照用户对档案业务流程定义系统的功能。四是用户模型定义，即按照实施单位用户操作系统的功能和数据权限建立用户模型并授予其操作权限。

2.数据的整合。在系统的使用过程中，数据的迁移、载入等工作是需要软件的供应商来帮助完成的，而用户单位的主要工作是制定数据的管理规则、严把实施过程关，并建立严格的档案保密措施，保证档案信息的安全。这一内容是实施过程中工作量较大的部分，是最容易被忽略的部分，同时也是最容易出现问题的部分。档案管理部门应充分认识到这一点，并在实际工作中引起足够的重视。如果原有的数据不能安装到系统中，新系统的实施工作就等于失败。

3.系统的检测试用。当客户定制了新的软件系统，并把原有的数据迁移、装载完成后，一个新的应用系统就算建立起来了。在这一工作完成的过程中，首先由供应商或软件开发人员对系统的原形进行全面的测试，测试的过程中一定要按照软件的要求严格测试，由建立单位严格把关，并从专家的角度提出测试意见和改进意见；最后由用户单位的档案管理人员根据最初双方形成的分析报告中规定的系统功能进行测试，如果测试没有问题则进入试运行阶段。

对用户来说，试用和测试新软件的过程非常重要，它不但是检验软件系统的过程，同时也是对一个系统的学习、理解和接受先进管理理念的过程，要求所有的用户积极地参与并提出合理的建议，以便软件开发商对软件中不合理的部分及时改进，通过不断地升级更新，试运行一段时间后确定一个用户系统运行的版本，实现最终满足用户需要的目的。

六、系统的应用和培训

1.对管理人员的培训。根据档案管理系统对各类管理人员的要求，结合用户对计算机操作系统、网络知识、数据库知识的掌握程度，根据信息系统的管理人员的工作内容进行分期的培训，以适应新系统对档案用户的需求。

2.系统的操作培训。结合 AMIS 的用户操作手册，对用户进行有针对性的培训，确保每个用户都能够在自己的权限范围内完成正常的系统与业务操作。在对业务人员的培训完成后要进行上岗前的考试，其目的是督促其掌握培训内容。在系统各级操作人员对应掌握的内容都掌握后，用备份的数据库文件替换用户培训时使用的数据库文件，使系统投入试运行。

3.系统信息的归档。一是整理此次系统实施的架构模型，特别是基础数据表、工作流程，形成本单位独有的系统运行模式，并将本单位的数据库结构进行拷贝，进行归档，以各未来使用。二是建立客户信息档案，将其基本信息实施情况、使用系统版本情况等进行归档，同时将数据库结构一同刻录成光盘进行归档，为以后系统的升级维护奠定基础。

4.系统的实施切换。当用户得到一个可以真正接受的系统后，就可以实施系统的正式切换，也就是说可以正式利用新系统开展工作，为了保证数据的准确性以及防止数据的流失，在应用新系统开始工作时不急于将原有的系统毁掉，应在使用新系统后继续保留一段时间，在确保没有丢失数据后再彻底停止对原有数据的使用。系统切换的构成中，一定要将系统试运行阶段的部分数据及时装载到新系统中。

七、系统的检测和验收

档案信息系统项目的验收标志着该系统已经得到用户的认可，同时也标志着实施工作将要结束。在这一阶段项目实施单位的工作内容：在此项目实施的过程中一些特殊性的信息资料，如增加了新的档案类型的数据库模板、增加了新的功能模块等，要及时进行整理，以便归档。整理可以作为项目验收依据的相关资料，比如使用说明书、变更登记、用户手册等。另一项工作是编写项目验收的文档，结合项目合同和需求说明书的内容，整理出验收的内容以及目前的运行情况及验收的标准。

这一阶段客户方的主要工作内容：成立项目机构，其主要职责是按照验收申请报告、项目的合同、系统试运行报告、需求说明书等材料，结合系统现场使用的情况和递交给用户的资料情况，检查实施工作是否达到了合同中规定的要求。另一项工作是进行项目的验收。由项目验收机构对系统实施的现场进行实地考察，检查各项实施工作。如果各项工作都已完成了合同中规定的要求，即可以验收通过；对于不符合要求的项目要提出改进和完善的建议。

八、对实施系统的评价

档案信息系统投入使用并运行一段时间后，用户和开发商可根据双方的合作协议及共同认可的需求分析报告、系统设计方案及相关要求，对系统进行综合分析与评价。评价的内容主要从实用与适用的程度，分析较之以前手工管理方式效率是否有明显的改善，目前已解决了哪些问题，使用是否方便，是否达到了预期的效果。如果与最初设定的目标相差甚远，尽管满足了一些实用功能的要求，也不能算是有效的实施方法。当然在最初设定阶段目标时，也应该采取比较现实灵活的态度，采取由小及大的方法，不断扩大成果的应用范围。

一般情况下衡量管理信息系统是否成功主要有以下五种情况：

1. 档案信息系统实施完全成功：即指项目的各项指标都已经完全实现或超过了预期设定的目标。

2. 档案信息系统的实施是成功的：即项目的大部分目标已经实现，基本上达到了预期的要求。

3. 档案信息系统的实施只有部分成功：即项目实施实现了原定的部分指标，没有达到预期的目的。

4. 档案信息系统的实施是不成功的：即项目实现的目标非常有限，根本没有达到预期的目标。

5. 档案信息系统的实施是失败的：即项目的目标没有实现，必须终止项目。

总之，对档案信息系统的评价结论是档案工作者应该十分重视的工作之一，应当从评价信息中获得档案管理信息系统实施过程中的经验和教训，以提高今后系统建设的成功率，从而提高档案管理信息系统的时效性。

第六章　数字档案馆建设

　　数字档案馆是在传统档案馆的基础上建立起来的，它与传统档案馆性质一致、基本职能相同，是对传统档案馆的继承和发展。数字档案馆将传统档案馆的功能进一步扩展，使档案馆的社会地位和社会价值进一步提高。数字档案馆的发展将大幅提高档案馆的管理水平和服务能力，且其保存和再现社会记忆的功能将大大增强。

　　在新时代，传统档案馆的管理模式已经不能有效地满足用户的实际需求了。在数字化技术快速发展的大背景下，数字档案馆应运而生。和传统模式相比，数字档案馆无论是在保管条件、存储空间还是在存储介质等方面，均符合现阶段发展潮流。其能够在满足档案信息逐渐增长对存储空间要求不断提高的基础上，促进档案利用效率的提升。

第一节　数字档案馆的概念

　　2002 年，数字介质上的信息第一次在数量上超过了模拟介质，由此标志着人类进入数字时代。在此之后信息的表现形式发展发生了根本性的变化，信息存储载体日新月异，信息传播速度日益加快，信息阅读方式呈现出多样化的趋势。数字化、网络化、信息化、知识化成为数字时代的典型特征。不论是在国内还是国外，相关学者都对数字档案馆的概念进行了广泛、深入的探讨。在数字档案馆项目建设和学术研究中，电子档案馆、虚拟档案馆、无墙档案馆、网络档案馆、全球档案馆、超级档案馆等术语交叉混用。在国内，档案学理论研究中也存在将电子档案馆、虚拟档案馆、无墙档案馆、网络档案馆等概念混用的问题。但我国档案学界自 2002 年之后在概念名称上达成了一致，统一使用"数字档案馆"这一名称。然而关于数字档案馆的概念仍存在不同的观点，国内档案领域学者关于"数字档案馆"的概念主要有以下几类主流观点：

一、信息中心论

　　档案学者傅荣校教授认为，数字档案馆是一个电子信息仓库，能够存储大量各种形式的信息。用户可以通过网络访问来获取信息，信息存储、访问不受地域限制。而数字档案馆能够把各种信息的数字化、存储管理、查询和发布功能集为一体，使这些信息得以在网络上传播，进而最大限度地利用这些信息。

在深圳数字档案馆建设实践中，有关专家也对数字档案馆的概念做了相应的界定，认为数字档案馆是采用现代高新技术构建的数字档案信息系统，是一种档案信息组织模式。其代表的是一种信息环境和基础设施构建，是超大规模的、便于使用的、没有时空限制的知识信息中心。信息中心论主要强调的是数字档案馆的资源内容与存储特征，认为数字档案馆在本质上属于超大规模的信息中心。

二、数字档案馆群体论

群体论比较重视实体档案馆，认为实体档案馆是数字档案馆的重要依托，数字档案馆是通过网络将多个实体档案馆组成群体，并实现群体之间的信息共享。数字档案馆不是单个档案馆，而是通过计算机网络连接在一起的档案馆群体；数字档案馆中的信息不仅仅是档案，而且还应包括未归档的各类电子文件和图书、资料，甚至包括采集于实物的信息，可以说是综合性的数字信息的完整集合；数字档案馆不是封闭的档案馆信息网络，而是包含在办公自动化系统、计算机辅助设计和管理系统、公共信息数据管理系统等更为广泛的大系统中的一部分。数字档案馆不仅仅为档案管理服务，而且面向全社会提供服务。

三、信息系统论

持信息系统论的学者将数字档案馆的属性界定为信息系统，从档案馆的技术层面出发界定数字档案馆，从信息系统的角度入手将数字档案馆看成一个大规模的、分布式的档案信息系统。信息系统论强调数字档案馆是一个有序、开放、互联、分散的信息系统，把数字档案馆的信息技术放在中心地位。深圳数字档案馆项目组对数字档案馆的理论研究及实践探索一直走在国内档案馆的前列。

深圳数字档案馆一期工程完成之后，该项目组对数字档案馆的定义有了更明晰的界定，认为数字档案馆是建立在现代信息技术普遍应用的基础上，利用数字化途径，以综合档案信息资源为处理核心，对数字档案信息资源进行收集、管理，通过高速宽带通信网络设施相连接并提供利用，实现资源共享的超大规模、分布式数字信息系统。

综上所述，数字档案馆是馆藏档案实现数字化、管理工作实现信息化的档案馆群体，通过计算机互联网有序处理、集成管理在结构各异的多种信息平台上产生的多样的电子文件、档案以及其他信息，确保这些数字信息的真实性、完整性和持久有效性，实现资源共享的大规模、分布式、可扩展的数字信息系统。

第二节　数字档案馆的建设情况

作为一种新型的档案管理模式，数字档案馆的特征和功能可以归结为"三化"，即档案信息数字化、档案管理现代化和档案利用网络化。近年来，数字档案馆得到了快速的发展，已然成为各类数据信息存储的首选方式。但在获得一定成就的同时，数字档案馆建设中也存在一些亟须解决的问题，如缺乏标准化的管理体系、信息安全水平有待提高等。因此，进一步明确和掌握数字档案馆建设中存在的问题并制定有针对性的解决对策尤为重要。

一、数字档案馆建设面临的问题

（一）缺乏成熟理论的指导，存在认知偏差

目前数字档案馆建设在认知方面还存在一些偏差。比如一种观点将数字档案馆建设等同于档案馆的数字化，片面地认为只需要将馆内数据信息转换为计算机文件即可，这种以偏概全的错误认识在一定程度上影响了数字档案馆的发展。另外，虽然数字档案馆已然成为各类数据信息存储的首选方式，但因为缺乏科学的理论指导和实践经验，目前的数字档案馆建设主要停留在表层，未能展开更加深入、系统的研究，自然无法形成系统的组织体系和管理模式。

（二）档案资源数字化的组织与管理水平亟须提升

从目前数字档案馆建设过程中的数据来源来看，主要的来源包括传统档案馆的馆藏、档案性质的行业专题信息资源库和立档单位的档案文件材料。虽然档案信息来源较为丰富，但数字档案馆往往缺乏系统的组织体系和管理手段，导致很多的档案信息无法被有效利用，削弱了资源的共享能力。另外，目前在数字档案馆建设方面对大数据挖掘技术的应用还不够深入，缺乏对数据信息的系统化处理，这在一定程度上增加了数字档案馆建设的工作量，不利于数字档案馆建设工作的高效开展。

（三）数字档案信息检索系统亟须健全

数字档案馆的实践应用效果远高于传统档案馆，可以在短时间内实现信息的检索、提取和利用，提升了档案信息的利用效率和质量。目前，数字档案信息检索系统还无法完全满足使用者的需求，或多或少存在一定局限性。其局小性具体体现在以下两方

面：一方面，数字档案信息的检索项目较少，检索路径设计也缺乏合理性，检索时极易出现错误，检全率和检准率均有很大的提升空间；另一方面，档案信息数字化水平还有很大的提升空间，比如一些著录用语、格式与系统的协调性较差，无法精确、全面地反映档案文件的性质和内容。

二、数字档案馆建设面临问题的解决对策

（一）纠正对数字档案馆的错误认知

数字档案馆建设是一项复杂且长期的工作，无论是对集成性还是对专业性均有很高的要求；而且后续管理工作也比较复杂。因此，如何构建系统的数字档案馆建设体系尤为关键。鉴于我国当前的数字档案馆建设还处于初级发展阶段，因而需要给予其高度的重视，在明确建设过程中存在的问题的基础上采取相应的措施，提升数字档案馆建设的效率和质量。

（二）构建更加完备的数字档案馆标准体系

在数字档案馆标准体系建设过程中，需要重点做好以下几方面的工作：①构建高质量的档案信息数据库。根据当前数字档案馆建设情况，遵循"协同开发、统一标准、合作建库、特点突出、避免重复建设"的原则，同时做好数字档案馆各类信息的分类和综合利用工作，确保档案信息的独立性和综合性，为使用者提供最佳的使用体验。②创建功能更加完善、档案信息特征明显的特色网站。要实现数字档案馆的广泛应用，必须进一步完善数字档案馆系统和网站，一方面利用大数据挖掘技术进行档案信息的收集和分析，以构建档案信息数据库和专业特色数据库；另一方面立足于档案管理的未来发展趋势，借助标准化的管理组织和系统完善数字档案馆的服务职能，避免出现数据库结构不统一、数据不规范的情况。③增强数字档案馆的整体性和系统性。针对当前数字档案信息资源利用中的混乱现象，要进一步强化数字档案信息资源共享意识，对档案信息资源的来源进行统一控制，增强数据信息资源的整体性和系统性，以便更好地发挥数字档案馆的职能。除此之外，要为数字档案馆创建良好的硬件环境，规范文件格式，比如电子文件接收途径、技术规范、文档著录规则。

（三）健全数字档案信息检索系统

一方面，要就使用者对数字档案信息的检索需求做全面的调查分析，准确把控使用者需求，而后开展有针对性的信息检索系统建设；另一方面要秉承创新意识和创新精神，对使用者的需求进行预测，创新并开发检索系统的新功能，预先为使用者提供

更加多元化的检索服务，增强针对性，提升检索的检全率和检准率。

（四）加强数字档案馆信息建设

要建立安全的数据管理系统，强化对数字档案管理系统的全过程和动态监管，配备自动预警系统和故障修复功能，确保系统运行的安全性和稳定性。另外，要加强对系统软件和硬件的建设工作，配备安全系数更高的密匙，以此保障数据信息运行和管理的可靠性、稳定性与安全性。

数字档案馆相比传统的档案馆优势更加显著，无论是管理形式还是功能发挥均有较大程度的进步，可以不受时间和空间的限制，为用户提供服务的方式更加多元化，服务更加优质和便利，实现了数字档案馆建设的预期目标。因此，必须立足于数字档案馆的建设目标，给予数字档案馆建设高度的重视，推动档案管理事业更好地发展。

第三节　数字档案馆的特征

数字档案馆是信息时代档案馆的发展方向，是信息化建设整体水平的体现。传统档案馆采用的管理方式是实体管理，信息时代产生的数字档案馆的管理方式是信息管理，而智慧档案馆是要实现知识管理。数字档案馆的总体特征是档案信息数字化、档案管理系统化、档案利用网络化，具体表现为以下几方面：

一、馆藏资源数字化

馆藏资源数字化是数字档案馆区别于传统档案馆的最突出特征，是数字档案馆的基本特征。数字档案馆馆藏资源数字化的方式有如下两种：

（一）馆藏档案的数字化

传统载体档案在实际应用过程中存在着检索及查找速度慢的问题，取档、阅档、归档等都需要手工操作。为提高工作效率，就需要对已经存在的其他载体的档案进行数字化，如通过扫描仪、高清照相机等电子设备将纸质载体档案转换成数字化文件，将声像档案中的磁带、底片等通过专业的转换、提取工具转换为数字化文件，通过高清照相机、摄像机等电子设备对实物档案进行拍照、摄像记录，将记录的数字化文件进行存储、利用。对其他载体档案的数字化转化工作使馆藏资源的支撑载体发生革命性的变革，将各种档案信息转化为二进制数字并存储起来，采用数字方式进行处理并通过网络传输。

（二）实现数字化归档

随着无纸化办公逐渐得到普及，传统的档案归档模式已经不能满足档案馆的发展需求，数字档案馆在将其他载体档案资源转换为数字化资源的同时，传统归档模式也进行了变革：要归档的文件实现了数字化归档，能够接收任何应用系统生成的数字档案信息，能够保存任何类型的数字档案信息并且提供对之进行管理的计划与服务，彻底改变了传统纸质档案的归档流程；并且数字档案的凭证作用、法律效力已经于 2019 年 4 月 26 日第 716 号国务院令《国务院关于在线政务服务的若干规定》中进行公布，已经以国家级的行政操作性文件确定数字档案的凭证作用。在一些信息化程度已经很高的地方，仍有不少企业对电子发票心存顾虑，在报销入账和归档保存时还要再打印纸质材料，背离了国家推行电子发票的初衷。之所以出现这种现象，主要是因为企业担心国家有关部门在审计、巡视、执法检查等工作中不认可电子发票的凭证作用和法律效力，或者由于工作习惯不愿意查阅和使用电子发票。国家档案局与多部门紧密合作并积极开展电子发票档案管理试点工作，制定并完善相关规章制度和标准规范。经过近些年的探索与实践，电子发票"单套制"归档保存的政策条件已基本具备，在更大范围内推广应用已不存在实质障碍。在 2019 年的"两会"上，时任国家档案局局长的李明华向大会提交了题为《关于全面认可电子发票的档案凭证作用》的提案，建议：一是从法律法规层面进一步明确电子发票在审计、巡视、执法检查等工作中的档案凭证作用，及时做好相关法律法规的立改废释工作，确认电子发票与纸质发票具有同等法律效力；二是国家有关部门要督促其工作人员主动适应信息化发展趋势，尽快改变工作习惯和工作方式，在有关工作中凡有电子发票可查的，原则上不再要求提供纸质材料。

二、信息揭示多维化

传统档案馆对信息的揭示是通过用户直接与档案实体接触来获取所需信息的方式实现的。数字档案馆揭示信息的方式实现了多维化：传统的纸质档案在数字化后既可以直接利用，原始档案本身也可以通过网络查阅纸质档案的数字版本；数字档案信息可以被提供给任何数字媒体用以展示，能在任何计算平台上运行，在跨平台间实现档案资源共享，并且可以为任何人或组织提供合法的权限，以发现和挖掘数字档案信息；传统声像档案在数字化后，既可以通过专门的播放器进行播放，也可以在网络终端被直接利用，实物档案也可以通过网络查阅其相关的照片、视频。数字档案馆使档案用户不需要与档案实体进行接触就能获取所需信息，在方便广大档案馆用户的同时，也对档案馆的馆藏档案保护起到了积极的作用。

三、数据规模海量化

传统档案馆的馆藏形式以纸质、磁性介质、实物等为主，数字档案馆则将其他所有介质的档案进行数字化转换，转换后的数字化档案规模巨大。档案馆保存了大量原始信息记录，涵盖民生、党群、行政、教学、科研、财务、基建、设备、出版等各门类的综合和业务档案。纸质档案、声像档案等被数字化加工以后，数据存储容量都将达到 TB 级别，数据体量巨大，这些高速增长的数据信息成为海量的数字化档案资源。随着各行各业信息化的不断深入发展，各类非结构化的归档电子文件越来越多地被转移到档案馆，海量信息存储的需求在不断地增加，需要海量存储设备进行存储备份。

四、信息资源共享化

信息资源共享是数字档案馆的优势所在，也是数字档案馆建设的根本目标，通过实现档案资源共享可提升档案馆的服务水平。①数字档案馆通过对网络技术、多媒体技术、搜索引擎技术等的综合运用建立相应的服务平台，主要有三种类型：一是基于局域网面向档案馆工作人员和来馆利用档案人员的馆内档案利用服务平台；二是利用当地政务网构建的面向本级党政机关各立档单位的电子文件归档和档案信息共享平台；三是利用公众网构建的面向广大社会公众和进行馆际交流的公共档案信息服务平台。②档案资源的数字化、网络传输的便捷性是实现档案信息资源共享的必备条件。数字档案馆提供的服务缩短了档案信息的传递时间及数字档案馆和用户之间的距离，使信息交流和反馈的速度大大加快。数字档案馆打破了用户对档案信息利用的时间和空间限制，使不同的档案馆互联并形成统一的知识中心。

五、增量档案电子化

增量档案是指在现代信息技术环境下和办公自动化环境下产生的电子文件及其归档保存的数字档案资源。增量指的是在原有纸质档案的基础上新增加的电子文件，电子文件是数字档案信息资源的重要组成部分。随着计算机技术和网络技术的发展，大量的电子文件产生，因此必须充分掌握电子文件的形成、存储、检索、传递等方面的管理理论和技术方法。增量档案是相对于存量档案而言的。存量档案因为在存储载体上以纸质为主，兼有磁性载体、胶片、实物等，所以要借助现代信息技术来完成数字化；增量档案则直接通过电子归档的方式实现电子化。

　　数字档案馆除了具备以上特征外，还具有信息资源存取自由化、档案信息组织标准化，档案信息服务社会化、服务现代化、服务个性化、服务范围扩大化，传输网络化、空间虚拟化、工作人员专家化、管理知识化等一系列显著特征。

第七章 智慧档案馆建设

第一节 智慧档案馆概述

一、智慧档案馆概念的起源

在智慧城市建设如火如荼的背景下，档案学界的专家、学者们也开始了智慧档案馆研究。在谷歌学术等国外数据库中进行检索，没有检索到专门研究智慧档案馆的文献，因此可以说"智慧档案馆"这个专门的概念并没有在国外得到针对性的研究。但国外对数字档案馆已经进行了系统、全面的研究，并且都将档案信息资源共享、档案馆内部及跨部门、跨地区的立体互联以及如何融合新技术等问题纳入研究及建设范围内。这些虽然在研究的名称上没有以智慧档案馆命名，但是在研究内容及具体建设上的确属于我们现在所谓的智慧档案馆范围。

从学术研究方面来看，已经公开发表的国内外学术论文中，目前尚没有一个对智慧档案馆的权威定义。有关智慧档案馆的研究多数聚焦在如何用现代化技术对现有档案进行管理，利用新技术中的物联网、云计算、大数据对现代档案馆的硬件环境进行智能楼宇建设和环境自动感应方面的建设，对档案管理系统进行系统集成，对档案信息进行整合、分析、共享等问题上。杨来青最早系统地提出智慧档案馆理念并进行深入论证，他对智慧档案馆的研究经历了一个深化、发展的过程。智慧档案馆建设就是以服务城市建设、服务社会、服务大众为方向，以深化应用、优化服务为核心，以资源整合、业务协同、信息共享为主线，以打造高效、智能、统一的管理服务平台和信息服务平台为重点，在前期数字档案馆建设和发展的基础上，以技术为依托全面提升信息化应用和服务水平。总的来说，智慧档案馆是档案馆、物联网、云计算、智能化设备、智能馆舍、信息资源和人力资源的一个集合体，它以更智能的方式达到档案馆智慧化服务和管理的目的。

如果一个档案馆既注重信息技术的应用，重视档案信息资源的智能管理，又关注用户的信息与互动服务，同时兼顾对历史公共文化进行传播的社会担当，并综合以上要素来共同推动档案馆的可持续发展，就可以称其为智慧档案馆。或者直接采取列举模式，认为"智慧档案馆＝档案馆＋物联网＋云计算＋智能化设备＋智能馆舍＋信息资源＋人力资源"。从上述表述中我们可以看出以下问题：一是上述观点的持有者均是以列举限定的方式，通过对技术基础、管理对象、发展目标等定语的添加，罗列出一个不同于以往的档案馆。基于"属＋种差"的定义方法，这种做法有合理之处。但有一点必须明确，就是必须确定被定义项的"属"，而这恰恰是上述观点所暴露出的第二点问题，即概念"属"缺失或不当。智慧档案馆究竟是一种"符合信息化发展的变革性的档案馆"，还是一种"档案馆模式"？如果大谈特谈传统档案馆、数字档案馆、智慧档案馆的变革之路，那么将其定义为"档案馆模式"，由同位概念降为所属概念，显然是存在逻辑混淆问题的。而直接罗列出方向、核心、主线等限定词，只能算作对"智慧档案馆"的释义而非定义。智慧档案馆研究说到底是档案学界的一种学术期待，一方面，欲使数据、信息和知识上升到智慧的高度，最大限度地实现档案馆的价值与基本职能；另一方面，欲通过技术的应用使这种价值与基本职能发挥得更加充分。

二、智慧档案馆的基本特征

专家学者对智慧档案馆概念的分析，使我们对"智慧档案馆是什么"有了充分的了解。智慧档案馆具有区别于其他类型档案馆的明显特征，国家863主题项目"智慧城市总体方案"课题组提交的研究材料里提到智慧城市的三个特征：全面感知、系统协同、智慧处理。智慧档案馆是在智慧城市理念基础上提出的，智慧档案馆建设是参照智慧城市总体建设的框架进行的。因此，智慧档案馆的基本特征，应与智慧城市的某些特征保持一致。

（一）全方位感知

智慧是生物所具有的基于神经器官的一种高级的综合能力，包含感知、记忆、理解等多种能力。在对智慧的定义中，感知能力排在第一位，是档案馆工作拟人化的首要特征。时间变化、冷暖交替等环境变化对我们人类来说已习以为常，因为人类拥有强大的感知器官，如眼睛、鼻子、耳朵、皮肤等能够感知到环境、时间、空间等多种复杂的变化。数字档案馆的核心技术是数据处理技术，智慧档案馆的核心技术是感知技术，感知是智慧管理的首要要求。各种感知技术支持下的能够连接到物联网的智能手机、平板电脑、射频识别装置、红外线感应器等智能终端和传感设备，是智慧档案馆物联网的神经末梢。智慧档案馆的感知和人类的感知类似，但是比人类的感知范围更广泛、更加理性、更加精确，可以感知不同的层面，并且可以用数据化的方式进行展现或传递。

1. 对档案馆硬件环境的感知

对档案馆环境状况的感知主要通过楼宇智能管理技术实现，以智能化监测、评价和处置档案管理状态。档案库房内的温湿度直接影响档案的自然寿命。档案库房有一个统一的温湿度标准：温度为 14℃~24℃，45%~60% 的相对湿度。这就需要智慧温湿度自动控制系统利用温度感应器感应馆内温度变化，将这一温度传达给智慧中枢系统，中枢系统通过与预先输入的温度指令进行对比，自觉判断是否应当进行降温或者升温。智慧防灾系统会在出现险情时，立刻通过分子感应器分析判断险情种类。如遇火灾则根据种类选择开启防火门、喷头降水降温等不同的初级控制措施，并在第一时间自动联系火警报警、向档案馆智慧中枢控制系统的专员报告，快速分析出最佳逃生路线，通过馆内语音系统和显示屏引导馆内所有人员逃生；如遇水暖管路破损漏水或馆舍遭雨水侵袭，则向档案馆智慧中枢控制系统的专员报告，由专员做出应急预案。通过对光线的感知适时调整档案馆的灯光亮度。

2. 对档案馆的全面感知

物联网是智慧档案馆的技术基础，通过物联网可实现内部及外部信息交换，构成一个基于物联网的通信智慧系统。另外，通过物联网可实现档案工作人员与档案、档案与用户、档案与馆舍、档案与设备、工作人员与用户、用户与用户之间无所不在、无时不在的沟通与感知。

通过物联网不仅要感知档案馆内的局部或部分信息，还要将感知全面覆盖，全面汲取档案馆内各个角落中的有用信息，对档案馆中存在的人与物有全面的、深度的感知，将档案馆建筑、档案实体、档案信息、档案人员、档案设备、档案用户等联系起来，将碎片信息感知集中于一体，进行信息交换和通信，实现对档案实体、档案信息内容以及档案管理信息的感知；并进行智慧化的整合和衔接，进而实现对信息的全面利用。智慧档案馆可以做到全方位感知，通过 RFID 技术（Radio Frequency Identification，即射频识别技术）感知读者和档案实体的位置，通过图像采集和轨迹追踪技术分析读者的行为，通过体感技术感知读者的精细行为乃至心理变化状态，进而精准地判断读者的需求，为档案馆读者提供精准服务。目前，已经有很多档案馆利用以 RFID 技术为代表的智能感知技术实现了对档案实体的盘点、查找、定位、顺架、分拣等性工作。而精准服务更是只有在智能系统的帮助下才能实现。

通过采用管理策略和相应的技术手段，将档案内容、档案管理信息与互联网联系起来，进行信息交换和通信，实现对档案实体的感知、档案内容信息的感知、档案管理信息的感知，即感知档案、感知信息、感知管理。以智能化识别、定位、跟踪、监控和管理档案实体；对档案内容的感知主要通过智能化的数据挖掘技术来实现，以智能化识别、抽取、整合和应用档案信息。

此外，档案馆作为国家最为重要的、保存社会原始记录的重地，不仅承担着"维护历史的真实面貌"的职责，同时还需要"为现实的社会主义现代化建设和历史的长远需要服务"。这就要求档案馆开阔视野，摒弃"以我为大"的思维。除了对馆内展开全面深入的感知之外，档案馆还应对全社会的信息有所感知，并能满足全社会建设发展的需要，真正在馆内及全社会中实现档案工作者与档案、档案利用者与档案、档案与档案、档案与馆、馆与馆、馆与全社会等的全面深度认知。智慧技术和智慧管理已经成为新的发展趋势，档案馆应跟上技术发展的新趋势，研究智慧档案馆的发展理念、工作目标和实现路径，开展智慧档案馆建设，为档案馆事业的持续发展创造条件。

（二）立体互联

相比传统档案馆，智慧档案馆已经更多地融入了现代科技元素，比如温湿度自动控制系统、档案管理系统、电子监控系统和有线及无线网络系统等。智慧档案馆的硬件设施得到了很大的改善，并且设备、系统、资源和人员之间建立了充分的立体互联体系。互联是智慧档案馆的核心要素，智慧档案馆的互通互联包括三个层面。

1. 单个档案馆内部的互通互联

单个档案馆内部的互通互联属于初级层面的互通互联，指的是档案馆内各馆室之间的互联。它打破了馆内各部门之间现有的模块化管理模式，使档案馆工作人员在内部互联的基础上形成一个整体。单个档案馆内部的互通互联既有物理环境下的互通互联，也有通过互联网实现的互联，是物与人、物与物、人与人之间的互联。有了全方位感知的信息和模式，还应进一步网络化才能使之发挥更大的作用。这里的网络化涉及有线网络、移动互联网、物联网等，只有实现全方位的网络化才能实现全方位、立体的互联互通。物理环境下的互通互联是档案之间的互联、部门之间的互联、楼层之间的互联、计算机之间的互联、数据库之间的互联、各感知元件之间的互联等；虚拟环境下的互通互联是档案馆馆员与档案用户之间的互联、人机交互的互联互通等。在档案馆内的立体互联、协同共享，实现的是档案实体、档案信息、档案管理环境的一体化管理和交互式管理。

智慧档案馆的智慧性依赖于档案馆智慧中枢系统的支持，档案馆智慧中枢系统能够将馆内各类设备、档案、信息单元、馆员、用户等通过物联网联系起来。

智慧中枢系统作为使档案馆具有智慧性的核心组件，通过预先设定好的计算机指令指挥馆内各系统工作，实质上是具有人工智能的 CPU 处理设备对来自所有设备、系统的实时数据进行集中处理并加以关联，从而实现档案馆对这些要素的智能感知。

2. 档案馆之间的互通互联

档案馆之间的互通互联是在单个档案馆内部互通互联的基础之上的更高层面的信息共享。馆际的立体互联、协同共享，实现的是档案馆在档案服务方面的升级与理念的转变，使档案利用者可以把单个档案馆作为"切入口"，进而进入互联的由所有档案馆形成的整体中去，获取所有互联体中的档案馆的共享信息。档案馆之间的互通互联打造的是泛在的承载网络，将各种采集信息和控制信息进行实时、准确的传递，实现人与档、人与人、档与档之间的互联互通；让用户可以不受时空限制，利用任何方式获取档案馆服务，使其真正成为用户身边的档案馆，最大限度地体现信息和服务获取的便捷性。

3. 档案馆与其他部门的互通互联

档案馆与其他部门的互通互联是最高层级的互通互联，指档案馆在行业内部实现互通互联的基础上，在融合互联网和物联网等信息网络的基础上，与其他机构之间实现跨行业的互联，进而了解到整个社会的全貌，真正地实现信息共享的本质要求。从本质上看，档案、档案馆、档案工作者、档案利用者、社会其他部门作为互通互联的主体，几大主体之间的无障碍对接是利用互联网、物联网实现更大范围的信息资源深度共享，并实现用户最大范围的信息获取。

（三）无限泛在

建设智慧档案馆的目的是消除信息壁垒、信息孤岛，实现全面、立体的联通和协同共享，形成档案服务的无限泛在。将全方位感知到的信息以及立体互联所共享的信息，利用互联网、广播电视网或电信网等渠道提供给档案利用者，形成一个在任何时间、任何地点以及任何人都能获取档案信息的无限泛在模式，实现档案的利用功能在利用渠道和角度上的全方位覆盖。这里的泛在指的并不是实体档案馆和档案工作人员随处可见，而是档案服务可随处获取，是将档案利用工作的便捷性、随时性全交给利用者，满足利用者对档案的使用需求。

档案的利用需求千差万别，档案利用者对档案的了解程度也参差不齐，其中一部分利用者可独立完成对档案的利用，另一部分人则需要依赖档案工作人员的协助。这就要求智慧档案馆实现无限泛在，不仅是将复杂的、多样的档案利用工作整合为几个简单、可行的方案，同时还要求具备和满足个性化的互动，切实帮助利用者去利用档案。无限泛在分为时间上、空间上、方式上的泛在。

1. 时间上的泛在

档案馆作为政府职能部门，作为高校、企业等单位的信息中心，需要承担为公众提供档案服务的重要职能。传统物理实体档案馆在固定的时间范围内向公众提供服务，一旦超过这个时间，公众对档案的利用需求就不能得到满足。但是，公众对档案的利用时间不是固定的，这就造成了档案馆难以满足人们随时利用档案的需求。档案馆数字化、网络化建设的全面开展为智慧档案馆建设打下了坚实的基础，智慧档案馆可以为广大利用者提供全天候的档案利用服务。档案利用者可以通过互联网在电脑、手机等设备上随时获取所需的档案信息。智慧档案馆在时间上的泛在利用功能，是档案馆服务和管理方面在时间上的泛在。

2. 空间上的泛在

档案馆在何地可以提供利用，是档案服务在空间上的限制。从传统意义上来说，用户利用档案指的就是前往具体的档案馆检索、查阅利用档案。传统的档案馆是一个空间上的具体所在，智慧档案馆的利用服务工作在空间上已经进行了无限扩展。因特网把地球上所有能够联网的档案馆融为一个整体，档案利用者借助因特网可以在任何一个地方通过网络登录档案馆网站查找所需信息，在任何地点都可以利用到所需的档案信息。智慧档案馆在空间上无限泛在的特征颠覆了陈旧、固化的空间观念。

3. 方式上的泛在

传统档案馆提供服务的模式是开展馆内打印、复印、借阅服务及开设档案展览等形式，但因受时间、空间、形式等因素的限制，其已经无法满足新时代用户对档案服务的需求。互联网技术，特别是移动互联网技术的发展及普及带来了档案馆服务时间、空间上的全覆盖，为使用者带来了方便快捷的服务，带来了使用者进行自主选择的自由。

档案馆自助服务是智慧档案馆服务方式泛在的一种体现。这种方式随着其他行业自助服务的不断普及出现在档案服务领域，是指用户通过企业或第三方建立的网络平台或终端，实现对相关产品的自定义处理。通过自助服务，用户能自行解决大部分简单的问题；用户可跟踪了解自己所申请事项的处理情况，同时可对每次请求做出满意度反馈。

智慧档案馆的发展正处于各种新媒介不断涌现的背景下。近年来不仅网站、出版等媒体数量激增，而且同时还出现了博客、微博、微信、手机客户端等各种媒介形式。全媒体时代出现了全程媒体、全息媒体、全员媒体、全效媒体，信息无处不在、无人不用。从"纸媒时代"到"微博、微信"再到"视频、H5、VR全景"……全媒体为智慧档案馆通过各种渠道开展档案利用服务提供了可能，体现了智慧档案馆在利用方式上的泛在性。全媒体指的是，"媒介信息传播采用文字、声音、影像、动画、网页等多种媒体表现手段（多媒体），利用广播、电视、音像、电影、出版、报纸、杂志、网站等不同媒介形态（业务融合），通过融合的广电网络、电信网络以及互联网络进行传播三网融合，最终实现用户以电视、电脑、手机等多种终端均可完成信息的融合接收（三屏合一），实现任何人、任何时间、任何地点、以任何终端获得任何想要的信息。"从定义中我们不难看出，全媒体并不意味着对传统媒介的排斥，反而是新、旧媒介的极大融合。智慧档案馆从全媒体的视角开展档案利用工作，同样也不是为了摒弃传统的档案利用模式，而是在融合传统模式的基础上扩展新的渠道，使得更多的人可以更方便、更快捷地利用档案，是对已有的档案利用服务的补充和完善。在对媒介的使用上，档案馆已经利用了很多媒介，智能手机通过移动互联网可以使用档案馆的几乎所有功能，如查阅、检索、网上借阅等一系列的功能。

（四）可持续发展

1987 年，世界环境与发展委员会发表了《我们共同的未来》报告，将可持续发展定义为："既能满足当代人的需要，又不对后代人满足其需要的能力构成危害的发展"，系统阐述了可持续发展的思想。中国政府在《中国 21 世纪人口、环境与发展白皮书》中，首次把可持续发展战略纳入我国经济和社会发展的长远规划。智慧档案馆深度感知的特性，表明的是智慧档案馆能够感知档案信息、感知档案用户、感知档案馆的整体运转情况。智慧档案馆的深度感知有助于实现建筑内设备、资源利用的环保、绿色与安全，与档案馆自身之外的所有事物实现环境的可持续发展。各个档案馆之间的信息壁垒的打破、信息的广泛共享，使得拥有信息再生能力的智慧档案馆有了更广泛的档案信息来源，进而能持续地为人民和社会提供档案服务。

智慧档案馆是一个"开放"的有机体，收集档案的类别得到极大扩展，不断融入各种先进技术、管理模式，不断产生着新的信息。同时，对公民共享档案权限的开放及公民自主和互动式的服务和管理模式，为公民持续地参与到档案工作中提供了可能，体现了开放创新、大众创新、协同创新的特征，为档案馆的资源宝库提供了持续发展的机会。这无疑为我国档案工作的进一步发展提供了源源不断的动力，也是我国档案事业得以不断发展、进步、提升的源泉。

（五）以人为本

以人为本是与以物为本相对应的发展观，是科学发展观的核心，体现了中国共产党全心全意为人民服务的根本宗旨。以人为本不仅主张人是发展的根本目的，回答了为什么发展、发展"为了谁"的问题，而且主张人是发展的根本动力，回答了怎样发展、发展"依靠谁"的问题。"为了谁"和"依靠谁"是分不开的。人是发展的根本目的，也是发展的根本动力，一切为了人，一切依靠人，二者的统一构成以人为本思想的完整内容。

智慧城市建设的突出特点就是强调以人为本，核心是运用科技手段服务于广大城市居民，让市民融入智慧城市建设之中，共同打造一个开放的创新空间。智慧城市建设的各项工作要立足于满足群众工作和生活的需要，让人民群众生活得更方便、更舒心、更幸福，这是智慧城市建设的基本出发点。无论运用怎样先进的科学技术，或是城市内各部门间如何协同合作，智慧城市建设的根本立足点是让人们生活得更便捷、更舒适。智慧城市建设的本质落脚点是人，体现了以人为本的思想。

智慧档案馆的概念来源于智慧城市的概念。智慧档案馆的建设，也是参照着智慧城市总体建设的框架摸索前行的。与智慧城市建设相同，智慧档案馆建设也注重从公众的角度出发，通过网络社交手段提高用户的参与度，汇集公众的集体智慧，实现以人为本的可持续发展。因此，智慧档案馆建设应与智慧城市建设一样要以人为本。智慧档案馆最重要的特征之一是全方位感知，感知的对象包括档案实体、档案内容、档案馆建筑、档案用户等，档案馆工作人员不用亲自查看感知的所有情况。在一定意义上来说，档案馆工作人员在一定程度上从具体的、重复的工作中解放出来，将工作重心放在更有价值的工作之中，提高了档案馆工作人员的效率，提高了档案馆用户的满意度。智慧档案馆的立体互联和无限泛在特征为档案利用者带来了巨大的便利。立体互联使馆际、档案馆与其他部门之间连为一个整体，档案利用者可以从某个点切入查找所有所需档案信息；档案服务在时间、空间、方式上的泛在，让档案利用者可以实现足不出户且全天候查找到所需要的档案信息。可持续发展特征，是站在更高、更远的全人类的视角，让档案馆变成一个绿色、环保、可持续发展的部门，体现的是更高层级的"以人为本"。

智慧档案馆的这些特征之间，在一定程度上可以说是递进的关系。首先，全方位感知是基础，立体互联是全方位感知后的发展。二者同属于技术背景支撑，而感知又是互联的依托，它们可以使智慧档案馆更高效地运行。其次，无限泛在是落脚点，因为无论档案馆模式如何推陈出新，其根本宗旨仍是为了更便利地进行管理和服务。再者，智慧档案馆作为一个开放式的档案馆发展新模式，作为国家一个持久的、重要的职能部门，可持续发展档案工作、档案事业是其最终目标。最后，上述四个特征都紧紧围绕智慧档案馆的"以人为本"理念，并以此为核心出发点指导着智慧档案馆的理论建设和实践发展，小到馆内具体技术的选择、软件的编辑、管理系统的使用，大到档案馆总体规划及发展、建设方向，皆以不违反"以人为本"的落脚点为根本原则。从档案馆的层面来看，在智慧档案馆的体系中，档案馆可以分析用户查询利用档案的数据，分析用户的信息需求，从而为用户提供个性化的服务，引领档案馆管理服务的创新升级。从用户的层面来看，基于智慧档案馆的公共服务平台，用户利用智能终端设备经由互联网便捷地获取所需的档案信息资源、接受档案咨询服务，创新了档案馆管理与服务的新形态。

（六）更深入的智能洞察

智慧档案馆的智慧体现在检索的快速性、定位的准确性、知识咨询以及解答的及时性上，指在没有档案馆工作人员参与的情况下，档案馆自身能够保证馆内各项系统正常运行，实现自我管理，工作人员负责监督。智慧档案馆需要洞察用户的信息需求，即当用户进行检索时，能够通过智慧检索设备对用户的检索结果进行分析，将检索的最终结果以摘要或者综述的形式呈现给用户。可以根据用户的需求对检索结果进行相关度分析，并通过可视化分析将关系结构图展示给用户，提供信息的深度挖掘服务。档案馆重视用户体验，可以设置用户评价系统，方便用户对档案馆的服务进行打分评价，将用户反馈的建议纳入数据库中，计算机智慧中枢系统根据需求实时对用户反馈信息进行整理、分析，形成辅助决策报告书并呈现给档案馆工作人员及决策者，以使智慧档案馆的决策更具针对性、精准性。对这些相关信息的串联存储以及分析，可以大大提高决策效率，使智慧档案馆成为主动的"有感官的有机体"。

（七）更高效的协同管理

随着智能技术的广泛应用，档案馆不仅可以实现本馆内部各要素之间的协同，而且还可以实现行业协同、地区协同、国家协同、全球协同等，使资源由分散趋向集约、由异构趋向统一，克服资源分布不均衡、管理分散和重复建设的弊端，提高档案馆的服务效率；并且协同所需花费的时间、精力、物力成本等都将大幅压缩，协同服务的质量大大提高。不过，这些协同都是建立在更好的感知、广泛的互通互联和更深入的智能洞察基础之上的。

第二节　智慧档案馆与数字档案馆的关系

档案在社会经济发展过程中发挥着十分重要的作用，因此档案的管理和发展也是非常关键的。随着科学技术的不断进步，信息技术逐渐应用到档案管理实践中，而智慧档案馆和数字档案馆都是信息技术快速发展形势下的主要形式，并且二者之间也存在着较为紧密的联系。本节在深入分析智慧档案馆和数字档案馆特点的基础上，对二者之间的关系进行了较为详细的阐述，希望对促进档案馆发展起到一定的积极意义。

一、数字档案馆与智慧档案馆的基本情况分析

（一）数字档案馆

随着计算机和网络技术的普及应用，传统的工作方式在很大程度上得到了改进和提升。在档案管理工作过程中，传统的纸质媒介形式已经逐渐被计算机技术取代，数

字化管理模式也逐渐在档案馆工作中得到普及，管理效率较之前实现了大幅度提升。数字化档案馆也正是在这样的背景下产生的。数字化技术可以将不同区域的档案材料进行统一集中管理，同时采用数字化的方式进行存储，这样用户在查阅档案信息的过程中能够更加便捷和高效。数字化档案管理技术得到了广大档案馆的欢迎，同时国家也在数字化档案馆建设方面给予了更多的支持。随着数字化技术的不断成熟，档案馆的管理和工作效率也在不断提升，这对档案馆建设和发展来说是非常重要的。

（二）智慧档案馆

信息技术的快速升级使当前的智能技术得到较为广泛的普及和应用，借助大数据和科学技术的优势，档案管理模式也发生了根本性的变化。在这样的形势下，智慧档案馆逐渐走进人们的视野。从当前的实际情况来看，越来越多的人开始对智慧档案馆产生兴趣，但是目前并没有研究成果能够对智慧档案馆做出一个清晰和明确的定位。通常人们认为，智慧档案馆是借助现代信息技术对馆内的档案资源进行规范化管理，与以往的管理模式相比，智慧档案馆的管理效率更高，符合当前社会发展的基本要求，能够在原有的基础上更好地发挥档案馆的服务功能。智慧档案馆的建设和发展以数字档案馆为基础条件，同时需要结合现代信息技术的优势，这也是智慧档案馆的重要特征。

二、数字档案馆和智慧档案馆的不同之处

（一）数字档案馆和智慧档案馆的定位不同

数字档案馆的主要发展目标，是利用先进的数字技术消除传统模式下档案管理工作的缺陷和弊端，提高档案管理工作水平，从而为群众提供更加优质的档案服务。同时，在数字化档案管理模式下，档案信息的安全性能够得到保证，这对促进档案管理工作发展具有非常积极的作用。因此，数字档案馆的发展定位为提升档案管理效率，保证档案信息的安全性。而智慧档案馆则不同，智慧档案馆是在智慧城市建设的背景下产生和发展起来的。而智慧城市的主要发展目标，是利用现代信息技术将城市中的公共基础设施连接起来，形成一个智慧网络系统，从而对传统的生活和工作方式进行创新。在这个系统之中，每个环节都需要达到一定的智慧水平，并且相互之间协调发展，最终构建起一个智慧平台。智慧档案馆正是整个智慧系统中的一个关键组成部分。所以说，智慧档案馆的主要目标是服务于智慧城市的发展，而不仅限于提高档案管理和服务水平。

（二）数字档案馆和智慧档案馆的服务水平不同

与数字档案馆相比，智慧档案馆的技术水平更高。因此，在提供档案服务的过程中，智慧档案馆明显具有诸多方面的优势。同时，由于技术水平先进、更加趋向智能化，在档案馆的管理和发展过程中，智慧档案馆的服务范围会更加广泛。借助互联网技术，智慧档案馆可以实现无线档案和宽带档案，并且可以借助信息技术实现对档案信息的感知。同时，将档案管理与互联网技术进行有机融合，促进档案管理实现平台化发展。在利用档案信息的过程中，智慧档案馆也表现出更加突出的优势。除此之外，相对于数字档案馆来说，智慧档案馆更加重视人们对档案工作的实际需求，同时将需要进行整合，为人们提供更具针对性的个性化档案服务。并且这种个性化服务的覆盖面非常广泛，可以帮助档案馆将多种不同的服务整合起来，最终形成一个健全的档案管理和服务体系。从以往的发展经验来看，尽管数字档案馆表现出了多方面的技术优势，但是在智能化技术不断发展的时代，数字档案馆的服务范围仍旧没有智慧档案馆广泛，二者在管理和服务方面还存在着较大的差距。

三、数字档案馆与智慧档案馆的关系

（一）数字档案馆与智慧档案馆相辅相成

从以上分析中可以看出，数字档案馆和智慧档案馆之间存在着诸多方面的不同之处。但是从一定角度来讲，数字档案馆和智慧档案馆在本质上还存在较多相似之处。因为不管是智慧档案馆还是数字档案馆，都是以现代科学技术为基础，通过网络技术和智能技术实现的管理模式；并且与传统的档案管理模式相比，二者都是档案馆的创新发展模式，在未来仍然具有较大的发展空间。同时，智慧档案馆和数字档案馆之间并不排斥，是一种并存的关系。也就是说，数字档案馆和智慧档案馆是相辅相成、相互合作的关系。

（二）数字档案馆是智慧档案馆发展的前提和基础

智慧档案馆的服务覆盖面更加广泛，但是这绝对不意味着智慧档案馆就完全优越于数字档案馆。相反，智慧档案馆要以数字档案馆为基础，数字档案馆也是智慧档案馆发展的前提条件；如果脱离数字档案馆，智慧档案馆的发展也会受到巨大的影响。因此可以说，数字档案馆是智慧档案馆的前提和重要保证，智慧档案馆是数字档案馆发展到一定阶段的产物。在发展过程中，智慧档案馆可以为数字档案馆提供更加先进的智能化技术支持，比如在数字感知、智慧化服务方面帮助数字档案馆提升管理和服务水平。而数字档案馆可以在档案信息方面给予智慧档案馆更多的帮助，为智慧档案馆提供真实、准确的档案信息，提高智慧档案馆的发展水平。

尽管智慧档案馆中包含着大数据和物联网等先进技术，但是这些都是以数字化档案技术为基础的，所以数字档案也是智慧档案馆最为基础和重要的部分。如果没有数字档案馆提供的准确档案信息做支撑，智慧档案馆的发展就无从谈起。因此从这个角度来看，数字档案馆和智慧档案馆是相辅相成的关系。所以在实际的建设和发展过程中，智慧档案馆和数字档案馆都是不可缺少的，应该将二者进行有效整合，促进档案管理水平不断提升。

（三）智慧档案馆是数字档案馆发展到一定阶段的产物

从技术和服务的角度来看，智慧档案馆是数字档案馆发展到一定阶段的必然产物，是数字档案馆的更高级形式。也就是说，智慧档案馆是在数字档案馆发展的基础上融入更加先进的智慧化技术，从而能够更加高效地提供档案服务。智慧档案馆符合时代发展的大趋势，能够更好地满足时代发展的基本要求，是数字档案馆的更高级形态。

综上所述，智慧档案馆和数字档案馆之间存在着十分紧密的联系，二者是相辅相成的。因此在发展过程中，应该高度重视二者之间的关系，共同发挥其在档案管理领域的作用，提高档案管理水平。

第三节　智慧档案馆运维管理风险

智慧档案馆是数字档案馆的更高层次发展阶段，是当前科技迅猛发展形势下出现的一种新的概念。随着我国智慧城市建设的逐步推进，智慧档案馆受到越来越多的关注，已经有一些地方对智慧档案馆建设进行了探索。智慧档案馆是一个完整的信息系统，结构体系庞大复杂，运维管理过程中面临各种各样的风险，同时智慧档案馆建设还没有一个规范化的管理模式。所以，科学地预测智慧档案馆运维管理过程中存在的风险，进而探讨行之有效的策略，对于智慧档案馆的稳定发展具有重要的意义。

一、内部风险

内部风险即从智慧档案馆运维管理本身内在层面出发，科学、系统地预测出的风险。内部风险主要包括意识风险、管理规划风险、人员风险、业务管理与服务风险。

（一）意识风险

由于智慧档案馆是近年来随着大数据时代下的智慧城市发展而产生的一个新概念，国内外对相关方面的研究较少，因而现在智慧档案馆的运维管理还没有足够的经验可以借鉴，也没有统一的标准和规范可以遵循。因此，档案相关部门和工作人员对其认识较少，甚至不了解何为智慧档案馆。

一方面，领导层面对智慧档案馆建设的意识淡薄，导致对智慧档案馆的工作缺乏重视和支持。这是造成智慧档案馆的机构设置、库房建设、人员配备及现代化建设所需的经费、技术、装备未能落到实处的主要原因。另一方面，在智慧档案馆的运维管理中，管理者和社会利用者对新兴的智慧档案馆认识不足。对管理者而言，缺少对新形势下智慧档案馆的了解导致其不能合理规划管理方式，同时也增加了智慧档案馆在运维管理过程中的困难，比如职责混淆、浪费信息资源、增加经费开支、服务水平较低等。对社会利用者而言，在大数据时代的背景下，科学技术和社会信息技术都迅猛发展，对档案信息资源的应用需求大幅度增加。但是其自身的素质水平并没有随之提高，对智慧档案馆的应用技术、应用要求、应用方法都知之甚少，导致智慧档案馆的信息资源浪费，也会严重影响智慧档案馆建设的发展。

（二）管理规划风险

智慧档案馆的运维管理是一个系统工程，不可能在短期内实现其目标，运维管理与风险并存。在智慧档案馆运维管理初期，首先，相关工作人员对，慧档案馆自身的情况研究得不够彻底，因而不能做出合理、科学的组织规划，导致职责混淆不清、管理范围不明确；其次，智慧档案馆刚刚兴起，社会各界对其管理方面的研究较少，在运维管理过程中的各种风险并未完全暴露，因而不能进行全面、系统的研究；最后，对系统规划阶段的认识不足、安全框架整体考虑缺乏和组织管理上的疏漏，都会给智慧档案馆的运维管理留下极大的隐患。

（三）人员风险

智慧档案馆是适应现代科技发展的一种形式，在其运维管理过程中，最关键的因素是科技人才。人才是当今社会发展最重要的竞争资源，是最有价值的一种因素。在智慧档案馆的运维管理中，需要有一支配套的、相对稳定的研究开发队伍和系统维护队伍，以加强人力资源保障。目前，智慧档案馆的制度改革管理理念不完善，使档案部门不能形成促进本部门发展的管理理念、管理机制、工作流程和组织结构，极大地影响了激发技术工作人员干劲的体制的形成。因此，将智慧档案馆建设与档案部门的制度改革管理理念紧密结合，可创建有利于优秀人才脱颖而出的体制机制。智慧档馆的建设发展需要以信息专业技术人员为支撑，而各级各类智慧档案馆中的工作人员大部分都是档案专业的技术人员。目前，兼具信息专业知识和档案专业知识的开发人员凤毛麟角，设计开发人员严重匮乏。这造成档案工作人员在履行运维管理职责时不具备与时代相符合的知识水平和实践能力。由于未能掌握全面的档案理论知识，不熟悉与档案工作相关的文化、理论与科学技术以及与档案记载内容有关的背景知识，不具备与时代发展相一致的思想观念，包括信息意识、服务意识、现代化意识等，最终导致档案工作人员不能由管理型向知识型、技术型转变。

（四）业务管理与服务风险

随着云计算、大数据、"互联网+"等技术的广泛应用以及档案信息的数字化，海量的数据信息出现了。与传统档案馆服务相比，智慧档案馆业务管理与服务面临的主要问题已不是档案信息资源的匮乏与用户日益增长的需求之间的矛盾，而是档案信息资源的泛滥、无序以及存取障碍与用户选择和获取之间的矛盾。这会在一定程度上给智慧档案馆的管理与服务带来一些新的挑战。

二、外部风险

智慧档案馆运维管理的外部风险也是一个重要的方面，主要指智慧档案馆运维管理中存在的一些影响智慧档案馆发展的客观因素。根据这些因素的来源，我们将外部风险主要分为两类：一类是社会环境带来的风险，另一类是自然环境带来的风险。

（一）社会环境带来的风险

智慧档案馆要在社会中运作，一定会受到社会环境方面因素的影响。冯惠玲从"风险因素的具体内容"角度分析电子文件风险产生的社会因素，结合智慧档案馆的相关因素，我们将社会环境方面的风险分为以下两方面：规范体系风险和同行风险。

1. 规范体系风险

当前档案部门建设智慧档案馆虽然具备一定的基础，但是没有统一的规范和建设的平台。因此，智慧档案馆建设可能面临一系列的风险，如智慧档案馆建设模式粗放、没有统一的标准和规定等。并且，虽然一些地方规章或规范性文件正在积极尝试，但目前行之有效的制度少之又少，在业务操作上缺乏统一规范的执行标准，且在档案资源开发中可能面临不可预知的法律风险，因此缺乏具有统一标准和政策法规指导的发展模式，缺乏对智慧档案馆的顶层设计。

正如胡晓庆在《智慧城市背景下智慧档案馆建设优劣势分析》中提到的，"关于智慧档案馆建设的政策、法规、建设标准等设计稍显不足"。智慧档案馆建设应该有长期的发展规划，"自上而下"地形成统一标准和政策；否则，智慧档案馆建设将走上"先应用后完善"的老路。所以，对于智慧档案馆的运维管理来说，长期发展规划的不完善、缺乏相关政策和法规是比较重要的风险。

2.同行风险

对于智慧档案馆而言，同行就是指同类档案馆。一方面，智慧档案馆建设处于初级阶段，其相关制度和要求没有统一的标准，同类档案馆不免会做一些潜藏风险的示范，这就会产生比较恶劣的影响。另一方面，同类档案馆之间会因地区、经济发展状况等存在差异而有所差别，这就使智慧档案馆的建设、运行产生诸多需要考虑的因素，给智慧档案馆的运维管理产生一定的风险。

（二）自然环境带来的风险

不管是传统的档案馆还是数字档案馆，以及数字档案馆高级发展阶段的智慧档案馆，自然环境都会对其产生影响，如一些由自然环境的变化引发的灾害，如地震、洪水等。

三、风险控制

智慧档案馆作为一个完整的信息系统，其体系结构庞大复杂，在运行和管理中面临着来自内部和外部的多种安全风险。下面将针对内部风险和外部风险两方面分别研究对策，有效地控制智慧档案馆运行和维护过程中产生的风险。

（一）内部风险控制

内部风险控制是智慧档案馆风险控制的核心内容，能否有效地控制内部风险是整个智慧档案馆正常运作的关键。

1.建立基本规章制度

建立基本的档案安全规章制度，是加强档案安全管理的第一步，也是风险控制的基础。制度是否健全、是否科学合理、是否具有可操作性，关系到档案安全管理的成效。我们都知道，风险的程度需要通过安全风险评估来预测，因此，首先应建立健全信息安全风险评估制度，保证风险评估有据可依。其次，健全信息安全风险评估制度，明确评估者、建设者、使用者和管理者之间的关系及各自的职责。只有做到分工明确，才能使智慧档案馆的整个信息系统在规划、研发、建设、运行及维护的整个生命周期中运行流畅。所以风险控制的第一步是建立基本制度。

2.加强人员风险控制意识

在影响档案安全的各种因素中，人是决定性因素，所以首要任务是加强对人的教育和管理。采用传统的安全管理方式容易造成很大的浪费，还难以提高风险管理水平。因此，必须站在构建更高层次的风险管理体系的角度，通过经常性地开展档案安全教育和培训，使全体档案工作者牢固树立"安全第一""安全问题人人有责"的思想，提高每个人的档案安全意识和技能。

3. 健全档案备份机制

在大数据时代背景下，备份工作成了风险控制的主要日常工作，也是一项实实在在的需要工作人员每天落实的工作。根据时代要求，这里提倡两种有效的备份方式——异地备份和异质备份。异地备份是指为应对文件、数据丢失或损坏等可能出现的意外情况，将电子计算机存储设备中的数据复制到磁带等大容量存储设备中；异质备份主要指电子文件的异质备份，就是逐步将电子文件转换成胶卷、纸质等备份载体保存，以确保档案中的信息真实、长久地流传下去，为人类发展和社会文明进步持续地提供借鉴。档案馆要对本级重要档案及电子文件实行异地备份和异质备份，保障电子文件的长期可读，确保档案信息资源的绝对安全。

（二）外部风险控制

针对社会环境带来的风险，我们需要学习、借鉴先进经验，逐步完善相关的方针、政策。而面对自然环境带来的风险，则需要逐步地深入研究，实现防控的更高层次要求，尽可能减少自然环境因素带来的风险。总的来说，研究风险控制需要有一个开阔的眼界，时时刻刻关注国家、社会的动态。只有这样，我们才能知道下一步应该往哪个方向发展。

总之，在大数据时代及信息技术高速发展的形势下，智慧档案馆必将成为新的趋势。从传统档案馆到数字档案馆再到未来的智慧档案馆，这一变革是科技发展的必然结果。建设智慧档案馆是一个长期的过程，是一项十分复杂的工作，并且在建立及使用过程中存在诸多风险。因此，在探索过程中应密切关注各个环节可能出现的风险问题，进而促进智慧档案馆在未来的生活中能够为用户带来更新奇的体验。

第四节　智慧档案馆建设中存在的问题及对策

智慧档案馆的建设实践为后续智慧档案馆建设打下了坚实的基础，引领了档案馆建设的潮流。从部分地方综合档案馆对智慧档案馆建设的探索中可以看出，政府以及档案部门对档案馆的升级转型都是十分关注和支持的。但是通过比较分析可以发现，目前智慧档案馆建设中仍然存在一定的问题。

一、智慧档案馆建设中存在的问题

（一）地域性差别较大

目前，由于各地实际情况不同，各地对智慧档案馆的建设探索仍然是各行其是，尚未形成系统化管理体系。虽然智慧档案馆建设已取得一定的效果，但大范围的推广建设仍未实现。

（二）投入成本过高

进行智慧档案馆建设需要大量的人力、物力以及资金投入，不仅包括馆藏档案通过扫描实现数字化，而且还需要利用 OCR 文字识别等技术对档案信息进行深入分割处理，以达到能够进行数据挖掘的目的。再者，数据收集、处理、安全防护等各种平台的建立及传感、射频和其他设备的购入，都需要雄厚的资金链作为保障。除此之外，人员配备、工作者培训都需要一定的费用。档案部门档案信息开发受限，这在一定程度上阻碍了智慧档案馆的建设步伐。

（三）缺乏整体规划和明确的政策规范

由于智慧档案馆建设正处于初级阶段，对许多概念、技术等的研究仍不够透彻，而且各地档案馆建设都处于探索阶段且仍不成熟，所以对实现系统功能的要求、控制文件对象的程度、聚合档案资源的范围和智慧档案馆管理运作的规章流程仍不明确。智慧档案馆建设缺乏具有长期性、权威性、指导性的政策体系。

同时地方各自为政，致力于推动智慧档案馆建设，虽然取得了一定的成效，但是也存在着盲目建设的情况。

（四）存在人才引进问题

智慧城市背景下的智慧档案馆与许多先进技术融为了一体，这就要求新时期的档案工作人员需要对高新技术、网络环境等有较深的理解。因而有必要转变传统的档案管理业务模式，更新工作人员观念，追上时代的步伐。同时，智慧档案馆的转型升级需要引进大量熟知计算机、物联网、网络构成、协同管理知识的人才。

（五）群众参与度低

智慧档案馆建设为档案、档案工作更好地服务于人民群众提供了新的出路，但就现实而言，公众的参与度却并没有期望中的高。由于群众认知度低、参与度低，智慧档案馆建设尚未达到预期目的，未实现提供个性化服务、高效服务的目标。

除此之外，仍有许多不可忽视的问题。如目前档案学相关领域学者对档案馆的研究，仍集中于智慧档案馆的概念、智慧档案馆与数字档案馆的关系、智慧档案馆的技术与服务等基础领域，对智慧档案馆建设的研究还不够深入。档案部门对智慧档案馆的建设也仍处于探索阶段，缺乏相关的法律规范、资金、技术设备等的支持，智慧档案馆建设大都处在初级规划阶段，实践优势并未显现。

二、智慧档案馆建设对策

智慧档案馆是档案信息化发展的必然产物，但我们也应该认识到，智慧档案馆建设并非一朝一夕便能完成的。这项长远的规划和长期的事业需要档案界人士共同、积极地探索和研究，通过分析智慧档案馆建设过程中的问题并解决问题，获得丰富的经验和理论支持。

（一）深入研究智慧城市背景下智慧档案馆建设理论与政策

虽然国内外已经有很多城市进行了智慧档案馆探索，但是现如今仍没有完善的有关智慧档案馆的标准、规范出现。诚然，在当今社会，信息技术、社会需求不断变化，智慧档案馆的模式不再一成不变，但智慧档案馆建设仍然需要一定的标准和规范的指导。通过确定一定的标准准确找到档案馆转型的切入点，通过云计算构建智慧档案馆的数据处理平台，通过大数据对数据进行挖掘、存储和分析，通过物联网感知馆内环境，通过移动互联网提供基于用户自身需要的服务，推动智慧城市的建设与发展。

（二）整体规划智慧档案馆建设

整体规划就是在一定区域内，根据确定的要求所做的总体安排和布局。智慧档案馆建设也要有整体的规划和安排，包括找准智慧档案馆的定位、明确档案馆功能、确定档案馆构架等。智慧档案馆整体规划的制定要从当地实际情况出发，针对本单位的馆藏档案信息、设备情况、人员配备、资金支持、技术状况，考虑构建智慧档案馆的方向以及可能面对的问题；同时适当学习其他地方档案馆建设的经验、方法，灵活应用，做好整体规划。

（三）积极构建合作机制与平台

目前，各地数字档案馆和数字图书馆等都有了一定的发展，为智慧档案馆的发展提供了很好的借鉴。数字图书馆及数字档案馆在海量信息收集、存储、数据挖掘、信息检索、查询方面为智慧档案馆打下了良好的基础，通过学习已有经验、补充存在的漏洞，可实现智慧档案馆的健康发展，也为以后的"图情档一体化"打下坚实的基础。

（四）积极促进人员观念的更新和转换

智慧档案馆建设需要引进大量的物联网、计算机技术人才，也需要对原有的档案工作者进行培训，实现观念的更新与转换。这不仅包括从纸质环境下的管理理念向电子环境下、智能管理环境下的管理理念的转变，也包括从孤立封闭的保守观念向合作开放的共享观念的转变。通过人员观念的转换，改变档案工作者的思维方式、工作方式，推动智慧档案馆的转型升级。同时，重视对群众档案意识的培养，通过进行及时的政策普及、服务升级与宣传，让群众了解智慧档案馆，并享受到智慧档案馆提供的服务，让智慧档案馆服务于民，提供智能化、个性化服务。

信息时代的来临使智慧地球、智慧城市的理念相继出现，进而推动着档案馆优化升级并向智慧档案馆转变。这是继传统档案馆向数字档案馆转变之后出现的又一新趋势。智慧档案馆是档案信息化发展的必然产物，是档案馆的高级形态。虽然如今对智慧档案馆的研究仍处于初级阶段，智慧档案馆建设也处于探索阶段，并不算很完善，但这不能成为我们停滞不前的借口。如今我们应该进一步去讨论智慧档案馆的概念、技术、体系构架等知识，形成完善、成熟的理论，用理论去指导实践，进而取得智慧档案馆建设新成就。

在今后很长一段时间里，智慧档案馆都应是我们关注的重点。因此，档案部门要进一步探讨智慧档案馆相关理论，积极引进人才、培训工作人员，强化建设智慧档案馆、提供智能服务的意识，通过统一部署形成区域内智慧档案馆集群。同时要以人为本，以用户的需求为首要遵循标准，积极对海量信息进行收集、整理、挖掘、管理，提供高质量服务、智能化服务，早日促成本地区智慧档案馆的建成。

第八章　档案管理技术与实践

第一节　计算机档案管理技术

计算机技术从 20 世纪 70 年代末期开始引进到我国的档案部门。从 20 世纪 70 年代末至今，我国计算机档案管理经历了调查论证、初步实验、技术攻关、推广应用、网络化管理、数字档案馆等阶段，在档案信息处理领域逐步得到普及，并在辅助档案实体管理的业务工作中也发挥了重要作用。计算机档案管理已经由单机、局域网环境向联机、广域网环境和数字档案馆的方向发展。计算机技术应用于档案管理的主要领域有：档案计算机著录和自动标引、计算机档案编目和检索、计算机辅助立卷、文档管理一体化、档案原文贮存与检索、计算机档案业务工作辅助管理、档案资料的自动编辑、档案保管环境的自动控制、字迹褪变档案的信息增强和恢复性处理、多媒体档案信息存贮和管理、档案管理网络化和信息化等。本节主要对其中的部分内容进行论述。

一、计算机档案著录和自动标引

（一）计算机档案著录

计算机档案著录就是由计算机辅助人工来完成对体现档案文件外部和内部特征的各种信息，包括文件编号、档号、题名、责任者、分类号、主题词、密级、保管期限、规格的采集和编排，使之有序化的过程。

1. 计算机档案著录的一般流程

（1）档案信息的采集。档案信息的采集是指对将要著录的档案收集其手工著录卡片、案卷目录或文件目录、档案原件等相关的原始材料，为档案信息著录做好准备。

（2）档案目录数据库的建立和项目设置。具体包括：建立档案目录数据库、设置档案著录项目、定义项目类型和长度等。目前，很多文档管理软件已经设置好了文书档案数据库著录项目格式，向用户提供其他种类档案（如会计档案等）数据库的建立、著录项目的增、删、改功能。档案部门应按照《档案著录规则》和《中国档案机读目录标准》的要求，并结合本单位档案工作的具体情况设置著录项目、定义项目类型和长度。

（3）数据输入与保存。数据输入是指将手工著录卡片、案卷目录、文件目录、档案原件等按照数据库设置的项目格式输入计算机的过程。

2. 著录项目

档案计算机著录项目必须根据《档案著录规则》（DA/T18—1999）和《中国档案机读目录格式》（GB/T20163—2006）的要求来设置。例如，在文件级档案目录著录中，必须著录的项目包括：档案馆代码、全宗号、年度、件号（馆编）、正题名、并列题名、责任者、文件形成时间，选择著录项目有：件号（室编）、组织机构、问题、附件、稿本、密级、保管期限、文件编号、分类号、关键词（主题词）、载体类型、数量和规格、附注等。

（二）档案自动标引

档案自动标引，是指采用计算机技术自动对档案文件（案卷）的题名、摘要或正文进行扫描和词频统计，直接抽取关键词或对照机内主题词表和分类表将抽取的关键词规范成主题词或分类号的过程。从标引的深度来看，档案自动标引有全文主题标引和题名主题标引；从标引技术的应用来看，包括抽词标引和赋词标引；从选用的标引词来看，包括关键词标引和主题词标引。由于受到汉字输入、存储容量及软件技术的限制，目前档案部门大多采用题名关键词自动标引，有的单位已经开始了全文主题自动标引和全文自动标引系统的调研工作。

二、计算机档案编目和检索

计算机档案编目是在对档案机读目录进行处理的基础上，利用计算机的检索、排序和打印技术，将计算机内的档案目录信息按照一定的规则体系集合排列，自动编辑和打印各种档案目录的过程。

（一）计算机档案编目的基本功能

1. 自动提供档案标准目录格式的编目，如案卷目录、卷内目录、全引目录、归档文件目录等的编辑和打印；

2. 自动提供各种档案自由目录格式的编目，如专题目录、分类目录、科技档案目录、人事档案目录等的编辑和打印。

（二）计算机档案编目的过程

1. 按照用户的需求，在档案目录数据库中检索、收集相关的目录信息，保存在一个临时的数据区域里。

2. 对临时区域里的档案目录信息按用户的要求进行排序处理。既可以按照单一条件排序，也可以按照两个以上的组合条件进行排序，前者如"卷内目录"编目按照"文号"进行排序，后者如"革命历史档案目录"编目就可以按照"时间"和"档号"两个条件组合来排序。

3. 输出不同格式的目录。包括标准格式输出、自动生成格式输出、输出到文件再排版输出等方式。

（三）计算机档案编目的输出版式

档案计算机编目的输出版式主要有簿册式和卡片式两种。簿册式目录又称书本式目录，是以表册的形式，将案卷或文件目录的条目按一定的规则排列，打印在纸上，形成目录簿册。簿册式目录的编辑须遵循档案工作国家标准《文书档案案卷格式》（GB/T9705—1988，2009年修订）和行业标准《归档文件整理规则》（DA/T22—2000）有关规定。卡片式是将一个案卷或一份文件的目录信息按一定的规则编排，打印在纸上，形成卡片式目录。

（四）计算机档案检索

计算机档案检索，是指利用计算机及网络和配套设备，根据利用者的需求，制定相应的检索策略，从计算机档案数据库中获得所需档案信息的过程。

计算机档案检索从不同的角度划分，具有不同的类型。例如：按档案数据库的性质，分为目录型、事实与数值型和全文型检索；按计算机处理方式，可分为脱机检索和联机检索；按检索服务的方式，可分为定题检索和追溯检索；按检索语言，可分为受控语言检索和自然语言检索。

三、计算机辅助立卷

计算机辅助立卷，是指文件的归档立卷参数自动进行立卷。主要步骤有：

1. 设置案卷的有关参数，包括：案卷题名、案卷日期、案卷密级、保管期限、案卷主题词（分类号）等。

2. 进行逻辑组卷。一般有两种逻辑组卷方式：自动组卷方式和手工组卷方式。自动组卷时，用户可输入相关组卷条件，如档案类型、时间、保管期限、密级、主题词（分类号）等，由计算机自动将符合条件的文件添加到卷内，还可对自动组卷的结果进行处理，包括移出、添加文件，按某一特征对卷内文件进行排序等。手工组卷是指不通过系统批量组卷，而是利用键盘或鼠标"手工"拖动文件到指定案卷内，进而实现灵活组卷。

3. 案卷编辑。包括编辑案卷题名、生成卷内目录、编制案卷备考表等。

4. 打印输出。根据国家有关案卷格式和规格的规定，打印输出案卷封面、生成案卷目录、编制案卷备考表等。

5. 物理组卷归档。物理组卷归档以逻辑组卷为基础。具体有以下几种情况：完全按照逻辑组卷结果进行物理组卷；借助逻辑组卷简化立卷工作，物理组卷与逻辑组卷结果不完全一致，如一个逻辑卷可以对应多个物理卷，或者几个逻辑卷构成一个物理卷；根据大流水号对归档文件进行排列，不进行物理组卷而实行逻辑组卷，在逻辑组卷的基础上进行档案检索。

四、文档管理一体化

文档管理一体化既包括文件、档案实体管理的一体化，也包括文件、档案管理体制、组织机构、管理规范等方面的一体化。文档实体管理的一体化是指在文件的生成、流转、归档保存、销毁或永久保管的整个生命过程中实现统一控制和全面管理。

文档管理一体化管理软件的主要功能是：利用计算机技术起草文件、完成文件的收发、运行管理、自动组卷、归档、著录标引、编目（编制案卷目录、卷内文件目录、全引目录）、检索、借阅、统计，等等，融合了文件管理和档案管理的主要业务工作，极大地提高了档案工作的效率。文档一体化管理系统一般包括四个子系统，即文件管理子系统、归档子系统、档案管理子系统、系统维护子系统。

五、档案业务工作计算机辅助管理

档案业务工作计算机辅助管理，是指利用计算机技术对档案的收集、整理、鉴定、保管、利用（借阅）、统计等档案业务工作进行辅助管理。如档案自动借阅管理包括：利用计算机系统进行借阅登记、归还登记、提供借阅预约登记、打印催还通知单等，提供档案库存、借出、归还等信息。档案自动统计可以对馆藏档案数量、利用情况等进行数据统计和分析。

六、档案保管环境的自动控制与档案信息增强、恢复

档案保管环境的自动控制，是指利用计算机技术对档案保管环境的温度、湿度、

防火、防盗等进行自动监测和管理。此外,可通过计算机图形处理技术对发生字迹褪色、字迹扩散和污染覆盖的档案进行信息增强和修复性处理。

第二节　多媒体档案管理技术

　　多媒体技术是指利用计算机对文本、数字、图形、图像、声音等不同媒体的信息进行综合集成管理的技术,即通过计算机将多种媒体信息进行信息综合,使它们之间建立起逻辑连接,并对它们进行采样量化、编码压缩、编辑修改、存储传输和重建显示等处理。多媒体技术的研究领域非常广阔,涉及计算机硬件、软件、计算机网络、人工智能、数字出版等,其产业涉及电子工业、计算机工业、大众传播和通信业等多项产业。

一、多媒体技术的特点和内容

　　多媒体技术具有如下特点:

　　1.媒体的多样化和媒体处理方式的多样化。

　　2.集成性。在数字化处理的基础上,对各种媒体信息进行集成管理。

　　3.交互性。与传统媒体信息传递的单向性和用户接受的被动性不同,多媒体系统与用户之间具有良好的交互性。用户通过与系统的交互和沟通,能有效地进行学习和思考,进行系统的信息查询和统计,增进知识和解决问题。

　　4.实时性。用户与多媒体信息检索系统之间的交互可以实时进行,能够及时更改查询条件,调整检索策略,提高信息检索的效率。多媒体技术的主要内容有:多媒体数据压缩和图像处理;音频信息处理;多媒体数据库及基于内容的检索;多媒体著作工具,包括多媒体同步、超媒体和超文本等;多媒体通信与分布式多媒体,包括CSCW(Computer Support Cooperative Work)会议系统、VOD(Video on Demand)和系统设计等。

二、与多媒体技术有关的关键技术

　　1.数字信息处理技术。包括模拟信号与数字信号的相互转换,文本、数值、图像、音频、视频的编码和解码技术。

　　2.数据压缩和编码技术。数据压缩是通过数学运算将原来较大的文件变为较小文件的数字处理技术,它实际上是一种编码,即对数据表达式的一种压缩式编码。数据压缩的基本特征就是把某些表达式中的字符串（如 ASCH）转化成包含相同信息但长度尽量短的一个新串，其目的是减少数据的冗余度，提高数据密度的有效性。图像、视频、音频等媒体信息量巨大，必须通过压缩和编码才能方便传输和存贮，如在遥感技术中，各种航天探测器采用压缩和编码技术，将获取的大量信息传输回地面。与数据压缩和编码相关的国际标准有静态图像压缩标准——JPEG(Joint Photographic Experts Group)标准和动态图像压缩标准——MPEG（Moving Picture Experts Group）标准。

3. 媒体同步技术。媒体同步技术是指协调媒体流的实时演示以及维持媒体间时序关系的技术。同步（Synchronization）一般指多媒体系统中媒体对象间的时间关系，广义上则包括内容、空间和时间关系。时间关系是指媒体对象出现的时序关系，在此，应考虑媒体对象间通过消息传递或状态访问产生进一步动作的"制约关系"，以及多媒体演示过程中"用户交互"对媒体对象活动的影响。

媒体对象包括时间相关的媒体（如音频、视频、动画）和时间无关的媒体（如文本、图形、图像）。媒体对象间的同步由时间相关的媒体对象和时间无关的媒体对象之间的关系组成。如电视中视觉信息和听觉信息间的同步，属于连续媒体间的同步；幻灯演示中画面显示与音频流之间的同步，则属于时间相关的媒体和时间无关的媒体之间的同步。

4. 多媒体数据库技术。传统的数据库管理系统主要适应于格式化和结构化的数据，而文本、图像、语音、动画、视频等都是非结构化的数据，而多媒体数据库管理系统需要解决对非结构化数据的集成管理问题和交互性问题。

5. 多媒体网络技术。多媒体技术与网络技术、多媒体通信技术的结合使多媒体信息服务和应用拥有了广阔的发展前景。多媒体网络技术和服务的主要领域包括：多媒体远程会议、超高分辨率图像系统、VOD（视频点播）系统、数字图书馆等。

三、多媒体技术在档案信息存储与检索中的应用

档案材料中既有大量的纸质文件，还有大量的照片、录音、录像和工程图纸。随着多媒体计算机技术的发展与成熟，计算机档案管理可由对档案目录信息的管理深入到对图、文、声、像等一次档案文献的直接管理，帮助用户获取生动、直观、全面的多种媒体的档案信息。利用多媒体技术，将本地区、本部门举行的重大活动及召开的重要会议的实况录像、录音等存贮在多媒体数据库中，可随时调用查阅。而且，对于利用者而言，档案由枯燥的文字形式变成了集声频、视频和动画于一体的立体信息，可提高档案的利用率。另外，多媒体档案信息查询可避免利用者查阅整本案卷时翻阅其他文件的可能性，减少了对档案原件的磨损，并能够起到一定的保密作用。

多媒体档案管理系统的功能主要包括：

1. 档案全文影像扫描、存储和检索。利用数字扫描技术将档案原文输入到计算机，进行全文检索。

2. 照片档案的数字扫描、存储和检索。采用扫描仪对照片档案进行扫描，形成数字文件保存在硬盘或光盘上，利用多媒体档案管理软件，提供数字照片的浏览检索、打印输出等作用。

3. 录音档案的数字化处理、存储和利用。计算机通过声卡对播放的录音进行采集和压缩处理，存贮在光盘上，实现录音档案的数字化。利用多媒体档案管理软件对声音文件进行管理、检索和利用。

4. 录像档案的数字转换、存储和利用。利用视频采集压缩卡由计算机连续捕获播放的录像档案信息，并转换、压缩成录像数字文件存贮在光盘上。利用多媒体档案管理软件进行管理、检索和利用。

1993 年清华大学开发的《THDA-MIS 多媒体档案及办公管理信息系统》，实现了对图、文、声、像档案的全方位管理，并具有各类多媒体档案数据库自动生成功能，在我国多媒体档案管理技术的应用方面具有典型性。

第三节　档案信息存贮技术

一、档案缩微存贮技术

档案缩微技术是利用摄影的原理，把档案原件的信息按照缩微摄影记录在感光材料（如缩微胶片）上，形成依靠缩微阅读器等放大设备阅读信息的一种档案复制和信息存贮技术。缩微技术的使用，可以大幅度地节约保管空间，节约大量的经费，对于需要长期保存的保单、病历、传票、珍贵手稿、文件、图纸等档案资料，均可使用缩微胶片处理。

摄影技术已经有 100 多年的历史，但利用它复制书刊资料始于 20 世纪 20~30 年代。1928 年美国出现了缩微阅读器，1930 年美国国会图书馆开始应用缩微胶卷复制珍贵资料。我国从 20 世纪 40 年代开始引进这一技术。我国档案部门从 20 世纪 80 年代中期开始应用缩微技术，全国省级以上的档案馆基本都配备了缩微设备，制作了大量的档案、资料缩微复制品。

（一）缩微技术在档案管理中的作用

1. 节省存贮空间

缩微品的存贮密度大，体积小。利用摄影的方法将原件的缩小影像记录在缩微胶片上，普通缩小比率范围为 1/7~1/48，超高缩小比率范围可达 1/90~1/250。

2. 具有法律凭证作用

由于缩微模拟影像保真度高，更改困难，许多国家（包括中国）规定，根据一定标准拍摄的缩微胶片具有法律凭证作用。

3. 记录效果好，寿命长

与光盘存贮技术相比，缩微复制和存贮技术更为成熟且稳定性好。缩微品的保存寿命相当长，在适当的保管条件下，缩微胶片可保存近百年甚至更长时间。即使在使用中胶片出现了损伤如划痕、断裂等，也只是损失有限的画幅，大部分信息不受影响。用缩微摄影技术拍摄档案、图书和资料时，可将原件的形状、内容、格式、字体以及图形等原貌忠实地记录在缩微胶片上，形成与原件完全相同的缩小影像。

4. 抢救重要档案，保护档案原件

利用缩微摄影技术方法，将那些年代久远的濒临破损的珍贵档案原件制成缩微品，原样保存其中所记录的信息。以缩微品代替原件提供利用，不仅可以减少对原件的使用和磨损，妥善地保管好原件，而且还可以利用缩微品作为它的副本保存和使用。

5. 开展档案文献的收集和交流

由于种种原因，我国不少档案分散保管在档案馆、图书馆和博物馆等不同的机构，给利用者查档造成了不便。此外，近代以来我国散落或者被掠夺到国外的珍贵历史档案的原件难以回收，而采用缩微摄影技术的方法，可以方便地将散失的档案文献拍摄成缩微品，进行文献信息的收集和交流，可以用缩微品的形式对档案文献进行出版、发行和交换，以便广泛地提供利用。

6. 标准化程度高，便于广泛应用

国际上，缩微技术已经有了 30 余种 ISO 标准。我国关于档案缩微品制作和保管的国家标准和行业标准也逐渐完善，已经出台了一项国家标准《缩微摄影技术用 35mm 卷片拍摄技术图样和技术文件的规定》(GB/T15021-1994)，以及多项档案行业标准《缩微摄影技术在 16mHi 卷片上拍摄档案的规定》(DA/T4—1992)、《缩微摄影技术在 A6 平片上拍摄档案的规定》(DA/T5—1992)、《档案缩微品保管规范》(DA/T21—1999)、《档案缩微品制作记录格式和要求》(DA/T29—2002)，《数字档案信息输出到缩微胶片上的规定第 1 部分数字档案信息输出到 16mm 卷式黑白缩微胶片上的规定》(2008 年)。

缩微档案也有其缺点，如不能直接阅读，必须借助阅读放大机才能阅读；使用不方便、不自由，容易使眼睛疲劳等。

（二）档案缩微品的种类

1. 片式缩微品。片式缩微品可分为条片、封套片、开窗卡片、缩微平片等，宽度有 16、35、70、105 毫米等几种，标准尺寸有 75x125 毫米和 105x148 毫米等。缩微胶片的普通缩小比率范围为 1/7~1/48，超高缩小比率范围可达 1/90-1/250。

2. 卷式缩微品。卷式缩微品用成卷的胶片连续拍摄而成，可分为盘式、盒式、夹式等几种。每卷胶卷的长度因存贮文献资料的数量与篇幅长短而定，适用于复制成套的文献资料，如过期的丛书、多卷书、期刊、报纸及其他连续出版物等，便于长期保存和提供复印件。我国档案部门常用的卷式缩微品为 16mm 卷片和 35mm 卷片两种，70mm 和 105mm 的卷片使用较少。16mm 卷片一般拍摄幅面较小（A3 幅面以下）的档案文献，35mm 卷片一般拍摄技术图纸、地图、报纸及幅面较大和影像质量较高的档案文献。

（三）数字缩微技术

数字技术与缩微技术的结合使用，使古老的缩微技术在数字时代焕发出新的生命力。缩微品数字化的工作原理是，用数字扫描系统对缩微胶片根据一定的标准格式进行扫描，将胶片上的模拟图像转化成数字化的图像文件存贮在计算机中，并与原有的档案目录数据库建立关联，实现对缩微档案信息的计算机检索。传统缩微制品是原件的忠实图像，主要适用于具有法律证据和其他需要忠实于原件的缩微制作；数字缩微品则以代码形式来记录信息，可以对已贮存的信息进行追加和更改，适用于需要经常变动的文献缩微制品。

利用数字缩微技术对缩微胶片进行数字扫描和处理，为实现档案缩微品的计算机检索和上网提供了便利，可以通过网络远程检索和利用缩微档案信息，极大地提高档案缩微品的利用范围和利用效率。

二、光盘技术与档案原文存贮和检索

光盘是一种海量存贮载体，其体积小而信息存贮容量极大，为档案原文存贮与检索提供了条件。光盘技术在我国得到迅速发展和广泛应用，1991 年沈阳档案馆最早开始应用光盘技术进行档案原文存贮与检索，至今已经在档案部门得到普遍应用。

（一）光盘的性能、种类和结构

光存储技术是一种通过光学方法存储数据的技术，一般情况下使用激光作为光源，所以也可称为激光存储。光盘技术的基本物理原理是：改变一个存储单元的某种性质，其性质的变化反映被存储的数据，识别这种存储单元性质的变化，就可以读出存储的数据。光存储单元的性质（如反射率、反射光极化方向等）可以改变，它们对应于存储二进制数据0、1，光电检测器检测出光强和光极性的变化，进而读出存储在光盘上的数据。

由于高能量的激光束可以聚焦成约lum的光斑，因此它比其他存储技术有更高的存储容量。光盘的特点是容量大、寿命长、价格低、携带方便。CD光盘的容量一般为650MB.DVD盘片单面4.7GB（双面8.SGB），蓝光光盘的容量很大，其中HDDVD单面单层15GB、双层30GB；BD单面单层25GB、双面50GB。光盘技术适用于档案文献的原文存贮和检索，以及多媒体档案信息系统的开发和利用。

此外，光盘用于档案信息存贮和检索系统具有以下优点：可提供相当于联机系统功能的软件，同时，免除联机检索的费用，并避免远距离通信传输可能出现的失误：能够随机存取，检索速度快；可以将文本、图像、声音结合在一起，开发多媒体档案信息数据库：输出质量好，可改善字迹模糊档案文件的可读性。

根据光盘的记录方式，可将光盘分成两类，一类是只读型光盘，用户只能从光盘中读取数据，不能在光盘中写入数据，光盘中的数据是在光盘生产过程中从母盘中复制过来的。这种光盘制造工艺简单、成本低、价格便宜。包括CD-Audio、CD-Video、CD-ROM、DVD-Audio、DVD-Video、DVD-ROM等；另一类是可擦写光盘，可将已写入的信息擦除，重新写入新的信息，并可反复擦写，包括CD-RW、DVD-R、DVD-RW、DVD-RAM、MO、PD等各种类型。根据光盘的结构、材料和制造工序的不同，光盘主要分为CD、DVD、蓝光光盘等几种类型，这几种类型的光盘的主要结构原理是一致的，它们的主要区别在于材料的应用和某些制造工序的差异。

以CD光盘为例，光盘的结构主要分为五层，包括：基板、记录层、反射层、保护层和印刷层。

基板是各功能性结构（如沟槽等）的载体。一般来说，基板使用的材料主要有玻璃盘基、环氧树脂盘基、聚甲基丙烯酸甲酯（PMMA）盘基和聚碳酸酯（PC）盘基，要求盘基材料的冲击韧性极好、使用温度范围大、尺寸稳定性好、硬度高、无毒性。

记录层，也称染料层，是记录信号的地方。其主要的工作原理是在基板上涂抹专用的有机染料，以供激光记录信息。由于烧录前后的反射率不同，经由激光读取不同长度的信号时，通过反射率的变化形成信号，借以读取信息。一次性记录的CD-R光盘主要采用有机染料（如酸菁染料），利用激光对基板上涂的有机染料进行烧录，直接烧录成一个接一个的"坑"，这样有"坑"和没有"坑"的状态就形成了"0"和"1"的信号，这一个接一个的"坑"是不可变动的，意味着光盘不能进行重复擦写。一连串的"0""1"信号组成了二进制代码，表示特定的数据。对于可重复擦写的CD-RW，所涂抹的就不是有机染料，而是某种碳性物质，激光烧录时，通过改变碳性物质的极性来形成特定的"0""1"代码序列。这种碳性物质的极性是可以重复改变的，因此此类光盘可以重复擦写。

反射层是光盘的第三层，它是反射光驱激光光束的区域，借反射的激光光束读取光盘片中的资料。其材料一般为铝、银和金等金属材料。

保护层用来保护光盘中的反射层及染料层，防止信号被破坏。光盘的腊克保护层可对摩擦和较轻划痕进行防护。为了进一步保护光盘的金属反射层，一些光盘除了腊克保护层以外，还有附加保护层，其材料主要有三种：陶瓷保护层、白色半水溶性保护层、合成树脂保护层。

印刷层是标明印刷盘片的容量和客户等相关信息的地方，也就是光盘的背面。它不仅可以标明信息，而且还可以起到一定的保护光盘的作用。

（二）光盘原文存贮和检索

光盘的海量存贮功能，为档案原文存贮和检索提供了可能。其原理是，对档案原件进行数字扫描，形成图像文件，存贮在计算机硬盘或光盘中，对图像文件进行压缩和管理；利用全文检索技术对档案原文中任何一个字、句、段、章、节进行检索，而且还可以完成档案编目、统计及其他功能。一般情况下，光盘存贮的是对档案原文进行扫描处理后形成的图像文件，而数据库管理软件、检索软件、目录信息和其他的辅助文件则存放在计算机中。为了方便光盘的使用，也可以将数据库管理软件、检索软件、辅助文件和图像文件都刻录在一张光盘上，这样就可以利用光盘单独进行检索了。

为了避免检索多张光盘所带来的手工换盘的不便，可使用CD-ROM光盘塔，配备数十个光区，或者使用CD-ROM光盘库，放入数百张光盘，同时检索多张光盘，达到快速检索的效果。光盘塔和光盘库技术可以解决档案全文、照片、录音、录像等多种载体的档案数字化存贮、管理和利用的难题，而且通过网络可提供各类档案信息的远程存取。

第四节　档案管理网络化技术

当前，档案机构内部的局域网已经普遍建立，而且各级档案机构纷纷建立了自己的档案网站，档案管理的环境已经由模拟环境向数字环境过渡。档案管理的数字化和网络化推动了档案事业信息化发展的整体水平。

一、计算机网络概述

网络技术是计算机技术和通信技术高度发展、密切结合的产物，计算机网络是将不同地理位置具有独立功能的多台计算机终端及其附属设备，用通信线路连接起来，并配备相应的网络软件而组成的计算机系统的集合。

（一）网络的组成、结构

1. 网络的组成

计算机网络由数据传输系统和数据处理系统组成。数据传输系统又叫通信子系统，包括通信传输线路、设备、通信传输规程、协议及通信软件等，其任务是进行数据传输、交换和通信处理等。数据传输系统包括计算机、大容量存储器、数据库、各种输入输出装置及软件等，其任务是进行数据输入、存贮、加工处理和输出等。

2. 网络的结构

网络的结构主要有以下几种基本形式：

（1）总线形。各节点设备与一根总线相连。这种结构的网络可靠性高，单个节点出故障时，对整个系统影响不大。另外，节点设备的插入或拆卸十分方便。

（2）环形。这种结构采用点对点式通信，将各节点连接成环状。网络中各主计算机地位相等，通信线路和设备比较节省，网络管理软件比较简单，但网络的吞吐能力差，只适于在较小范围内应用。

（3）星形。每个节点通过连接线与中央节点相连。中央节点是控制中心，相邻节点之间的通信要通过中央节点。这种结构的网络比较经济，但可靠性较差，若中央节点出故障，整个网络将出现瘫痪。

（4）树形。各个节点按层次展开，由各级主计算机分散控制，各主计算机都能独立处理业务，但最高层次的主计算机有统管整个网络的能力。这种结构的网络通信线路连接比较简单，网络管理软件也不复杂，方便维护，但各个节点之间很少有信息流通，资源共享能力较差。

（5）网状形。各节点通过通信线路连接成不规则的形状，网络中没有统管整个网络的主节点，通信控制功能分散在各个节点中，具有较高的可靠性，某一个节点发生故障不会影响到整个网络。这种结构资源共享方便，但网络管理软件比较复杂。

大型计算机网络系统结构更为复杂，往往是上述几种基本结构中某几种的结合。

（二）网络的类型

1.按网络结构，分为集中式网络和分布式网络

集中式网络是由中央主机统一控制整个网络的一种网络形式。它的优点是：网络资源、人员和设备可以集中管理、使用，比较经济。但如果中央主机或通信线路出现故障，整个网络的功能都会受到影响，网络的可靠性不高。

分布式网络没有统管整个网络的中央主机，而由各个节点分散控制。资源共享能力强，网络可靠性高。但网络控制软件复杂，网络的协调性较差。

2.按网络连接区域范围，分为广域网、局域网和城域网

广域网（Wide Area Network，简称WAN），在地理覆盖范围上很广，通常覆盖一个国家或洲，甚至是全球范围，如Internet网络。主机通过通信子网连接。子网的功能是把消息从一台主机传到另一台主机，就好像电话系统把声音从讲话方传输到接收方。

局域网(Local Area Network,简称LAN)，是在一个局部的地理范围内(如一个学校、工厂和机关内)，将各种计算机、外部设备和数据库等互相连接起来组成的计算机网络。它可以通过数据通信网或专用数据电路，与远方的局域网、数据库或处理中心相连接，构成一个大范围的信息处理系统。局域网常被用于连接机关内部各个部门、公司办公室或工厂里的个人计算机和工作站，以便共享资源（如打印机）和交换信息。

城域网（Metropolitan Area Network，简称MAN），是一种大型的LAN，与LAN技术相似。它是在一个城市范围内建立的计算机通信网，或者在物理上使用城市基础电信设施（如地下光缆系统）的网络。

3.按所用的通信线路，分为专用网络和公用网络

专用网络是专门建立的通信网络，通信线路由网络成员拥有。这种网络规模不大，建设耗资巨大。公用网络是借助公用通信线路建立的网络，如借用电话网、卫星通信等。这种网络的建设成本低，可进行远距离通信，但其建设速度和应用范围依赖于国家通信设施的完善和通信技术的发展。

（三）网络的作用

1.便于信息资源交换和共享。计算机网络中各个节点之间可以很方便地互相通信，用户可以分享网络中的硬件、软件和数据资源，可以避免重复劳动，加快系统开发和

应用的进程，大大提高系统的总体效益。

2. 可以充分发挥计算机的功能，均衡计算机的负荷，提高工作效益。计算机网络能使联网的计算机平均分配负荷，网络中的设备可以相互替代，使得系统的可靠性及其效率大大提高。

3. 计算机网络为用户创造了一个更方便的使用环境，能满足用户的多方需求。用户通过计算机终端与多台计算机联系，可利用网络中存贮的各种信息，方便、迅速地获取自己所需要的信息。用户还可以上传信息，实现与其他网络用户的信息交互。

二、档案管理网络化

档案管理网络化是网络技术应用于档案管理系统的结果，也是适应社会信息化发展的必然趋势。档案管理网络化的基本前提是档案管理的计算机化以及档案资源的数字化。档案管理网络是由多个计算机档案管理系统通过通信线路连接起来的复合系统。各个大型档案机构的计算机成为网络中的节点，每个节点连接许多终端，各个节点通过通信线路连接起来，形成了一个纵横交错的档案管理网络系统。

档案管理网络化的根本目的是实现档案信息资源共享，打破单个计算机档案管理系统传递速度和存贮空间的限制，使用户能够远程存取所需的档案信息。

档案管理网络化是推动档案事业信息化发展的重要基础，档案事业信息化的水平依赖于档案管理网络化的广度、深度和发展水平。《全国档案信息化建设实施纲要》明确规定："适应国家信息化建设和档案事业发展的需求，把档案信息化纳入国家信息化建设的总格局，以档案网络建设为基础，以档案信息资源建设为核心，以扩大档案信息资源开发利用为目标，加快推进档案资源数字化、信息管理标准化、信息服务网络化的进程，促进档案事业持续快速健康发展，为改革开放和现代化建设服务"。

（一）档案管理网络化的条件

1. 资金与设备条件

档案管理网络化建设需要投入大量的资金和设备，这是首要条件。我国经济发达地区，如珠三角、长三角、环渤海湾等地区的档案事业发展有扎实的地方经济实力作为后盾，档案工作的现代化程度较高，档案管理计算机化、网络化和信息化水平领先于全国其他地区。而我国中、西部地区的地方财力十分有限，制约了当地档案管理网络化的发展。因此，档案部门除了争取各级政府的支持以外，还需要拓宽渠道，争取社会各界的支持、企业投资和私人捐资等。

2. 技术与人员条件

档案部门需要引进国内外先进的技术，培养既通晓档案业务又掌握现代技术的专业人才。目前我国在进行档案管理网络建设，推进档案事业信息化发展的过程中，应对现代信息技术和人才的引进持积极、开放的态度，并善于借鉴图书情报部门网络化建设的成熟技术和成功的经验，培养、吸引具有创新意识、具备现代技术技能和复合知识背景的现代档案管理人才。

3 通信网络和电子政务网的支持

我国通信网络发展迅速，信息网络实现了跨越式发展，成为支撑经济社会发展重要的基础设施。我国基础信息网络和重要信息系统数量明显激增，公共电信网、广电传输网、互联网等基础信息网络和银行、民航、税务、海关、证券、电力等关系国计民生的重要信息系统建设规模和管理水平进一步提高。我国广电传输网建成由无线覆盖网、卫星传输网、微波传输网、光缆干线网、有线接入网和互联网组成的广播电视传输信息网络，成为世界上覆盖人口最多的广播电视信息网络。当前，我国档案网络建设已纳入政府电子政务网建设体系之中，其性能和服务的改进和完善有赖于电子政务网络系统的发展和完善。

我国通信网络的高速发展、上网人数的激增、电子政务网络建设为档案管理网络化提供了充分的通信网络条件，打下了档案网络服务和利用基础。

4. 标准化与各个部门之间的协作

档案管理网络化的实现必须以标准化为保障。要使各个独立的档案管理系统通过通信网络连接起来，必须首先实现机读数据记录、软件设计以及各种硬件设备的标准化，标准化是网络资源共享的基础。

此外，各个部门之间的协作也很重要。合作者之间一致同意并遵守的约定和协议是网络建设的前提。档案管理网络建设中的合作包括地区性、行业性等各个领域的协作，须有高效的管理手段和协调手段才能取得令人满意的成果。

（二）网络档案管理信息系统的运行模式

1.Client/server（客户机 / 服务器）运行模式

Client/Server 模式（C/S 模式）即客户机 / 服务器模式是 20 世纪 90 年代初期继终端 / 主机运行模式之后出现的一种普遍应用的网络应用系统结构。该模式克服了原来只有主机执行操作、计算和存贮数据的数据集中管理方式所带来的弊端，使客户机能承担一部分计算和操作功能，大大降低了服务器的运行负荷，具有分布式系统分担负荷的优越性，结构简单，对外部网络不具有依赖性，主要用于机构内部局域网。

C/S 模式的工作原理是：将应用系统的任务进行分解，服务器（后台）负责数据管理和处理，客户端（前台）完成档案管理业务处理和与用户的交互。在运行过程中，客户端向服务器发出请求，服务器将数据进行处理后传回客户端。该模式的缺陷是在处理复杂任务时客户端的负荷较重，使用单一服务器且以局域网为中心，软硬件组合及集成能力有限。

2.Browser/Server（浏览器/服务器）运行模式

Browser/Sever模式(B/S模式)即浏览器/服务器运行模式是基于Web的运行模式。该模式是在TCP/IP协议支持下，以H7rrP为传输协议，客户端通过Browser（浏览器）访问Web服务器以及与之相连的后台数据库的技术结构和运行模式。

B/S模式由浏览器、Web服务器、应用服务器和数据库服务器构成，其工作原理是：客户端浏览器通过URL访问Web服务器，Web服务器请求数据库服务器，并将获得的结果以HTML的形式返回客户端浏览器。

B/S模式的优点是：①简化了客户端，只需要装上操作系统、网络协议软件以及浏览器即可。②服务器集中了所有的应用逻辑，减轻了系统维护与升级的成本与工作量。③系统的可操作性增强，同时减轻了系统的培训任务。④提高了系统数据的安全性。所有用户只对应用服务器进行直接访问，降低了数据库登录点的数目。⑤具有广泛的信息发布能力。B/S模式的主要缺陷是其运行速度直接受到网络带宽和网络流量的限制。

3.C/S模式与B/S模式比较

C/S模式与B/S模式在结构、功能、系统维护等方面有所不同（见表8-1）。

4.结合C/S和B/S两种模式的网络档案管理信息系统结构

如上所述，C/S和B/S各有其优点和缺陷，为了保证档案部门内部局域网的安全，提高档案部门接收外部数据和向外传送数据的效率，可结合运用C/S和B/S两种模式，扬长避短。档案机构内部局域网可采用C/S模式，连接档案馆的各个科室，实现硬件和软件资源共享，提高工作效率。档案机构接收外部数据和发布数据，提供远程档案信息检索，则适合采用B/S模式。

表8-1 C/S模式和B/S模式比较

技术指标	C/S模式	B/S模式
服务器配置	数据库服务器	数据库服务器和Web服务器
客户端	须安装特定的客户端应用程序	只需要通用浏览器即可
客户端效率	响应较快	响应较慢
系统用户	局域网	广域网、局域网
系统维护	须对客户端做大量维护工作	只需对浏览器进行维护
系统升级	服务器和客户端都须升级	很方便，只需在服务器上升级
可扩展性	通过优化系统设计实现系统扩展	可以实现不同层次的扩展，扩展性较好
系统安全	容易保证	不容易保证

（三）档案部门内部局域网

随着计算机技术、网络技术的发展和普及，20 世纪 90 年代中后期以来，我国档案部门逐步建立了局域网，实现了机构内部硬件资源和软件资源的共享，以及档案信息的综合管理和利用。

1. 档案部门内部局域网的模式

档案馆内部局域网连接档案馆的各个科室，实现办公自动化和文档一体化，提供计算机档案检索服务，实现档案借阅管理和库房管理的自动化，提高档案工作的效率。

对于企事业单位的档案管理而言，一般通过局域网使档案管理系统与本单位的其他信息管理系统进行连接，实现企事业单位的档案与其他各类信息资源的综合管理。这种模式可称为集成管理模式，即将档案管理系统纳入企事业单位的信息管理系统中去。根据集成方式的不同，可分为横向集成和纵向集成两种方式。

横向集成，是将属于同一组织级别的若干个部门的数据进行集成，实现数据共享和综合管理。如将档案管理系统集成到企业管理信息系统 (MIS) 和办公自动化系统 (OAS)。

纵向集成，是将属于不同组织级别的档案数据进行集成，实现综合管理。如建立档案目录中心或信息中心。档案目录中心就是以国家综合档案馆馆藏档案目录为主体，将本地区、本系统各级各类档案部门所形成的档案目录，根据统一的著录格式和数据规范进行集中并形成统一的目录检索体系，利用局域网或广域网进行查询。建设目录中心的目的是将分散保存的档案目录进行联网，供用户了解其所在位置，便于提供利用，这是档案信息化建设的一项基本任务。信息中心是指在一个企业或事业单位内部，实行图书、情报、资料、档案等文献资源的综合管理，从而实现对各类信息资源综合利用的目的。

2. 档案部门局域网的结构及功能

局域网的结构一般以总线形结构为主，因为总线形网络结构连接简单，增加或减少节点方便。

档案管理系统网络版的业务功能包括：

(1) 文件流转管理 (文件起草、批转、收发文登记等)。

(2) 辅助立卷和鉴定。

(3) 档案编目和检索。

(4) 档案借阅和统计。

(5) 档案的库房管理。

(6) 系统管理 (用户管理、安全防护、备份与恢复等)。

（四）基于国际互联网的档案信息远程传递和利用

互联网 (Internet) 是世界上规模最大、用户最多的计算机互联网络，互联网技术的出现和应用深刻地改变了信息产生、传递和利用的方式，推动了整个社会信息化发展的进程。20 世纪 90 年代后期以来，档案部门越来越多地应用互联网技术，建立档案网站，发布档案信息，提供档案信息的远程传递和利用。

1. 档案网站的功能及现状

档案网站的出现是互联网时代的产物，它是各级国家档案馆在互联网上发布公开档案信息资源的重要窗口和提供在线服务的综合平台。档案网站建立在馆藏档案数字化、计算机档案管理和档案机构局域网的基础之上，其目的是集成档案信息资源，宣传档案事业，通过互联网向社会提供远程档案信息服务。国家档案局在《全国档案信息化建设实施纲要》《关于加强档案信息资源开发利用意见》等重要文件中都对档案网站的建设提出了明确的要求。按照《全国档案信息化建设实施纲要》的规定，各省、自治区、直辖市档案行政管理部门应建立链接本地区各级各类档案网站的门户网站，积极探索实现馆际互联的路子。在逐步推进地区性馆际互联的基础上，不断促进全国范围内的档案信息资源共享。以国家档案局网站为龙头，逐步与各地档案网站实现链接，最终构建全国档案工作信息网，为全社会提供方便、快捷、优质的档案信息服务。

我国三个中央级档案馆都建立了档案网站。省级档案馆中，除青海省以外，全国 32 个省、自治区、直辖市和特别行政区都建立了自己的档案网站，此外，大多数地市级档案机构也建立了自己的网站，由此基本形成了全国档案网站结构体系。档案网站的普遍设立，对于档案部门充分利用公共网络向社会提供优质档案信息服务，进行信息交流和资源共享，宣传档案事业，发挥了至关重要的作用。

我国档案网站从 20 世纪 90 年代后期建设之初至今，已经在网站内容的多样性和丰富性、外观、安全性等方面取得了长足的进步。但是，档案网站的信息资源建设和信息服务仍然是薄弱环节，不少档案网站虽然能够提供公开档案的目录检索，但能够提供档案全文检索、事实检索以及多媒体检索服务的网站还较少。此外，档案信息检索界面的人性化设计较为欠缺，系统与用户之间的交互性不足，档案网站的主动服务和个性化服务业务有待进一步开拓。

2. 我国档案网站的发展策略

（1）丰富档案网站的信息内容。我国档案网站经过十多年的建设和发展，无论在形式还是在内容上都有了明显的改观。但档案网站的内容仍然比较单一，所能够提供的档案信息有限。对于上网查询的利用者而言，大多数档案网站只能提供馆藏介绍、公开档案的目录信息检索，只有少数网站能够提供全文检索和专题检索。当前，档案网站的最大功能是宣传和报道档案机构以及馆藏档案信息，对于档案利用者来说，通过档案网站远程获取所需要的档案信息，交流、共享档案信息的实质性功用还未实现。

（2）集成档案网站资源。我国各级、各类档案部门和档案机构纷纷建立了自己的档案网站，但网站资源分散，缺乏有效的组织和控制，对于利用者而言，不利于全面、准确、快速地查询和检索所需要的档案信息。因此，集成各级、各类档案网站的资源，针对全国的档案网站建立有效的档案信息检索机制和定位机制，是组织和优化我国档案网站资源，提高档案信息检索效率的有效途径。

（3）加强档案网站的服务性功能。当前，我国档案网站很好地发挥了宣传和报道档案机构的作用，但网站的信息服务意识还比较薄弱。网站的外观设计、栏目设置，以及检索界面、所提供的信息内容等诸多细节都暴露出了这个问题。因此，我国档案网站应该提高档案信息资源服务的功能，改进服务的方式，丰富服务的内容，并结合利用者的特定需求提供个性化的档案信息服务。

（4）建立档案网站与电子政务之间的密切联系。我国档案网站大多数挂靠于政府网站与政务活动关系密切。电子政务活动中所形成的电子文件和档案是记录电子政务活动的原始文献，在电子政务信息资源建设和开发利用中发挥着重要作用。档案网站以电子政务网为平台，具有广阔的发展前景，因此，有必要建立起档案网站与电子政务之间的密切联系，使档案网站能够成为展示电子政务活动，进行信息交流和互动的一个平台。

第五节　数字档案馆技术

一、数字档案馆的特征和功能

数字档案馆是一个数字档案信息系统，它通过网络将分散异构的数字化档案信息联结，实现资源共享。

（一）数字档案馆的主要特征

1.信息存储的数字化。数字化档案信息是数字档案馆的资源基础，它有两个来源：一是馆藏档案的数字化，主要体现为将存储于不同载体的模拟档案信息如纸质档案、声像档案信息等通过数字化处理转变成数字形式。二是直接接收归档的电子文件，电子文件是基于网络生成的原生数字信息。将这两个来源的数字化信息进行组织和管理，建立数据库系统。

2. 信息存取的网络化。网络是数字档案馆存在和运行的保障。数字档案馆依附于网络而生存，网络出现故障，数字档案馆的运作就要受到影响。网络将用户端、Web服务器、检索系统、对象数据库等数字档案馆的各个组成部件连接，实现对数字档案信息的网上发布、查询和检索。

3. 信息资源的分布式管理。对各个分布式的数字对象资源进行收集、存储、发布和检索。它要求各个数字档案馆遵循统一的高层协议，对基于不同系统平台和应用软件产生的异构数字档案信息进行整合，建立一个全面的数字资源库，并提供统一的检索入口。

（二）数字档案馆的主要业务功能

1. 数字档案信息的收集和存储。通过数字化技术将现有的馆藏数字化，并通过在线和脱机方式接收各个立档单位归档的电子文件及其元数据。在此基础上，将不同格式和类型的数字化档案信息转换成统一格式，进行压缩处理和存储处理。

2. 数字档案信息的组织和管理。对数字化对象进行标引和著录，建立目录和索引，并对电子文件及元数据进行组织，分解出元数据和对象数据，集成为元数据库和对象数据库。

3. 数字档案信息的发布和查询。提供目录级和文件级查询服务，以及基于内容的多媒体信息检索服务。

4. 数字档案信息的安全和权限管理。由于档案本身具有的保密性，数字档案馆的安全和权限管理尤为重要。可利用身份认证、数据加密、数字水印、数字签名以及防火墙等技术实现对用户身份的识别及权限控制，以及数字档案馆的安全管理。

数字档案馆是传统档案馆的未来发展趋势，但数字档案馆建设必须以传统档案馆为基础和依托。一方面，传统档案馆的实体馆藏是数字档案馆的资源基础；另一方面，数字档案馆是传统档案馆向网络空间的延伸。传统档案馆的资源在网络环境中可以被更多的人远程获取。此外，数字档案馆是收集和管理电子文件的重要方式。传统档案馆以纸质档案为主要管理对象，它的一套管理机制和方法适用于纸质文件而不适用于电子文件，而数字档案馆则可以实现电子文件的在线归档、组织和利用，完成对电子文件整个生命周期的控制。

二、数字档案馆关键技术

数字档案馆是以计算机硬、软件技术为基础，以网络通信技术为基础，并辅以各种高新技术而建立的一种集成信息系统。数字档案馆在信息的收集、存储、组织、管理和利用的过程中，必须借助各种高新技术。具体包括：

1. 档案数字化过程中的主要技术：文字图像扫描技术、光学字符识别（OCR）、视音频捕捉、多媒体信息压缩等技术。对于音频、视频以及静态图像、活动影像等多媒体信息必须确定数字化的规范格式。

2. 数字档案信息加工、组织和管理过程中的主要技术：应该以标准化方式对数字化资源进行加工和组织。在传统档案著录和标引的基础上，根据规范的元数据标准，抽取相应的元数据，并建立元数据集。在此过程中，需要采用多媒体信息标引技术、信息抽取技术、海量信息存储和组织技术、数据挖掘技术、数据集成技术、超大规模数据库技术等。

3. 数字档案信息发布和查询过程中的主要技术：多媒体数据压缩和传输技术、分布式资源与运行管理技术、图像与视频数据检索技术、基于内容的信息检索技术等。

4. 数字档案馆的安全和权限管理中的主要技术：防火墙技术、密钥技术、身份认证技术、数字签名技术、数字水印技术等。

需要指出的是，在数字档案馆的建设过程中，对于维护档案信息的真实性、完整性和可靠性，以及保密性方面有着很高的要求。如果档案在数字化和利用过程中丧失了其完整性和可靠性，那么数字档案馆存在的基础将会动摇。这需要在数字化过程中采用最佳技术尽量减少信息失真，并在信息传输和利用过程中采用各种安全保障技术。

三、数字档案馆的发展阶段

数字档案馆建设必须以档案馆业务工作自动化为基础，我国数字档案馆建设一般需要经历以下三个阶段：

第一个阶段：档案馆自动化阶段。实现档案实体管理和档案信息组织的自动化。具体包括：档案登记、借阅、催还以及库房管理等日常业务和实体管理的自动化，以及档案信息的自动分类、自动编目和自动标引，信息检索计算机化，建立内部局域网。

第二个阶段：单个数字档案馆建设阶段。主要包括馆藏数字化、档案网站建设，以及接收电子文件进馆并提供利用等内容。目前中国很多数字档案馆项目正处于这个阶段而大规模接收电子文件进馆工作还没有得到真正展开。

第三个阶段：多个数字档案馆互联阶段。实现多个数字档案馆之间的互操作，以各个数字档案馆共同遵循的高层协议为基础，整合各个档案馆的资源并提供统一的检索入口。

我国大部分省级以上的综合档案馆、国家专业系统和大型企业的档案馆，以及有关高校的档案馆已经具有档案自动化的基础，馆藏数字化工作正在持续进行，目录型和全文型数据库也在纷纷建立。全国90%以上的省市档案机构已经建立了档案网站，经国家档案局批准，中国档案报社主办的中国档案信息门户网站——"中国档案网"

早在 2007 年 7 月就已开通

总体上，我国东部发达地区的数字档案馆建设处于第二阶段即单个数字档案馆建设阶段，而中西部地区的数字档案馆建设还处于由第一阶段向第二阶段的过渡期。

四、我国综合性数字档案馆的典型模式 - 深圳数字档案馆

深圳数字档案馆是中国建设的第一个综合性的数字档案馆，始建于 2000 年。在功能上看，深圳数字档案馆属于电子政务系统，作为政府信息的综合发布平台，主要完成以下几个方面的建设任务：

1. 基础设施的构建。建立档案馆内部网、与政府连接的政务网、与互联网连接的公众网三个层次，并进行三网物理隔离，形成三个相互独立的网络。

2. 档案信息资源建设。包括馆藏档案的数字化、各立档单位档案文件材料的接收、各种具有档案性质的专题信息资源库里的档案信息的采集，以及互联网上具有档案价值的信息的搜集。

3. 应用系统的开发。主要是建立信息的采集、管理、利用和维护模块。深圳数字档案馆应用系统的建设目标是建成一个可扩展的网络应用系统，其功能覆盖档案数字化加工，电子档案信息的采集、处理、存储、归档、组织、发布、利用及数字资源管理全过程采用的关键技术包括：大量并发查询、数据仓库、数据挖掘、海量数据存储、网络安全、图像分类、智能检索、人工语言向自然语言转换、视频点播、虚拟现实技术，等等。

4. 标准规范建设。在数字档案馆建设过程中制定各类管理性、业务性和技术性标准规范。深圳数字档案馆的标准规范体系包括管理、业务、技术三个层面。管理性标准规范包括计算机安全法规与标准，数字档案馆工作人员、用户及设备管理规范，利用管理规定，以及数字档案馆信息资源合法性的确认等；业务性标准规范包括术语标准以及相关的电子文件和电子档案管理的标准、规范；技术性标准规范包括数字档案馆软硬件基础设施建设技术标准，软件系统工作平台技术标准，数据存储压缩格式规范，数据长期保存格式规范，数据加密算法规范，网络数据传输规范和数字水印标准等。目前深圳市档案馆已经完成了《电子邮件公文归档与管理规则》《电子文件元数据标准》《电子文件生命周期表》《通用电子文件保管期限表》等标准和规范的起草工作。

5. 人才队伍建设。深圳数字档案馆的人才队伍建设贯彻以管理型人才为基础，以复合型人才为重点的指导思想。根据数字档案馆业务工作的划分，所需人才的类型有：档案采集、处理与数据库加工人才；信息技术及计算机系统和网络设计与开发人才；档案信息分析、研究与咨询人才；数字档案馆理论与方法研究人才；数字档案馆系统运营与服务的管理人才。

　　在中国数字档案馆建设过程中，电子文件的在线接收和管理是一个难题，令人鼓舞的是，深圳数字档案馆（二期工程）在该领域迈出了重要的一步。深圳数字档案馆系统（二期）以电子文件为管理对象，将 ISO15489 文件管理规范、ISO14721 数字资源长期保存参考模型（OAIS 模型）、ISO23081 文件元数据总则与中国国情相融合，以电子文件元数据标准为核心，以 OAIS 模型为依据，设计了一套全程控制电子文件真实、完整与长期可读的管理系统，并具有可扩展性，为中国电子政务公文管理与文件归档创建了可操作性平台。深圳数字档案馆系统（二期）具有三个特点：一是设计电子文件数据与相关元数据组成的信息包，保证电子文件的凭证性；二是通过数字签名信息固化技术使电子文件凭证性固化，为今后的法律需要提供凭证；三是设计电子文件全程管理控制软件，保证电子文件的真实性、完整性，同时可迁移数据，有助于保证电子文件的长期有效与可读。

参考文献

[1] 魏风琴.档案管理的信息化发展趋势[J].百科论坛电子杂志,2021,(第21期):90.

[2] 郭家琪.档案信息化管理的归档策略与管理创新[J].卷宗,2021,(第19期):127.

[3] 高嵩,孙美慧.档案信息化建设与档案管理探析[J].卷宗,2021,(第17期):148.

[4] 秦薇莉.大数据背景下档案管理信息安全问题及对策浅析[J].卷宗,2021,(第16期):157.

[5] 黄东.数字化时代档案管理技术创新发展措施研究[J].中文科技期刊数据库(全文版)社会科学,2022,(第1期):183-185.

[6] 赵丽颖.档案信息化建设与档案管理的认识与思考[J].科技资讯,2021,(第34期):89-91.

[7] 赵文丽.利用发展平台,实现信息化档案管理[J].大众投资指南,2021,(第11期):231-232.

[8] 卢娟.基于大数据视域下档案管理工作创新策略分析[J].文渊(高中版),2021,(第10期):178.

[9] 罗选瑞.科技档案管理信息化应用中存在的问题和解决办法[J].中国应急管理科学,2021,(第10期):294.

[10] 丁力.从价值认识的角度谈如何提升现代档案管理水平[J].商业2.0(经济管理),2021,(第10期):153.

[11] 王向红.互联网视角下数据处理与档案管理研究[J].办公室业务,2021,(第15期):103-104.

[12] 左静.信息化背景下档案管理建设探究[J].环球市场,2021,(第13期):296.

[13] 梁欣欣.劳动能力鉴定档案管理信息化建设工作研究[J].区域治理,2021,(第31期):279-280.

[14] 王琼.新形势下加强档案管理建设探析[J].文渊(中学版),2021,(第8期):81.

[15] 李永强. 有关档案信息化建设与档案管理的几点思考 [J]. 中文科技期刊数据库（全文版）社会科学,2021,(第 7 期)：197.

[16] 朱金刚. 智慧档案管理建设现状与未来发展路径分析 [J]. 兰台内外,2023,(第 4 期)：25-27.

[17] 邝咏梅. 企业数字化档案管理系统建设——从设计到实施 [J]. 机电兵船档案,2023,(第 2 期)：100-102.

[18] 赵学敏. 高校数字档案馆建设理论与实践 [M]. 昆明：云南大学出版社,2020.

[19] 赵娜,韩建春,宗黎黎,谢娟,吕洪涛主编. 信息化时代的档案管理精要 [M]. 天津：天津科学技术出版社,2018.09.

[20] 白丽华. 网络环境下档案信息化建设工作探讨 [J]. 卷宗,2021,(第 5 期)：129.

[21] 赵楠. 数字化背景下档案管理创新路径 [J]. 采写编,2021,(第 7 期)：191-192.

[22] 杨召. 大数据时代档案数据化管理与建设 [J]. 时代人物,2021,(第 6 期)：274.

[23] 王帅. 档案管理工作中电子档案管理的重要性 [J]. 时代人物,2021,(第 6 期)：273.

[24] 张艳. 浅析信息化时代基层档案管理质量的提升与发展 [J]. 数码设计（下),2021,(第 6 期)：79.

[25] 宋秋萱. 大数据背景下关于档案管理的探讨 [J]. 内蒙古科技与经济,2021,(第 5 期)：25-26.